KB148026

THE END OF COLLEGE

대학의 미래

어디서나 닿을 수 있는 **열린 교육의 탄생**

대학의 미래

초판 1쇄 펴낸날 | 2016년 1월 11일

지은이 | 케빈 캐리
옮긴이 | 공지민
펴낸이 | 이동국
펴낸곳 | (사)한국방송통신대학교출판문화원
　　　 03088 서울시 종로구 이화장길 54
　　　 전화 02-3668-4764
　　　 팩스 02-741-4570
　　　 홈페이지 http://press.knou.ac.kr
　　　 출판등록 1982년 6월 7일 제1-491호

출판위원장 | 권수열
편집 | 박혜원 · 안봉선
본문 디자인 | 티디디자인
표지 디자인 | 최원혁
인쇄 | 한국소문사

ISBN 978-89-20-01807-7 (03330)

값 17,000원

- 잘못 만들어진 책은 바꾸어 드립니다.

THE END OF COLLEGE

대학의 미래

어디서나 닿을 수 있는 **열린 교육의 탄생**

케빈 캐리 지음 | **공지민** 옮김

지식의날개

차례

희망의
실마리를 찾아

1

18년 후 내 딸은
대학에 갈까?

일본 방송국의 제작진이 MIT를 방문하고 로스앤젤레스 제작자가 흥분을 감추지 못하는 장면은 MIT에서 심상치 않은 일이 일어나고 있음을 보여주는 첫 조짐이었다.

때는 4월의 어느 따스한 날 저녁, 광기에 찬 두 청년이 보스턴에 폭탄 테러를 일으키고 유리와 돌로 지어진 46번 건물 앞에서 캠퍼스 순찰 직원이 총격으로 사망한 지 일주일이 채 지나지 않은 무렵이었다. 이성적인 업무 방식을 선호하는 행정처에서는 2005년 완공된 뇌인지과학동의 건물명을 순서에 따라 숫자 46으로 정했다. 나는 이 건물 내 30여 미터 높이의 천장이 유리로 덮인 홀을 지나 강의실로 들어갔다. 그곳의 많은 학생들이 나처럼 지난 학기에 세계적인 석학이 강의하는 유전학 수업을 들었다는 것을 알 수 있었다.

〈생물학 입문 - 생명의 비밀 Secret of Life〉은 MIT의 모든 신입생이 수강해야 하는 필수 과정이다. 담당 교수 에릭 랜더(Eric Lander)는 미국 고등교육의 승리를 보여주는 산증인이다. 노동 계층이 거주하는 브루클린의 플랫랜즈에서 태어난 랜더는 우수한 학생들이 다니는 뉴욕 시 공립학교인 스타이브센트 고등학교 입학시험에 합격해 재학 중 자신이 수학에 소질이 있음을 발견했다. 그는 국제수학올림피아드에서 두각을 나타냈으며 20세에 프린스턴 대학교의 졸업생 대표가 되었고, 로즈 장학생 선정, 하버드 대학교 교수직 임명과 함께, 맥아더 '천재상'을 수상하는 영예를 누렸다. 수학은 그가 학계에서 신분 상승의 사다리를 빠르게 오를 수 있는 기반이 되었다.

에릭 랜더는 수학계의 내향적인 성향의 동료들과는 달리 사회성이 있었고 다방면에 지적 관심을 보였다. 순수 수학은 흥미진진하고 멋진 학문이지만 고독한 길이기도 했다. 랜더는 똑똑한 사람들과 교류하며 새로운 영역에 뛰어드는 것을 좋아했다. 그래서 그는 하버드 경영대학원에서 수학이 아닌 경제학을 가르치기 시작했다. 그리고 한 MIT 생물학자와의 인연으로 자신의 천직이 될 영역에 발을 들이게 된다. 인간 게놈 프로젝트를 이끌어 역사상 최초로 인간 DNA의 염기서열을 완전히 파악한 것이다. 이후로 그는 오바마 대통령의 과학기술자문위원회의 공동 의장을 맡았고 학제간 의학 연구소를 설립하기도 했다. 「보스턴 글로브」가 MIT에서 이루어진 가장 중요한 업적 150가지를 선정했을 때 랜더와 그의 성과는 월드와이드 웹의 창시자에 이어 2위를 차지했다.

랜더는 강의에도 재능이 있었다. 대개 훌륭한 학자들은 강의에 서툰 경우가 많다. 연구에 집중하는 그들의 성향이 학생들과 교감하는 데는 도움이 되지 않기 때문이다. 그러나 외향적이고 친근한 성격의 랜더는 인간 DNA를 이해하기 위한 새로운 방법을 발견해낸 그의 능력만큼이나 훌륭한 강의를 선보였다. 내가 그의 강의를 들으러 강의실에 들어갔을 때 상당수의 1학년 학생들이 이미 앞자리를 차지하고 있었다. 그중 애비라는 여학생이 컵케이크가 든 플라스틱 상자를 들고 기대에 찬 표정으로 책상 옆에 서 있는 것이 보였다. 애비는 솔트레이크시티의 교외에서 자랐는데, 그녀의 아버지는 가까운 브리검 영 대학교에 안 갈 거면 하버드나 MIT 중 한 곳에 입학해야 등록금을 내주겠다고 했다. 실제로 애비는 대학 입학시험에서 상위권 성적을 거두고 MIT에 입학했다. 랜더가 강단에 나타나자 그녀는 상기된 얼굴로 그에게 다가가 컵케이크를 전했다. 그리고 "기념일 축하드려요!"라고 말한 후 재빨리 자리로 돌아갔다. 후에 그녀는 이 수업을 듣고 화학공학과 생명공학을 전공하기로 했다고 나에게 털어놓았다.

나는 뒷줄에 자리를 잡고 책상에 교재를 올려놓았다. 랜더 교수의 강의를 들은 지 벌써 2개월, 노트 한 권은 거의 필기한 내용들로 채워져 있었다. 우리는 먼저 생화학의 기본 구성요소를 배운 후 멘델의 유전학, 크릭과 왓슨의 이중 나선 구조 발견에서 현대 생명공학 기술에 이르는 길고 긴 지적 발견의 여정을 떠났다. 랜더는 이야기꾼 기질을 발휘해 복잡한 설명이 필요한 생화학, 유전돌연변이, RNA 전사를 흥미롭게 풀어나갔다. 발견의 역사가 절정(그의 MIT 동료의 노벨상 수상과 관련된 업적)에 이르렀을 때는 그의 눈빛에서 발산되는 열정이 강의실 맨 뒷 줄까지 전달될 정도였다.

강의가 끝날 때마다 나와 동료 학생들은 노트북을 이용해 MIT에서도 특히 까다롭기로 유명한 문제들을 풀어나갔다. 수업 시간에 배운 지식을 확인하고 다지는 것이 이 연습의 목적이었다. 나는 RNA 염기쌍 사슬과 여러 가지의 종결 코돈, 제한 효소, 플라스미드를 이해하고자 밤 늦게까지 공부했다. 이는 MIT에서도 권하는 사항이지만 나는 언제나 다른 학생들이나 조교들의 도움을 받았고, 이렇게 해서 결국 과제를 마칠 수 있었다. 그 후 두 번의 중간고사와 기말고사를 거쳐 학기 말에 나는 평균 87점이라는 꽤 훌륭한 성적을 받았다. 이렇게 〈생물학 입문 – 생명의 비밀〉을 마친 나는 MIT의 공식 수료증을 받았다.

그러나 나는 MIT의 학부생이었던 적이 없다. 입학 지원서나 학자금 대출 신청서를 작성한 적도 없고, MIT에 입학할 자격이 있음을 증명하고자 주인 없는 마르모트를 위한 보금자리를 만들었던 경험이 인생의 전환점이 되었다는 등의 이야기를 자기소개서에 쓰지도 않았다. 사실 나는 강의실에 간 그날 저녁 전까지는 한 번도 MIT 캠퍼스에 발을 들인 적이 없었다. 4만 2,000달러나 되는 등록금을 내지도 않았고 1만 5,000달러에 이르는 교재비, 기숙사비, 식비를 지출하지도 않았다. 〈생명의 비밀〉 과정의 강의, 문제지, 수업 포럼, 시험, 수료증까지 모든 것이 무료였다.

이것은 나에게만 주어진 특혜가 아니었다. 전 세계에 있는 수만 명의 학생들이 무료로 〈생명의 비밀〉을 수강했다. 남미의 의사와 의대생들, 그리스의 고등학생들, 네덜란드에 사는 72세의 은퇴한 화학자, 스리랑카의 대학 중퇴자, 인도의 전업주부, 우크라이나의 소프트웨어 엔지니어, 필리핀의 간호사까지 다양한 사람들이 수업에 참여했다. 수업 게시판에 한 여학생은 "우리 아빠가 8학년 과학 대신 이 수업을 듣게 하셨어요. 저는 열세 살입니다"라는 글을 올렸다. 수강생 대부분은 미국에 와본 적이 없으며 미국의 명문 대학을 다니거나 그 학비를 감당하는 일은 상상도 못한 사람들이었다. 그러나 그들은 미국 명문대의 가장 중요한 부분들을 경험할 수 있었다.

이것이 바로 일본 NHK의 카메라 팀이 그날 저녁 랜더의 강의가 이루어지는 동안 캘리포니아의 TV 프로듀서의 지시로 랜더와 학생들의 모습을 담은 뉴스 다큐멘터리를 만들고자 한 이유다. 또한 일본 카메라 기술진들은 촬영 팀과는 별도로 강의실 안의 여러 각도에서 디지털 HD 영상을 촬영했다.

이 수업은 MIT와 하버드 대학교에서 공동으로 운영하는 새로운 온라인 교육기관에서 기획한 것이다. 지난 150년간 약 3킬로미터 거리에 위치한 MIT와 하버드는 세계 고등교육의 최고 자리를 지켜왔다. 이 두 학교는 세계 최고의 석학들과 학생을 유치하기 위해 치열하게 경쟁해온 맞수이지만 이번에는 기존의 대립에서 벗어나 함께 손을 잡았다.

이렇듯 보기 드문 협업이 이루어진 배경에는 현재의 정보기술에 의해 변혁을 맞이한 고등교육이 자리하고 있다. 하버드와 MIT는 이 거대한 움직임을 더욱 가속화하는 데 뛰어들어 수십 년간 거의 변화하지 않고 제자리에 머무는 대학들을 위협하고 있다. 이러한 역사적인 변화는 전 세계 수억 명의 사람들에게 자유를 주고 예전에는 없었던 새로운 길을 열어주고 있다. 이는 우리 사회가 지식 및 경제적 기회를 창출하는 방법을 근본적으로 변화시킴으로써 미국적 실력주의의 근간을 뒤엎는 일이기도 하다.

이 거대한 흐름을 인식하고 있는지는 모르겠지만 현재 하버드와 MIT는 완전히 새로운 교육 틀인 '어디서나 닿을 수 있는 대학(University of Everywhere)'을 구축하는 데 기여하고 있다.

'어디서나 닿을 수 있는 대학'은 미래의 학생들이 가게 될 대학이다. 인간의 학습에서 일정한 영역은 시간을 초월한 보편성이 있다. 그렇기 때문에 우수한 대학교육을 받은 경험이 있는 이들은 이러한 새로운 개념의 대학을 일정 부분 익숙하게 받아들일 것이다. 그러나 동시에 많은 측면에서 '어디서나 닿을 수 있는 대학'은 기존의 대학과는 전혀 다른 면모를 보일 것이다.

'어디서나 닿을 수 있는 대학'의 시대가 오면 과거 수백 년간 많은 비용이 들면서도 부족했던 교육 자원들이 풍성해지면서 그 혜택을 무료로 누릴 수 있게 되리라 본다. 점차 강력해지는 디지털 환경 속에서 책, 강의 동영상, 이미지, 음성 등 디지털화될 수 있는 모든 학습 자료가 인터넷을 통해 전 세계 누구에게나 제공될 것이다.

'대학 입학 허가'도 시대착오적인 개념이 될 것이다. '어디서나 닿을 수 있는 대학'은 누구에게나 열려 있으니 말이다. 사실상 이 학교는 특정 장소에 있지도 않고 특정 조직도 아니다. 따라서 다음 세대의 학생들은 소수의 명문 대학의 자리를 차지하기 위해 청소년기를 낭비하지 않아도 된다. 이들은 단 하나의 대학이 아닌 각 영역에서 전문성을 갖춘 수십 개의 교육기관에서 교육을 받을 것이다.

'어디서나 닿을 수 있는 대학'은 전 세계 도처에 존재한다. 도시와 시골, 여러 문화와 사회를 아우르는 모든 국가의 주민들, 특히 전 세계적으로 증가하고 있는 중산층이 그 학생이 될 것이다. 이들이 고등교육의 경험을 변모시킬 주인공들이다.

이러한 학생들은 고도로 발달된 디지털 학습 환경에서 교육을 받을 것이다. 천 년 전 대학이 처음 생겨났을 때부터 어떻게 적절한 비용으로 다수의 학생 개개인에 맞는 교육을 제공할 것인가는 모든 이들에게 있어 근본적인 해결 과제였다. 이제 '어디서나 닿을 수 있는 대학'으로 이러한 문제를 해결할 수 있게 되었다. 역사적으로 왕과 왕자에게만 가능했던 집중적이며 개별화된 교육이 앞으로는 전 세계의 모든 이들에게 이루어질 것이다.

교육의 개인화는 인공지능의 발전과 방대한 양의 교육 데이터에 의해 가속화될 것으로 보인다. 개별 학생의 학습에 관한 정보는 학생의 고유한 강점, 요구사항, 약점, 목표에 따라 교육 경험을 수정하고 개선하는 데 사용될 것이다.

그렇다고 해서 '어디서나 닿을 수 있는 대학'에 사람의 손길이 필요치 않다는 말은 아니다. 학습자와 교육자는 여전히 우리 곁에 있을 것이다. 새로운 디지털 학습 환경은 조직과 문화를 넘어 다양한 교육 전문가들이 통찰력과 자원을 공유하는 협업의 장을 제공해 어떠한 대학 교수도 혼자서는 할 수 없는 일을 이루게 하는 데 그 목적이 있다. 이 시스템에서 학생들은 어떤 분야를 집중적으로 공부할 몇 명의 소모임을 만들 수 있다. 또 수백 명으로 이루어진 집단이 인간 사고를 바탕으로 시대를 초월한 문제들을 풀어나가 뛰어난 업적을 남겨 풍요로운 글로벌 사회를 이룰 수도 있을 것이다.

단 '어디서나 닿을 수 있는 대학'을 다니는 것은 만만한 일이 아니다. 예의상 C를 주는 일도, 학점 부풀리기도 없을 테니 말이다. 인맥과 타성으로 무엇이든 해결할 수 있으리라 생각하는 일부 청년들의 느슨한 태도도 통하지 않을 것이다. 세계에서 가장 역량 있고 의욕이 충만한 최고 수준의 학생들만이 최고의 성적을 받을 수 있을 것이다. 이렇게 새로운 디지털 학습 환경은 진정한 교육에 요구되는 지속적이고 성실한 학습을 촉진할 것이다.

이제 기존의 교육기관에서 보낸 임의의 시간에 따라 주어지는 전통적인 대학 학위는 기억 속으로 사라지리라 본다. 학생들은 4년제 및 2년제 학사학위 대신 평생 동안 학습하며 그 기록을 디지털 형태로 축적할 것이다. 그리고 그 정보는 직장을 구할 때, 새로운 학습 기회를 찾을 때, 다른 학습자들과 교류할 때 사용될 것이다. 사람들은 이러한 중요한 정보를 이해타산적인 기관에 맡기지 않고 직접 관리할 것이다.

평생에 걸쳐 이루어지는 '어디서나 닿을 수 있는 대학'에서의 학습은 현대 사회의 근본적인 측면이 되리라 예상한다. 그러면 사람들은 성인기로 들어가는 시점에 몇 년 동안 한 대학에 다니는 대신, 수십 년에 걸쳐 자신의 관심사, 상황, 요구사항에 따라 여러 교육기관들과 관계를 맺어나가게 된다. 또한 오늘날과는 달리 한 교육기관에 소속되기 위해 엄청난 비용을 지불하고 부담스러운 빚을 질 필요가 없다.

물론 일부 교육기관은 우리가 오늘날 알고 있는 대학의 이름으로 존재할 것이다. 정보기술의 기회를 좇아 민첩하게 움직이고 적응한 전통적 교육기관들은 네트워크 형태로 존재하는 '어디서나 닿을 수 있는 대학'에서 학습의 중심이 될 것이다. 반면 변화하지 못하는 교육기관들은 사라질 것이다. 고등교육의 미래에 대한 이야기는 쇠퇴하는 과거의 유물과 같은 교육기관들이 새로운 세상의 씨앗을 일구어내는 과정이라 할 수 있다.

＊ ＊ ＊

내가 〈생명의 비밀〉 과정에 등록한 이유는 미국 고등교육의 기회에 대해 호기심이 생긴 동시에 두려움이 커졌기 때문이다. 나는 어렸을 때부터 전통적인 대학 생활을 동경했다. 나의 아버지는 컴퓨터 공학 박사로 코네티컷의 큰 공립대학에서 강의를 했다. 세 아이를 키우던 어머니는 같은 학교에서 교육학 박사학위를 받았다. 이러한 환경에서 내가 부모님처럼 대학에 진학하는 것은 고민거리도 되지 않는 당연한 일이었다. 문제라면, 단지어느 학교에 다닐 것인가 하는 것이었다.

다행히 1980년대 후반의 중산층 가정은 아직 은행의 도움을 받지 않고도 좋은 공립대학에 자녀를 보낼 수 있었다. 나는 들어가기 힘든 뉴욕의 한 주립대학에 등록금에 상당하는 장학금을 받고 입학했다. 그곳에서 공부한 지 4년 후 학사학위를 받은 나는 그 다음 단계를 머릿속에 분명하게 그릴 수 있었다. 대학 친구들 중에는 부유한 가정 출신도 있었고, 편모나 편부에게 자란 노동자 계층 집안에서 처음으로 대학에 진학한 '대학생 1세대'도 있었다. 당시 나는 '학자금 대출'이라는 말을 전혀 들어보지 못했다.

그러나 나이가 들고 미국의 교육제도를 자세히 들여다보기 시작하면서 내가 젊었을 때와 같이 경제적 부담이 없는 대학 생활은 역사적 유물이 되었다는 사실을 분명히 깨달았다. 미국 대학들의 등록금은 서로 편차가 크긴 하지만 전 세계에서 가장 비싸다. 공립대학교 등록금은 내가 대학생일 때와 비교해 물가상승률 조정을 거치더라도 3배 이상 상승했는데, 이는 평균 가구소득보다 훨씬 더 높은 증가율이다. 부모와 자녀가 그 상승분을 메울 수 있는 유일한 방법은 대출이다. 2004년경 미국인들의 학자금 대출 잔액은 총 2,500억 달러에 이르렀으며 이는 당시로서도 놀랄 만한 금액이었다. 같은 시기에 쉽게 돈을 빌릴 수 있는 왕성한 소비문화의 부산물인 신용카드 대출 잔액은 7,000억 달러였다.

그 후 8년간 학자금 대출 규모는 4배가 증가해 1조 달러를 돌파하며 신용카드 대출 규모를 넘어섰다. 학자금 대출이 있는 25세의 비중은 60퍼센트로 증가했다. 1990년 초 대부분의 대학생들은 학비 전액을 대출하지는 않았다. 그러나 2012년에 학생들은 평균 3만 달러에 이르는 빚을 떠안은채 졸업을 했다. 수십 년 만에 닥친 최악의 경제 위기 속에서 불어난 부채와 함께 학교를 졸업한 학생들은 매달 내야 할 상환액조차도 감당하지 못했다. 그들은 대출을 추가로 받지 못하는 상황에서 집 장만을 미루었다. 그중 많은 이가 파산에 이르러 미수금 회수업자들이 그들 집의 문을 두드리게 되었다.

이러한 상황을 보며 나는 나의 대학 생활이 얼마나 드문 경험이었는지를 깨달았다. 미국에서 학사학위 소지자는 전체 경제활동 인구의 3분의 1밖에 되지 않는다. 이 비율은 한때 서서히 증가하다가 1990년대에서 2000년대 기간 동안 다른 선진국에서는 빠른 상승세를 보였음에도 불구하고 몇년 동안 미국에서는 정체를 보였다. 많은 미국 학생들이 졸업을 못하고 대학을 중퇴한 것이 부분적 원인이다. 4년제 대학에 처음 입학한 학생들 중40퍼센트만이 4년 만에 졸업을 했다. 전공 변경, 질병이나 특정한 사정으로 2년을 더 다닌 경우를 포함하더라도 6년 만에 졸업한 학생은 3분의 2를넘지 못했다.

이 평균 수치에는 수십억 달러 규모의 소프트웨어 기업을 창업하느라 학교를 중퇴하는 경우가 아니라면 거의 모두가 졸업을 하는 하버드와 MIT 같은 학교도 포함되어 있다. 그들 대학의 통계 분포도의 반대편에는 6년 이내에 전체 학생의 3분의 1도 졸업시키지 못하는 수백 개의 대학이 있다. 시카고, 디트로이트, 워싱턴 D.C.와 같은 도심에서는 소수인종 학생이 졸업하는 비율이 10퍼센트 이하다. 이 지역에서 학생들이 대학을 이탈하는 속도는 1차 세계대전 당시 미국 군인들이 파병되던 상황을 방불케 한다.

미국인의 거의 절반이 고등교육에 진입하는 경로인 2년제 커뮤니티 칼리지의 성적 역시 초라하다. 입학 후 3년 내에 졸업을 하거나 다른 대학으로 편입을 하는 비율은 34퍼센트에 그친다. 커뮤니티 칼리지를 들어가는 대부분의 학생들은 학사학위를 원한다고 말은 하지만 그중 11.6퍼센트만이 입학한 지 6년 내에 학위를 받는다.

미국 통계청에 따르면 미국에서 25세 이상의 대학 중퇴자는 3,500만 명에 이른다. 그들 중 많은 이들이 큰 금액의 대출을 받았지만 대학 학위를 요구하는 고소득 직종에 접근하지 못하는 것이 현실이다.

대부분의 사람들은 대학을 졸업하면 점차 위태로워지는 경제 상황에서 생존하기 위한 지식과 기술을 갖출 수 있다고 생각해왔다. 그러나 이것도 사실이 아닌 것으로 나타났다. 2005년 미국 교육부의 성인 문해율 연구는 대학 졸업자의 대다수가 신문 사설 두 편의 관점을 서로 비교하고 대조할 수 없음을 보여주었다. 대학 졸업자의 14퍼센트는 초등학교 교과서를 읽을 수 있을 뿐, 그 이상은 아닌 기초적 수준의 문해율을 갖춘 것으로 평가되었다. 평가 대상의 성적은 10년 전 같은 평가를 실시했을 때보다 크게 하락했다. 이 연구 결과는 「뉴욕타임스」에 보도되었지만 그 이후로 공개담론에서 흔적도 없이 사라졌다.

2010년 후반에 나는 워싱턴 D.C. 도심에 있는 내 사무실 근처의 카페에서 리처드 애럼(Richard Arum)이라는 뉴욕대학교 사회학 교수를 만난 적이 있다. 그는 당시 『표류하는 학문: 대학 캠퍼스에서 이루어지는 교육의 한계 *Academically Adrift: Limited Learning on College Campuses*』를 막 탈고한 상태였다. 그로부터 몇 달 후 출간된 이 책은 다양한 대학교의 학생들이 학교에서 실제로 얼마나 배웠는지를 조사한 4년간의 연구를 담고 있다. 애럼과 공동 저자인 조시파 록사(Josipa Roksa)는 비판적 사고력, 분석적 추론, 의사소통 능력을 평가하기 위해 보편적으로 사용되는 시험에서 대학생들이 2년의 대학 생활 후 아무런 발전이 없었음을 확인했다. 36퍼센트는 대학 생활 4년 내내 통계적으로 유의한 발전을 이루지 못했다. 저자들은 "미국의 고등교육은 대다수 학생들에게 학습 효과가 전혀 없거나 그 효과가 제한적이다"라고 결론 내렸다.

이러한 증거는 계속 늘어나고 있다. 2013년 비영리기구인 경제협력개발기구(OECD)는 여러 국가 성인들의 문해력, 수리력, 문제 해결 능력을 비교한 연구 결과를 발표해 큰 파장을 일으켰다. 미국 대학 졸업자의 38퍼센트가 5단계로 이루어진 평가 척도에서 3단계 미만이라는 평가를 받았다. 3단계는 수학을 이용해 문제를 해결하고 "데이터와 통계의 기초적 분석"을 수행할 수 있는 수준이다. 4단계 이상으로 평가받은 미국인은 19퍼센트인데 반해 다른 선진국에서는 평균 25퍼센트였다. 미국인들은 미국 대학이 세계에서 최고라는 말을 오랫동안 들어왔다. 그러나 대학생들의 학습 성취도는 그저 그런 수준임이 확연히 드러나고 있다.

대학이 학생에게 요구하는 학습량이 줄어들고 있다는 것도 주요 원인 중 하나다. 미국의 전미경제연구소(NBER)가 발표한 연구에 따르면 1961년 전일제(full time) 대학생은 '전일'이라는 개념에 거의 가깝게 주 40시간 수업을 듣고 공부를 했다. 그러나 2003년이 되자 평균 학습 시간은 27시간으로 줄었다. 그럼에도 같은 기간 A학점을 받는 학생의 비중은 15퍼센트에서 43퍼센트로 늘어났다. 조사 대상 중 거의 20퍼센트가 수업 시간 외에 공부하는 시간이 5시간 미만이라고 답했다.

이러한 놀라운 변화가 알려졌을 당시 워싱턴 D.C.의 한 연구소에서 일하고 있던 나는 추상적으로만 보이던 그 통계가 나의 이야기가 되었다는 것을 깨달았다. 내가 리처드 애럼을 만나고 그의 비판적 연구에 대해 알기 몇 달 전 우리 부부는 첫아이를 얻었다. 아이가 태어나자 장기간 빠르게 상승하는 등록금을 나 역시 피해갈 수 없다는 사실을 실감했다. 18년 후면 내 딸은 고등학교를 졸업한다. 아이는 부모와 조부모가 그랬듯이 대학에 갈 것이다. 비용이 얼마나 들까? 엄청난 숫자들이 내 머릿속으로 밀려왔다. 현재 등록금을 기준으로 하고 물가상승률을 조정하면 평균 공립대학교를 4년간 다니는 데는 12만 2,000달러가 들 것이다. 그리고 사립대학교를 다니려면 이의 2배에 가까운 22만 8,000달러가 필요하다. 게다가 이는 내 딸이 드물게 4년 만에 학업을 마칠 경우에 한한 금액이다. 그 많은 학비를 부담할 수 있다고 치자. 과연 그러한 교육을 받을 만한 가치가 있을까? '학습 효과가 전혀 없거나 그 효과가 제한적'일지라도 20만 달러가 넘는 돈을 써야 하는가?

그러나 등록금 변화 추이와 연구 결과가 계속 쌓여가고 있는 상황에서도 나는 희망의 실마리를 놓지 않고 있었다. 1970년대에 나의 아버지는 그의 대학 연구실에 나를 데리고 갔다. 그곳에 있는 컴퓨터들은 180센티미터 높이의 금속 캐비닛 속에 설치되어 굵은 전기 케이블을 통해 전원을 공급받고 있었다. 세월은 흘렀고 지난 수십 년간 기술혁명은 경제의 전면을 휩쓸고 지나갔다. 소리, 문자, 이미지 등의 디지털 정보로의 접근을 주도하던 많은 기업들은 신생 기업들과 경쟁하는 상황에 처하게 되었다. 문화와 상거래의 중심에서 소외되었던 세계 각지의 사람들은 매년 더 저렴해지고 성능이 개선되는 정보 네트워크와 컴퓨터에 힘입어 순식간에 정보와 연결되었다. 정보기술은 현대생활의 사회, 경제, 문화에 깊이 스며들었다.

나는 '어디서나 닿을 수 있는 대학'이 머지않은 미래에 어딘가에서 등장할 것이며 이미 그 흐릿한 모습을 드러내기 시작했음을 느낄 수 있었다.

이제 MIT와 하버드가 몇몇 세계적인 대학들과 손을 잡고 많은 이들이 열망하던 이 대학들의 과정을 온라인으로, 그리고 무료로 제공하게 되었다. 나는 고등교육의 디지털 미래가 과연 현실로 다가왔는지를 직접 확인하기로 했다. MIT 컴퓨터공학 및 인공지능 연구소의 소장이었고 최근 하버드와 MIT의 공동 온라인 서비스인 에드엑스(edX)의 CEO가 된 아난트 아가왈(Anant Agarwal)에게 나는 어떤 과정을 수강하면 좋을지 추천을 부탁했다. 학부에서는 정치학을, 대학원에서는 공공정책을 전공했고 교육정책 연구를 업으로 삼고 있는 나는 내 전문 분야와는 전혀 다른 무언가를 배우고 싶었다. 가능한 한 처음 대학 생활을 시작한 학생의 입장에서 이러한 교육을 경험하고자 했기 때문이다. 또한 나는 에드엑스 온라인 교육 시스템의 장점이 최대한 드러나는 과정을 찾고 싶었다. 아가왈은 나에게 몇 주 후에 개강하는 한 과정을 추천했고 그 과정의 담당 교수는 MIT에서 가장 존경받는 교수 중 한 사람인 에릭 랜더였다.

세 마리 토끼 2

연구, 실용교육,
인문교육

내가 가장 먼저 한 일은 등록이었다. 미국인들에게 대학 지원은 인생의 통과의례가 되었다. 부모는 자녀들이 아늑한 둥지를 떠나 혼란과 좌절의 상태로 진입하기 전 마지막으로 그들과 소중한 몇 달을 보낸다. 이 기간 동안 부모는 산더미같이 쌓인 대학 안내서를 정리하고, 학자금 대출 신청서에 온갖 상세한 내용을 다 기입하며, 복잡한 대학 방문 일정을 조율하는 동시에 대학에 제출할 자기소개서를 제시간에 완성하도록 자녀와 씨름해야 한다.

이에 반해 〈생명의 비밀〉의 수강 신청은 단 2분이면 가능하다. 먼저 노트북 컴퓨터로 '에드엑스'를 검색해 목록에서 과목을 선택한 후 사용자명과 암호를 입력하기만 하면 된다. 과목명을 클릭하자 에드엑스 학습관리 시스템이 시작되었다. 학습관리 시스템은 잘 정돈된 메뉴 여러 개로 구성되었으며 화면 중앙에는 에릭 랜더 교수가 몇 달 후 내가 직접 가보게 될 강의실의 화이트보드 앞에 서 있는 장면이 펼쳐졌다.

나는 그 시점까지 MIT에서 이루어지는 실제 강의 전체를 온라인으로 제공한다는 생각에 대해 여전히 회의적이었다. 대부분의 사람들처럼 내가 기술적 변화의 파도에 몸을 실은 시점은 이르지도 늦지도 않았다. 매우 편리하고 유용하지만 끊임없이 나를 방해하는 스마트폰에 대해서는 애증이 교차한다. 나는 킨들(Kindle)로 추리소설을 읽는 것을 좋아하지만 동네 서점에서 여러 책들을 찬찬히 훑어본 후, 분명 더 똑똑하고 나은 사람이 되리라는 기분으로 책을 잔뜩 담아 나오는 일을 여전히 즐긴다. 또한 시디(CD)들이 오랜 시간 집안 한 구석에 방치되어 있긴 했지만 나는 여전히 이어폰에서 흘러나오는 소리가 옛 스테레오 기기에서 나오는 소리만 못하다고 생각한다.

이런 나에게 대학은 그보다도 더 고귀한 위치에 있다. 나는 교육이 단순히 글이나 음성을 전달하는 것보다 훨씬 복잡하다는 사실을 알고 있다. 그런 이유로 나는 〈생명의 비밀〉을 수강함으로써 노트북 컴퓨터만을 이용한 무료 강의에서 무엇을 그대로 전달할 수 있고, 무엇을 놓칠 수밖에 없는가를 알아보고 싶었다.

강의 그 자체는 MIT 학부의 전교생이 경험해야 하는 교육을 충실하게 디지털로 옮겨놓았다. MIT의 입학 허가를 받은 수학, 과학, 공학의 영재들은 단일변수미적분, 다변수미적분, 고전역학, 전기와 자기, 화학원론, 생물학입문의 6개 핵심 필수과목을 이수해야 한다. 고등학교 시절부터 비커와 삼각 플라스크에 푹 빠져 살았던 특별한 학생들은 핵심 필수과목보다 더 심화된 수준의 화학 강의를 선택하도록 예외를 두기도 하지만, 그 외에는 고교 선행학습(AP)을 포함해 그 어떤 방법으로도 핵심 필수과목을 피할 수는 없다. 핵심 필수과목은 MIT에 입학하는 우수한 학생들의 수준을 고려하더라도 꽤 어렵기 때문에 학생들은 한 학기에 핵심 필수과목을 네 과목 이상 들을 수 없다. 1학년 첫 학기를 맞는 학생들은 이 과목에 대해 A, B, C와 같은 학점이나 '낙제' 등급을 받지도 않는다. 즉 성적표에는 '이수'라는 기록이 남거나 학점란이 빈칸으로 표시된다.

MIT 과정의 교육 모델은 매우 분명하다. 학생들은 수백 명의 다른 학생들과 일주일에 2회 강의를 듣고 보충 학습 자료를 읽는다.

＊ ＊ ＊

〈생명의 비밀〉을 제작하기 위해 MIT는 에릭 랜더가 1학년 학생들에게 생물학입문을 가르치는 강의실에 전문가용 고화질 촬영 카메라를 설치했다. MIT에서는 과목과 전공 분야가 수준에 따라 숫자로 표시되므로(기계공학 과목은 2번, 생물학 과목은 7번이며 가장 기초적인 생물학 강의는 7.01이다) 이 실험적인 온라인 강의는 '7.00x'로 명명되었다. 촬영한 영상은 실제 강의가 이루어진 후 몇 주 내에 에드엑스에 업로드되었다. 몇 주간의 시차가 있을 뿐 7.00x를 온라인으로 수강하는 수천 명의 학생들과 MIT의 강의실에서 수업을 듣는 100명의 학생들은 기본적으로 동일한 순서의 과정을 밟아나갔다.

에드엑스 시스템은 수강생이 노트북, 태블릿 또는 스마트폰에서 동영상을 다운로드하거나 스트리밍으로 볼 수 있도록 한다. '재생' 버튼을 누르면 랜더 교수가 강의를 시작하고, 화면 오른쪽 창에서는 강의의 흐름에 맞춰 자막이 위에서 아래로 내려온다. 수강생은 언제든 영상을 멈추고 강의 내용을 다시 듣거나 자막을 클릭해 해당 지점으로 영상을 돌릴 수 있다.

7.00x를 시작하자마자 나는 이것이 고등학교에서 내가 듣던 생물학 AP 과목과는 전혀 다르다는 것을 깨달았다. MIT 교수들은 수강생이 생물학에 대해 어느 정도는 다 알고 있다고 가정한 상태에서 유전학이나 생명을 구성하는 유전자 코드와 같은 핵심적인 내용으로 바로 들어간다. 나는 보통 다른 사람의 설명을 듣는 것을 답답해하기 때문에 글을 읽는 것을 선호하는 편이다. 하지만 랜더 교수의 강의는 몰입하기가 쉬웠다. 이 과정은 복잡

하게 얽혀 있는 발견의 역사를 중심으로 하고, 학생들은 강의를 들으며 유전학과 생물학의 기본 원리와 두 영역의 학문적 결합을 배울 수 있었다.

이 과정은 먼저 생화학에 대한 네 번의 한 시간 분량 강의로 시작된다. 강의는 세포의 구성을 시작으로 빠르게 다양한 종류의 분자결합으로 넘어간다. 다음으로는 분자 구조와 아미노산이 어떤 기능을 하고 상호작용하는지에 관한 흥미롭고도 복잡한 방식들을 배운다. 효소와 그것의 생화학적 작용, 분자가 여러 에너지 준위에 따른 전이 상태를 거쳐 어떻게 움직이는지, 그 과정에서 효소는 어떤 역할을 하는지도 다룬다. 이를 이해하기 위해 해당 과정을 대표적인 예로 들어 생화학적 경로에 대해 구체적인 설명을 듣기도 한다.

분자생물학은 시각적인 과목이다. 랜더의 강의는 주로 화이트보드를 표와 그림으로 가득 채우고 그 개념들을 설명하는 방식으로 이루어진다. 나는 그 그림을 정성껏 나의 노트에 옮겨 그리며 중요한 부분에 설명을 적었고 확실히 이해가 안 될 때는 동영상을 앞으로 돌려 내용을 다시 듣고 확인했다. 그는 스승이자 대가였으며 나는 지혜와 정보를 전달받는 추종자가 되었다.

이 과정에서 랜더와 내가 주고받는 교육적 소통의 기원은 근대 고등교육의 초창기로 거슬러 올라간다. 오늘날 우리가 알고 있는 대학, 즉 엄청난 학비를 요구하면서도 많은 학생들을 제대로 학습시키고 졸업시키지 못하는 교육기관은 무(無)에서 시작되지 않았다. 대학은 특정한 역사적 상황 속에서 등장했으며 때로는 기이한 사유로 변화를 거쳤다. 대학의 역사가 최초로 시작되는 시점부터 정보기술은 대학과 함께 존재해왔다. 근대 대학의 특성은 여러 세기에 걸쳐 기술이 학생과 교수의 권력 균형을 조절해온 방식에 의해 형성되어왔다. 그리고 마침내 권력의 저울은 학생들 쪽으로 기울기 시작했다.

＊ ＊ ＊

인문학의 원형은 그리스와 로마가 서양 문명을 어떻게 구축했는지를 연구하는 고전(古典)에 있다. 분명 고대 그리스인과 로마인이 문명을 건설할 당시에는 대학이 없었다. 바티칸 궁전에는 라파엘로가 그린 웅장한 프레스코화가 있다. 플라톤과 아리스토텔레스 주변을 동료 철학자들이 둘러싸고 있는 이 그림은 완성된 지 수세기 후 「아테네 학당 *The School of Athens*」이라는 이름을 얻었다. 고대에는 스승과 학생이 있었지만 학장, 학과, 학위가 없었고 오늘날과 같이 고등교육을 실시하는 장소도 없었다.

첫 근대적인 대학은 볼로냐에서 1088년이 되어서야 생겨났다. 이 대학은 여전히 그 자리에 남아 있다. 내가 2012년 가을에 볼로냐 대학교에서 본 것은 매우 익숙한 광경이었다. 배낭을 메고 청바지를 입은 학생들은 붉은 지붕과 오렌지색 회벽으로 덮인 학교 건물 주변에 있는 노천 술집과 카페에서 웃으며 즐거운 시간을 보내고 있었다. 서점, 낡은 기둥에 붙은 아파트 임대를 광고하는 종이 표지, 길가의 기둥에 묶어놓은 자전거들이 보였다. 이 지역은 매년 수만 명의 학생들이 찾아오는 지역인 만큼 부산함이 느껴졌다. 행정처 건물의 현판은 이 학교가 '모든 학문이 퍼져나간 곳'이라는 의미인 "알마 마테르 스투디오룸(Alma Mater Studiorum)"이라 선언하고 있었다.

도시로서의 볼로냐는 우피치 미술관, 미켈란젤로의 다비드상, 관광객의 95퍼센트를 뺀 피렌체와 같다. 즉 거주하고 공부하기 환상적인 곳이라는 뜻이다. 지붕 덮인 회랑을 통해 상점, 화랑, 레스토랑을 다니며 몇 시간을 보내기도 좋다. 볼로냐에서는 음식과 음료를 저렴하게 살 수 있으며 도시의 신문들은 학생들의 지나친 음주를 비판한다. 찰스 디킨스(Charles Dickens)는 볼로냐를 방문한 후 "이 도시에는 진지한 학구적 기운에 더해 기분을 좋게 하는 어두움이 존재한다"고 언급한 바 있다. 볼로냐는 원조 대학 도시다.

볼로냐 대학에 대한 모든 것은 대학이 영속적인 기관이며 적군의 침략, 전염병, 교황권을 둘러싼 갈등, 세계대전에도 변치 않는다는 인식을 더욱 공고히 한다. 이것은 바로 오늘날의 대학들이 고대풍의 로고에 설립 연도를 표시하면서 강화하려는 이미지이기도 하다. 젊음과 현대성을 숭배하는 사회에서 대학은 긍지와 역사를 통해 자신을 돋보이게 한다. 우리는 언제나 여기 있었으며 앞으로도 이 자리를 지키리라는 암묵적인 메시지를 보낸다.

그러나 사실상 최초의 대학은 우리가 오늘날 알고 있는 대학의 모습과는 매우 달랐다. 볼로냐 대학교의 설립 연도 자체도 정확하지 않다. 우리가 확실히 아는 것은 1888년 볼로냐의 시 지도자들이 이 대학의 800주년을 기념하고 싶어 했다는 사실이다. 11세기 후반에 볼로냐의 몇몇 학생들이 모여 학습을 위해 그들의 재정적, 지적, 정신적 힘을 모두 모았다는 것도 어느 정도 확실한 사실로 받아들여지고 있다.

당시 유럽은 암흑의 시대로부터 벗어나고 있었다. 라파엘로의 프레스코화에는 아리스토텔레스가 『니코마코스 윤리학 *Nicomachean Ethics*』을, 플라톤이 자신의 저서 『티마이오스 *Timaeus*』를 들고 있다. 이 그림의 진정한 주제인 지혜는 당시 망명 시기를 끝내고 스페인의 이슬람 학자들에 의해 유럽으로 다시 돌아왔다. 유럽은 철학과 함께 유클리드 기하학, 아라비아 숫자를 받아들였고 로마법을 재발견했다. 지식에 대한 열망과 함께 상품과 사람이 유럽 경제를 움직이기 시작했다.

배움을 동경하던 젊은이들은 도시로 몰려들었다. 볼로냐에서 그들은 출신국가를 중심으로 탐욕스러운 지주들과의 협상에서 우위를 점하기 위해 조직을 결성했다. 그 다음으로 그들은 교수들을 고용했는데, 고용 조건은 오늘날의 종신교수들은 상상도 못할 수준이었다. 교수에게 적용되는 조건은 규범과 계약으로 확립되었다. 교수들은 절대 휴강을 할 수 없고 정확한 시간에 수업을 시작하고 끝내야 했다. 도시를 떠날 일이 있을 때는 보증금을 예치해야 했고 1년 동안 정해진 교과 과정을 충실히 따라야 할 의무가 있었다. 강의에 출석하는 학생이 5명 이하가 되면, 출석률이 낮다는 것은 강의가 좋지 않음을 의미한다는 이론에 따라 교수는 벌금을 냈다.

교수들은 이에 자신들만의 조직을 만들어 대응했다. 오늘날 우리는 '칼리지'와 '유니버시티' 두 용어를 혼용한다. 그러나 초기에 '유니버시티'의 어원인 '유니베르시타스 스콜라리움(universitas scholarium)'은 학자 또는 학생의 모임을 의미한 반면 '칼리지'는 장인들의 조합이었다. 이 조합은 자격시험을 관장하고 시험에 통과한 사람은 가르칠 수 있는 허가증을 받았다. 이것이 '칼리지' 학위의 시초다.

학생들에게 치우쳤던 권력 균형은 얼마 못가 뒤집혔다. 파리에서 생긴 유럽의 두 번째 대학은 교수들을 중심으로 설립되었고 이러한 형태는 지금까지도 크게 변하지 않았다. 파리 대학교는 20세기 중엽 노트르담 수도원 학교에서 시작되었다. 교수진은 교회법, 예술, 신학, 의학 등 분야별로 집단을 이루었다.

학습에 대한 수요와 공급이 균형을 이루었기 때문에 대학은 번성할 수 있었다. 유럽이 점차 르네상스와 계몽주의 시대를 맞으면서 지식과 지혜는 희소가치가 있는 소중한 자원으로 여겨졌다. 교육을 통해 지식과 지혜를 얻는 방식은 2가지밖에 없었다. 학자의 강의를 듣거나 책에 쓰인 내용을 읽는 것이다. 대학은 대체로 정보 교류와 상업의 중심지 역할을 하는 도시에 자리 잡고 학자와 책의 임계 질량을 축적하였다. 물론 대학의 수는 매우 적었고 지적 자본을 소유한 사람은 누가 어떤 조건으로 그에 접근할 수 있는지를 결정할 수 있었다.

따라서 학생들은 저명한 학자의 강의에 몰려들었다. 엘로이즈와의 비극적 연애사가 노래와 전설로 남아 있는 프랑스의 위대한 철학자 피에르 아벨라르(Peter Abelard)도 그러한 학자 중 한 명이었다. 천재이자 논리가 뛰어났던 아벨라르는 파리와 여러 지역에서 열리는 강의와 논쟁에 추종자들을 이끌고 다녔다. 학생들은 그의 강의를 듣기 위해 그가 나타날 장소에 며칠 전부터 진을 치기도 했다. 중세 역사학자 찰스 호머 해스킨스(Charles Homer Haskins)가 말한 대로 그는 "과감하고 독창적이며 명료하고 예리한 반론을 제시하며, 언제나 신선한 자극을 주는 동시에 진지한 이들의 마음에 웃음을 선사할 수 있는" 사람이었다. 아벨라르의 명성은 교수 중심의 교육이 구체화된 파리 대학의 등장과 함께 절정에 이르렀다.

대학의 개념은 곧 다른 곳에서도 싹을 틔웠다. 1167년, 잉글랜드의 헨리 2세는 잉글랜드 학생들이 파리 대학에 다니는 것을 금지했다. 대신 학자, 전문가, 서적들을 옥스퍼드로 집결시켰다. 학생들과 동네 주민들 사이에 무력 충돌이 일어나자 옥스퍼드 대학은 기숙사를 세웠다. 여기에서 학장의 감독하에 학생들이 생활하는 독립적인 구역이라는 '칼리지'의 새로운 의미가 생겨났다. 1264년까지 베일리얼(Balliol), 머튼(Merton), 유니버시티 칼리지가 설립되었고 이 모두가 옥스퍼드 대학의 다른 35개 칼리지와 함께 지금까지 남아 있다. 칼리지는 대체로 자율적으로 운영되어 자체 기금을 조성하고 교과와 학사 관리를 한다. 대학은 시험 관리와 학위 수여를 담당한다. 옥스퍼드가 생긴 지 얼마 되지 않아 헨리 3세의 헌장에 의해 케임브리지 대학도 설립되었고, 이 학교 역시 칼리지 모델을 채택했다.

중세 대학은 그 후로도 몇 세기 동안 같은 방식으로 운영되었다. 유럽에서는 더 많은 대학이 생겨났으며 대학은 유럽 외의 지역에도 전파되었다. 대학이 항상 지적 활동의 근거지에 자리 잡은 것은 아니었다. 르네상스 시대의 위대한 예술가와 학자들은 대학에서 학생들을 가르치지 않았다. 그러나 15세기 중반에 요하네스 구텐베르크가 인쇄기를 발명하여 현재의 정보기술 혁명 이전의 마지막 정보기술 혁명을 촉발시킴으로써 대학은 이에 적응하며 꾸준히 성장했다.

인쇄술은 교수들이 처음으로 직면한 새로운 학습 기술은 아니었다. 그로부터 1,000년 전에도 문자는 기득권 학자들에게 도전이 되었다. 『파이드로스 *Phaidros*』에서 소크라테스는 테우스와 타무스 두 신이 나눈 대화에 대해 이야기한다. 테우스는 "수와 계산법, 기하학, 천문학, 체스, 주사위 등 많은 기술을 발명했지만 무엇보다도 그의 가장 위대한 발명은 문자였다"고 한다. 이집트 전체를 지배하는 신 타무스는 테우스의 발명에 대해 다음과 같이 이야기했다.

"모든 발명가의 모범이 되는 테우스여, 기술의 발명자는 그 기술이 장차 이익이 될지 해가 될지를 판정할 수 있는 최선의 재판관은 될 수 없습니다. 문자의 아버지인 당신은 자손들을 사랑하여 발명해낸 그 문자의 본래의 기능에 정반대되는 성질을 부여한 셈입니다. 문자를 습득한 사람들은 기억력을 사용하지 않아 오히려 더 많이 잊게 될 것입니다. 기억을 위해 내적 자원에 의존하기보다 외적 기호에 의존하는 탓이지요. 당신이 발명해낸 것은 회상의 보증수표이지, 기억의 보증수표가 아닙니다. 그리고 지혜에 대해서라면 문자를 익힌 당신의 제자들은 사실과는 상관없이 지혜에 대한 명성을 계속 누릴 것입니다. 그들은 적절한 가르침 없이도 많은 정보를 받아들일 수 있어, 실제로는 거의 무지하다 할지라도 지식이 있다고 인정받을 것입니다. 그리고 그들은 진정한 지혜 대신 지혜에 대한 자만심으로 가득 차 사회에 짐만 될 것입니다."

소크라테스는 책을 통한 배움을 불신했다. 그는 문자를 읽는 학생들은 저자가 원래 가진 시각의 그림자만을 얻으며, 더 심각한 문제는 그 둘의 차이를 모른다는 것이라고 주장했다. 책만 파고들어 자신이 지혜롭다고 생각하는 현학자에게 피로감을 느낀 사람이라면 소크라테스의 말이 일리 있다고 생각할지도 모른다.

그러나 그는 책이 인류 문명에 선사한 장기적인 순편익을 내다보지 못했다. 문자가 없이는 복잡다단한 인간의 사고를 한 사람이 머릿속에 모두 담아두고 이를 기억해 말로 표현할 수가 없다. 플라톤이 책을 통해 소크라테스의 지혜를 기록하지 않았더라면 그 지혜는 오늘날까지 전수되지 않았을 것이다.

중세에는 책을 구하기가 힘들었다. 따라서 대학은 자신들의 책이 독점에 의해 가격이 상승하는 것을 막기 위해 책의 생산과 판매를 규제할 권한을 부여받았다. 학생들은 일정 기간 동안 책을 빌렸고 모든 책은 필사본이었기 때문에 대학은 책 검사관을 고용하여 내용의 정확성을 확인하도록 했다. 볼로냐 대학은 교수들이 강의 내용을 제출하도록 함으로써 책을 만들어 공급했다. 교수는 강의 내용을 읽고, 강의실을 가득 메운 학생들은 이를 들으며 필기를 했다. 대학을 다녔다면 누구에게나 친숙할 이 경험은 구텐베르크 이전 시대에 뿌리를 두고 있는 고등교육의 모습이었다.

책을 위한 종이가 부족했던 시절, 사본 필사자들은 단어 사이에 공백을 두지 않았다. 학생들은 연결된 문자열 속에서 단어를 알아볼 수 있는 훈련을 해야 했다. 그들은 교수의 지도하에 책을 소리 내어 읽음으로써 읽기 능력을 키워나갔다. 교수들은 인쇄술로 인해 그동안 익숙했던 교수법이 무용지물이 되자 경악을 금치 못했다. 14세기가 되어서도 파리 대학의 교수들은 묵독을 금지했다. 학생이 무엇을 읽고 있는지 교수가 모른다면 어떻게 학생들의 학습을 도울 수 있겠는가?

구텐베르크 혁명은 사회의 다양한 측면을 바꾸고 불안정하게 만들었다. 그러나 그러한 여파가 중세 대학의 구조에 미친 영향은 비교적 미미했다. 과거의 설립자들이 볼로냐, 옥스퍼드, 케임브리지(파리 대학은 프랑스 혁명을 견디지 못하고 사라졌다)가 현재 운영되고 있는 방식을 보아도 그리 낯설지 않을 정도다. 그 이유는 무엇일까?

대학의 기존 비즈니스 모델에서 인쇄술은 보완적 역할에 그칠 수밖에 없었기 때문이다. (글을 읽을 줄 안다면) 사람들은 혼자서 책을 읽을 수 있었고 몇몇 부자들이 작은 서재에 책을 소장했지만 책값은 여전히 비쌌다. 소수의 개인과 기관들만이 읽을 가치가 있는 모든 책을 수집하고 보관하고 분류할 여력이 있었다. 그런데 이를 위해서는 어떤 책이 읽을 만한 책인가에 대한 판단 기준이 있어야 했다. 또한 한 페이지의 몇 단어 안에 담긴 저자의 의도를 가늠하기 어려울 때 이에 대해 논의할 대상이 필요했다. 학생들은 자신이 공부했다는 것을 나타낼 일종의 증명을 받고 싶어 했다. 즉 대학은 교수, 조언, 동료 학생, 학위 등 책만으로는 할 수 없는 것들을 제공했다.

인쇄된 책은 대학이 희소가치가 있고 값비싼 장소라는 논리에 힘을 실어주었다. 배우고 싶다면 똑똑한 사람들과 책, 다른 학생들이 있는 곳을 찾아가야 했다. 운송수단, 의사소통 방법, 정보저장 기술의 한계는 대학이 여전히 우위를 점할 수 있도록 했다.

고등교육은 17세기에 신세계로 힘겨운 항해를 떠난 청교도들의 정신에 크게 자리 잡았다. 인쇄술의 혁명은 그들이 자유롭게 스스로 성경말씀의 의미를 발견해 신앙이 성장하게 해주었다. 매사추세츠만 식민지(Massachusetts Bay Colony)가 건설된 1628년으로부터 8년 후, 식민지의 일반의회는 투표를 통해 대학('schoale' 또는 'colledge')을 설립하기로 결의했다. 1년 뒤 일반의회는 대학이 들어설 장소를 뉴타운으로 지정했으며 잉글랜드의 케임브리지 대학에서 많은 졸업생이 배출된 후인 1638년에 그 지역의 이름을 케임브리지로 변경했다.

그해는 케임브리지의 부유한 동문인 존 하버드(John Harvard)가 결핵으로 31세의 나이에 사망한 해이기도 했다. 그는 자신의 모교에 재산의 절반과 400여 권의 장서를 남겼다. 일반의회는 그의 기부에 감사하며 1939년, 이 대학을 하버드로 명명했다. 역시 케임브리지 졸업생인 헨리 던스터(Henry Dunster) 목사는 다음 해에 하버드 대학의 초대 총장으로 임명되었다.

던스터는 케임브리지의 기숙사 대학 모델을 바탕으로 4년제 학사학위 과정을 구축했다. 물론 대학이 계속 운영되기 위해서는 존 하버드가 기부한 것 이상이 필요했다. 몇 년 후 청교도들은 오늘날까지 이어지는 또 다른 관습을 만들었다. 그들은 잉글랜드에 있는 지인과 동문들에게 기부를 요청하는 편지를 보냈다.

> 하나님은 우리를 안전하게 뉴잉글랜드로 이끌어주셨습니다. 우리는 집을 짓고 생계를 위한 기반과 하나님을 섬길 장소를 마련했습니다. 시민정부도 정착되었습니다. 이제 우리가 그 다음으로 염원하고 추구하는 바는 교육을 발전시키고 이를 후대까지 영속화하는 것입니다. 우리는 글을 읽지도 못하는, 괴멸되어야 할 성직자들에게 교회를 맡기는 것이 두렵습니다.

뉴잉글랜드의 다른 지역에서도 대학이 생겨났다. 미국 혁명이 발발한 시기 즈음에는 식민지 대학이 하버드, 예일, 다트머스, 윌리엄앤메리, 뉴저지, 로드아일랜드, 킹스, 퀸스, 필라델피아를 포함하여 총 9개가 되었다. 이 중 마지막 다섯 대학이 오늘날의 프린스턴, 브라운, 컬럼비아, 럿거스, 펜실베이니아 대학이다. 현재 미국 명문 대학의 핵심을 이루는 이 학교들은 미국보다도 더 긴 역사를 지니고 있다.

조직적으로 식민지 대학은 잉글랜드의 대학을 모방한 탓에 그 둘은 서로 크게 닮아 있다. 그러나 새로운 대학을 세우는 미국의 접근법에는 차이가 있었다. 당시 잉글랜드의 관료들은 대학의 설립을 철저히 통제했다. 옥스퍼드, 케임브리지, 런던 대학만이 공식적인 정부의 인가를 받고 학위를 수여할 권한이 있었다. 권력과 정부 보조금을 독점하는 이 대학들은 대학을 운영하는 사람들과 모두 남성으로 이루어진 특권층의 학생들에게만 열려 있었다. 이는 영국이 제국으로 성장하고 있고 학문이 발달한 선진국이었음에도 정작 그 국민들은 대학교육을 받을 기회가 비교적 드물었다는 것을 의미한다.

반면 미국에서는 대학 설립에 대해 방임주의 정책을 택했다. 제임스 매디슨(James Madison), 토머스 제퍼슨(Thomas Jefferson), 조지 워싱턴(George Washington)이 열정적으로 '국립대학'의 설립을 추진했지만 사실상 연방정부는 대학 설립에 대해 거의 아무 역할도 하지 않았다. 새로운 대학을 세우는 것은 각 주의 몫이었다. 대체로 주들은 수많은 종교 분파와 조직을 허가했다. 단, 운영기금을 모금하는 일은 각 조직이 스스로 하도록 하였다. 미국의 영토는 드넓었고 열정이 가득했다. 남북전쟁이 발발하기 직전까지 메인에서 플로리다, 매사추세츠에서 캘리포니아에 이르는 미국 전역에 250개에 가까운 대학이 설립되었다.

이 학교들은 우리가 오늘날 알고 있는 대학과는 큰 차이가 있다. 교수와 학생이 함께 거주하는 유럽형 모델은 그대로 유지되었지만 학교의 규모는 매우 보잘것없었다. 하버드는 개교 후 229년 동안 겨우 77명의 졸업생을 배출했다. 1880년까지 200명 이상의 졸업생을 배출한 학교는 26개교밖에 되지 않았다. 학생들은 그리스어, 라틴어, 수학으로 구성된 표준 교과를 배웠고 여기에 고대철학과 역사가 포함되기도 했다. 강의, 실험실습, 세미나와 같은 현대적인 교수법은 거의 사용되지 않았다. 당시의 대학 교육은 암송으로 이루어졌고 학생들은 방대한 내용을 암기하고 이를 소리 내어 반복하는 따분한 방식으로 학습했다.

낭독을 감독하는 교수들의 사회적 지위는 보통이었고, 보수는 낮았다. 옥스퍼드와 케임브리지에서처럼 대학을 교수진에게 맡긴 것도 아니었다. 청교도들은 대학의 운영을 종교적 가치의 보전을 책임진 원로 성직자들에게 일임했다. 남북전쟁이 끝날 무렵, 미국 대학의 90퍼센트는 성직자 출신의 총장을 두고 있었다.

대학의 목표는 지식을 창출하거나 확산하는 것이 아니었다. 미국의 독실한 청교도 설립자들은 학생들이 '정신적 훈육'을 받아야 한다고 생각했다. 고된 훈련, 신앙심, 절제가 몸과 마음을 단련시키므로 학생들이 고대 그리스 문헌을 다시는 읽을 일이 없을지라도 그 긴 문장을 암기하는 것이 젊은 청년들의 실력을 갈고닦는 길이라 여겼다. 교육방법론은 당시 사용할 수 있는 기술의 수준에 비례한다. 종이는 여전히 값이 비싸 학생들이 글을 써서 제출하는 것보다 구술 발표로 성적을 매기는 것이 비용이 적게 들었다.

펜실베이니아 대학의 1852년 연감은 모든 학부생의 이름을 담고 있다. 연감에는 81명의 학생 이름과 함께 4년간 그들이 배운 교육 과정이 기록되어 있다. 예를 들어 2학년은 "평면 및 구면 삼각법과 측량, 항해 등의 응용", 논리학, 수사학, 그리고 "리비우스(제2차 포에니전쟁), 데모스테네스, 호라티우스(서정시집 및 시학)"를 공부한다. 학생들의 학습 일정은 매우 고됐을 것이다. 연감에는 "토요일을 제외한 매일 매 수업마다 3회의 암송을 한 시간 동안 실시한다. 토요일에는 1회 암송을 실시한다"라고 기록되어 있다.

그러나 미국이 점차 초기 정착민들의 문화 및 종교적 믿음을 훨씬 넘어서서 성장하자 대학들은 빠른 속도로 변모하기 시작했다. 남북전쟁 후 30년은 미국 고등교육의 긴 역사에서 가장 중요한 논쟁이 펼쳐진 기간이었다. 정확히 대학이 무슨 역할을 해야 하는가에 대해 3가지 사상이 주도권을 위해 경쟁했다.

＊ ＊ ＊

첫 번째는 대학이 깨어나는 거인인 미국 경제를 뒷받침해야 한다는 사상이다. 1862년까지 남부의 주들은 남부연합을 형성하여 자체적으로 상원과 하원을 두었다. 이로써 미국 정부의 세력 균형이 북부에서 남부로 옮겨가고 남부의 주들은 법을 제정할 수 있는 권한을 주장했다. 버몬트 주의 하원의원인 저스틴 스미스 모릴(Justin Smith Morrill)은 모릴 토지허여 법안(Morrill Land-Grant Act)을 발의했고 링컨(Abraham Lincoln) 대통령은 이에 서명했다. 이 법은 각 주가 서부에 있는 연방 토지에 대한 권리를 부여받아 토지로 나온 수입을 대학 설립에 사용하도록 했다. 이 법의 일부를 발췌하면 다음과 같다.

영토로부터 발생한 수입은 다른 과학이나 고전학을 배제하지 아니하며 군사

전술을 포함하고 농업 및 기계학과 관련된 학문을 가르치는 대학을 하나 이상 설립하여…… 삶의 다양한 목적과 직업을 위한 산업 수업을 통해 자유롭고 실용적인 교육을 추구하는 데 사용해야 한다.

호라티우스와 데모스테네스로부터 크게 동떨어진 기계학과 실용적인 산업 교육이 강조된 이유는 분명하다. 사람들은 국가가 철도, 증기기관, 전신으로 서로 연결되기 시작하는 시기에 영토를 개척하기 위해 널리 퍼져 나갔다. 남북전쟁 후 30년간 미국은 풍부한 천연자원을 이용해 세계에서 가장 큰 제조국가가 되고자 했다. 대학은 이를 위해 필요한 기술을 가르치고 인력을 양성할 곳으로 자연스레 인식되었다.

모릴법의 정신에 따라 설립된 대학들은 마침내 미국 고등교육을 가장 대대적으로, 그리고 효율적으로 제공하는 기관이 되었다. 대학의 일부 지도자들은 앞서 생긴 대학들을 공개적으로 경멸했다. 캘리포니아의 산업가 릴런드 스탠퍼드(Leland Stanford)는 중국인 노동자들을 혹사시켜 대륙횡단 철도를 건설하여 큰돈을 벌어 자신보다 먼저 세상을 떠난 아들을 추모하며 대학을 건립했다. 스탠퍼드 대학의 초대 총장 데이비드 스타 조던(David Starr Jordan)은 대학이 학생들에게 "물질적인 관심사로 더럽혀진 성스러운 교육"을 시켜서는 안 된다고 선언했다. 네브라스카 대학은 "대학이 학문 자체만을 위해 존재한다고 믿는 총장, 자신이 실용주의에 젖은 다른 이들과 다름에 위안을 삼는 총장은 필요치 않다"라는 입장을 견지했다.

대학과 관련한 두 번째 사상은 대학이 해외 문물을 받아들여야 한다는 것이다. 남북전쟁이 끝나고 유럽에 머물던 미국 학자들은 고국으로 돌아와 새로운 유형의 대학인 독일의 연구 중심 대학교에 대한 이야기들을 풀어놓았다. 중세 대학들은 여전히 설립 원칙에 의해 운영되고 있었지만 유럽에서 계몽주의는 새로운 사고방식을 일으켰고 권력의 중심을 이동시켰다. 1810년, 프러시아 언어학자이자 철학자인 프리드리히 빌헬름 크리스티안 카를 페르디난트 폰 훔볼트(Friedrich Wilhelm Christian Karl Ferdinand von Humboldt)는 왕에게 베를린에 새로운 대학을 설립할 것을 요청했다. 훔볼트의 대학 모델은 학자가 독립적이고 자유롭게 자신이 적절하다고 보는 인간 지식의 영역을 확장하도록 하는 것이었다. 학생들은 교수의 연구를 도우며 그 과정에서 배움을 얻는다. 따라서 대학의 중심은 학생에게 있지 않고 교수와 그의 연구에 있었다.

이 개념은 당연히 교수들에게 호응을 얻었다. 그리고 1876년에 미국의 첫 연구 중심 대학인 존스홉킨스가 설립되면서 더욱 추진력을 받았다. 설립자 홉킨스(Johns Hopkins)는 개교 시점부터 이 학교가 토지허여법에 의해 설립된 대학들처럼 산업을 위해 학생들을 훈련시키는 학교가 아님을 강조했다. 설립 선언문에는 "존스홉킨스 대학은 자격을 갖춘 학생들에게 직업교육이 아닌 문학과 과학의 학과 과정을 통해 고도의 교육을 제공한다"라고 명시되어 있다. 여기서 '학과'는 대학의 새로운 구조를 예견하는 단어였다. 교수들은 자율적으로 특정 학문 영역을 중심으로 한 학과에 따라 집단을 형성하여 그 영역의 지식을 발전시킨다는 목표를 함께 추구했다.

세 번째 사상은 대학이 인문교육을 해야 한다는 것이다. 많은 이들이 지지하지만 적절한 근거를 드는 사람은 거의 없는 사상이다. 영국의 위대한 신학자 존 헨리 뉴먼(John Henry Newman)은 인문학에 대해 가장 오래 회자되는 정의를 남겼다. 추기경에 서임되었으며 2010년에 시복된 뉴먼이 성직자로서 처음 맡은 일은 아일랜드의 더블린에서 새로운 가톨릭 대학의 설립을 지원하는 교육 선교 활동이었다. 그가 도착한 직후 한 강의들은 후에 『대학의 이념 *The Idea of a University*』이라는 책으로 남겨졌다.

뉴먼의 강의는 매우 명확한 정의로 시작한다. 그에 따르면 대학은 "보편적인 지식을 가르치는 장소다. 이것이 의미하는 바는 먼저 그 목적이 도덕성이 아니라 지적 능력의 함양이라는 것이다. 또한 지식의 발전보다는 지식의 확산과 확장을 추구한다. 만약 목적이 과학적·철학적 발견이라면 대학에 학생이 있을 이유가 없을 것이다."

성직자로서 뉴먼은 종교교육과 인문교육을 다르게 보았다. "지식과 미덕은 별개의 개념이다. 상식은 양심과 다르며 교양은 수치심이나 관대함의 문제가 아니다. 정의로운 시각과 신앙이 다른 것도 마찬가지다……. 우리가 화강암을 자르는 데 면도칼을 쓰지 않고 배를 묶는 데 비단실을 쓰지 않는 것처럼 우리는 인간의 지식과 이성이라는 예리하고 섬세한 도구가 인간의 열정과 자긍심 같은 거인들에 맞서도록 할 필요가 없다."

그러나 뉴먼은 그 섬세한 도구를 강하게 믿는 사람이었다. 그는 진정한 인문교육은 특정 과목의 지식을 축적하는 것 이상을 의미한다고 생각했다. 인문교육의 가장 중요한 목표는 세상의 모든 요소들이 서로 어떻게 연결되어 있는지를 이해하는 것이다. 뉴먼은 지성이 완성될 때 "정신은 지식의 특정 부분을 보면서 그것이 전체의 일부라는 점을 항상 떠올린다……. 그렇기 때문에 정신은 어떤 영역에 있는 요소든 그것을 다른 영역과 연관 지을 수 있다"고 말한다. 따라서 배움을 거친 학생은 "지식의 큰 그림을 이해하고 그 일부분이 어디에 위치하는지에 대한 원칙, 일부분의 크기와 긍정적인 면 및 부정적인 면, 강점 및 약점을 파악할 수 있다. 배움이 없다면 불가능한 일이다"라고 했다.

뉴먼은 이러한 능력을 함양하기 위해 근면성과 제대로 구축된 교육 프로그램이 필요하다고 생각했다. "현재의 지적 상태는," 즉 대학에 가기 전에는 "직관적으로 또는 전체적으로 진실을 구분하지 못한다." 사람들은

"교수와 학생들이 집결되어 공동의 노력을 기울이고 두뇌를 훈련하는 과정에서 학습을 한다. 이러한 지성의 결합과 협동, 확장과 개발, 포괄은 분명 훈련의 문제다."

뉴먼은 대학의 존재 이유에 대해 더 이상의 설명은 필요 없다고 생각했다. 그는 인문교육은 "위대하지만 평범한 목적을 달성하기 위한 위대하면서 평범한 수단이다. 인문교육의 목적은 사회의 지적 분위기 고양, 공공정신의 고취, 국가 취향의 정제(精製)다. 대중의 열정에 진정한 원칙을 제시하고 대중의 열망에 특정한 목적을 제시할 필요도 있다. 또한 시대정신을 확장하고 냉철함을 유지할 수 있도록 하며 정치적 권력의 행사와 사람들의 사적인 교류를 촉진하는 역할을 해야 한다"라고 정의했다.

오늘날도 그렇지만 당시에도 인문교육의 핵심에 대한 논쟁이 벌어졌다. 어떤 사람들에게 인문교육은 핵심적인 지적 역량을 다진다는 의미가 있었다. 주요 문헌, 작가, 철학자들을 통해 여러 시대의 지혜를 얻는 것이 교육의 핵심이라 생각하는 사람들도 있었다. 그러나 양자 모두 대학이 학생들을 협의의 영역을 전문으로 하는 연구자로 양성하거나 그들에게 실용적인 가치가 있는 기술을 가르치는 것 이상의 역할을 해야 한다는 입장이었다. 대학은 고귀한, 성스러움에 가까운 것을 목적으로 삼아야 하기 때문이다. 그들은 대학이 인간으로 하여금 더 인간다워질 수 있는 위대한 재능을 키워준다고 보았다.

이렇게 미국에서는 대학의 목적이 크게 실용적, 연구적, 인문적인 3가지 사상으로 갈려 있었다. 고등교육의 목적에 따라 이후 미국 대학의 모습, 조직 구조, 구성원이 결정된다는 점을 고려할 때 이는 매우 중대한 사안이었다. 일부는 고등교육에 대한 서로 다른 시각을 수렴할 방법이 없다고 보았다. 뉴먼은 연구 중심 대학은 학부생이 전혀 필요 없을 것이라고 생각했다. 존스홉킨스 대학의 설립자들은 직업인을 양성하기 위한 교육을 거부했다. 반면 토지허여법에 의해 기금을 지원받은 대학들은 대학의 생존을 위해 심오한 학문과 현학주의를 받아들일 여력이 없었다.

이러한 갈등 가운데 미국의 대학들은 한 가지 방향을 선택하는 대신 한 번에 3가지를 모두 시도하기로 결정했으며 그러한 전통은 지금까지 남아 있다.

* * *

이 같은 결정을 내리는 데 가장 중요한 역할을 한 사람은 하버드의 찰스 엘리엇(Charles Eliot)이었다. 엘리엇은 남북전쟁이 시작될 당시 하버드에 소속된 화학자였다. 그러나 그는 승진을 하며 유럽에 가서 그곳의 여러 대학에서 수학하였다. 미국으로 돌아온 뒤 그는 케임브리지의 하버드에서 약 3킬로미터 떨어진 곳에 갓 생긴 기술 중심 대학인 매사추세츠공과대학(MIT)에서 교편을 잡았다. 1869년에 「애틀랜틱」은 그의 글을 한 편 실었는데, 그 첫 문장은 모든 부모의 밤잠을 설치게 하는 질문으로 시작되었다. 바로 "우리 자녀를 어떻게 키워야 하는가?"였다.

엘리엇은 그리스 고전과 라틴어를 가르치던 전통적인 대학들이 자신의 아들에게 도움이 되지 않는다고 생각했다. 그는 유럽에서는 연구 중심 대학들이 부상하는 것을 보았고 MIT를 통해 미국에서는 실용적인 교육이 이루어질 수 있음을 확인했다. 그러나 엘리엇은 고등교육의 목적에 대한 한 가지 견해를 고집하는 절대주의자들과 달리 여러 견해가 서로 융합될 수 있다고 믿었다. 그는 "훌륭한 공학기술자, 화학자, 건축가를 배출할 수 있는 유일한 방법은 지식 자체를 배울 뿐만 아니라 관찰하고 비교하고 추론하고 결정할 수 있는 역량을 훈련받은, 사색적이며 분별 있는 관찰자를 먼저, 또는 동시에 양성하는 것이다"라고 말했다.

마침 1869년은 하버드에서 새로운 총장을 급히 찾고 있던 시점이었다. 하버드는 15년간 3명의 성직자 총장을 거친 후 침체기를 겪고 있었다. 앞으로 하버드의 미래를 이끌어갈 후보를 찾고 있던 대학의 감독관들은 엘리엇의 비전에 감명을 받았다. 엘리엇은 35세에 하버드의 역사상 최연소 총장으로 선출되었고 40년간 하버드를 이끌었다.

엘리엇이 미국의 고등교육에 남긴 가장 뛰어난 업적은 학문보다는 조직과 더 밀접한 관련이 있다. 그는 누구보다도 서로 대립하던 3가지 관점을 모두 수용할 수 있는 대학 구조를 확립했다. 먼저 그는 하버드 일반대학원과 전문대학원의 입학 자격으로 학사학위를 의무로 지정했다. 이전에는 변호사를 지망하는 학생들이 포에니전쟁을 배우지 않고 바로 계약과 불법행위 과정을 수강했다. 그러나 엘리엇은 의사, 변호사, 공학자, 건축가 모두 지식을 제대로 저장하기 전에 정신부터 단련해야 한다고 생각했다. 다른 대학들도 하버드의 뒤를 따르면서 오늘날까지 이어지는 학부 교육을 위한 거대한 시장이 새롭게 형성되었다.

엘리엇은 탁월한 능력을 발휘하여 필수교과를 선택교과로 바꾸었다. 학교에서 학생이 배울 과목들을 지정하는 것이 아니라 학생이 다양한 과정을 선택하는 것이 가능해진 것이다. 그는 이 같은 선택의 행위가 그 자체로 큰 교육적인 가치가 있다고 생각했다. 엘리엇은 갓 입학한 신입생들에게 도전의 기회를 주었다. "여러분은 외부의 힘에 복종하며 돌아가는 바퀴의 톱니가 되고 싶습니까? 의지는 동기를 불러일으키는 가장 강력한 힘이며, 여러분은 자유 속에서만 의지를 훈련시킬 수 있습니다."

선택교과제에는 또 다른 장점이 있었다. 이 제도 안에서 연구 중심의 대학원과 리버럴 아츠 칼리지(liberal arts college, 인문교양 교육에 집중하는 학부 중심 소규모 대학교-옮긴이) 같은 기관 안에 공존할 수 있다는 것이다. 연구활동은 전문 영역과 학문적 자유를 중심으로 이루어졌다. 대학원의 교수들은 자신이 적합하다고 판단하여 선택한 분야만을 가르치는 데 관심을 두고 그 분야의 지식을 추구했다. 과거의 학교 모델이었다면 불필요한 사람들이었다. 펜실베이니아 대학의 1852년 연감에서 교과 과정에 대한 설명은 3페이지 분량밖에 되지 않는다. 학생들이 모두 같은 교과를 배운다면 필요한 교수 인원이 그리 많지 않을 것이다.

그러나 선택교과제에서는 많은 교수가 필요했다. 하버드가 더 많은 학과를 개설하고 더 많은 교수를 임용할수록 학생들이 선택할 수 있는 선택과목의 수도 그만큼 증가했다. 물론 이를 위해서는 도서관에서 필요한 책을 구매해야 하기 때문에 많은 비용이 들었다. 선택교과제를 유지하면서 충실한 교육을 제공할 수 있는 여력이 있는 학교는 몇 되지 않았다. 따라서 새롭게 등장한 대학 구조는 소수의 부유한 학교만이 고등교육의 관문 역할을 할 수 있다는 논리를 강화시켰다.

그로부터 30년 동안 다른 대학들도 엘리엇의 혁신을 모방했다. 이로써 근대 대학의 골격이 마련된 것이다. 대학 재단의 이사들은 총장을 지명하고 총장은 학과별 교수들을 총괄하는 학장을 채용했다. 연구를 중심으로 하는 대학원에서 수여하는 가장 권위 있는 증서인 박사학위는 학부생들에게 인문학을 가르치는 교수가 되기 위한 필수조건이 되었다. 학생들은 이수한 과목의 개요와 학점이 적힌 성적표와 함께 학사학위를 취득해야만 더 높은 단계의 교육에 입문할 수 있다. 학생들을 가르치는 방식은 과학은 실험실습, 인문학은 세미나를 진행하는 등 과목에 따라 달랐다. 그러나 가장 기본적인 교수법은 자신의 강의록을 소리 내어 읽는 구텐베르크 이전 시대의 교수들이 행했던 방법과 매우 유사했다. 교수들은 권위 있는 모습으로 강의를 했다.

　과학, 연구, 실용교육은 수익성이 있고 파급력이 크다는 장점이 있었다. 이러한 수업들은 정부의 지원을 받았고 학부모와 학생들에게 인기가 있었으며 앞으로의 시대를 살아가는 데 요긴했기 때문이다. 그러나 이러한 분야는 대학과 교직원의 정신을 고양하고 학교의 명성을 높인다는 더 높은 차원의 대의나 숭고함이 부족했다. 반면 인문교육은 소크라테스, 플라톤, 아리스토텔레스로 거슬러가는 전통 속에서 문명의 발전을 추구한다. 세속화되는 대학들은 빠르게 뒤처진다는 종교적인 확신을 대체하며 인문교육은 미국 고등교육의 정신이 되었다.

　이렇게 하버드는 실용교육 및 인문교육과 함께 연구도 중시할 수 있는 구조를 갖춘 기관으로 부상했다. 이론적으로는 이러한 체계가 가능했다. 엘리엇이 이에 관한 문제를 어느 정도 해결하기도 했다. 그러나 현실에서는 모순이 분명히 존재했다. 기이한 방식으로 여러 요소를 버무린 대학의 구조가 등장한 직후부터 사람들은 그러한 체계가 성립되지 않는 여러 이유를 지적하기 시작했다.

※ ※ ※

　미국 최초의 박사학위는 1861년에 예일 대학교에서 수여한 학위였다. 이후 30년이 지나지 않아 미국에서 박사학위는 학자의 자격을 증명하는 표준이 되었다. 지금도 마찬가지다. 1903년, 저명한 실용주의 철학자인 윌리엄 제임스(William James)가 박사학위에 관한 글을 썼다. 소설가 헨리 제임스(Henry James)의 형인 윌리엄 제임스는 엘리엇이 총장으로 취임한 지 4년 후 하버드에서 강의를 시작했고 44년간 그곳에서 교수로 지냈다. 그의 글 제목은 「문어 박사 The Ph.D. Octopus」였다.

제임스는 대학들이 박사학위 소지자만을 강사로 받아들이는 경향을 비난했다. 그는 "우리는 과연 박사학위가 훌륭한 강사의 자격을 보장한다고 할 수 있는가?"라는 질문을 던진다. 그리고 스스로 답했다. "강사의 도덕성, 사회성, 인성이 강의에 적합하지 않을 수 있다는 것은 이미 알려진 사실이다. 박사학위 심사에서는 그러한 자질을 전혀 고려하지 않기 때문이다."

제임스는 대학의 허영과 탐욕을 문제 삼았다. "박사학위는 사실상 대중의 눈앞에 먼지를 일게 하는 광고 수단에 지나지 않는다. 그것은 대학의 홍보 책자를 장식하는 데 사용되는 사기, 허풍, 눈속임이다."

당시 제임스의 주장은 묵살되었고 그의 입장을 지지하는 사람은 그로부터 40년이 지난 뒤에야 나타났다. 미국 역사상 매우 유명한 교수이자 활발한 저술 활동을 한 자크 바전(Jacques Barzun)이었다. 그는 비평가 라이오넬 트릴링(Lionel Trilling)과 함께 컬럼비아 대학교에서 유명한 신입생 과정인 고대 철학을 포함해 고전에 대한 강의를 담당했다. 그의 저서 『미국의 교수 Teacher in America』에는 제임스에게 경의를 표하는 의미에서 제목이 「문어 박사」인 장(章)이 있다.

바전은 우선 "박사학위는 가르치는 능력에 대해 아무것도 알려주지 않는다"라는 말로 제임스의 확고한 주장을 반복하고 있다. 대학이 연구, 직업 훈련, 인문교육을 융합하는 과정에서 강사의 자질보다는 연구가 우위를 차지하게 되었다. 대학은 가르치는 일에 대해서는 거의 관심을 두지 않았다. 학자들의 급여와 승진은 연구실과 실험실에서 거둔 성과에 따라 결정될 뿐 강의실에서의 능력은 평가되지 않았다. 대부분의 박사학위 과정도 교수법이나 교수이론에 대한 내용을 다루지 않았다.

교수들의 학문 및 발언의 자유를 행정이나 정치의 변덕으로부터 보호하기 위해 탄생한 '학문적 자유' 이론에 의하면 교수들은 자신이 원하는 방식으로 강의를 설계할 수 있는 폭넓은 재량을 누린다. 그들의 활동은 대체로 외부의 도움이나 감독 없이 고립된 상태에서 이루어진다. 전문가들이 그들의 강의를 평가할 일도 전혀 없다. 유사한 수업을 들은 학생들의 학업 성취도를 비교해보는 사람은 아무도 없다. 교수들은 연구에 있어서는 고도의 훈련을 거친 전문가이지만 교수법에서는 아마추어에 불과하다. 그런 것과 상관없이 강의에 능숙한 일부 교수도 있지만 어떤 이들의 강의는 끔찍할 정도로 엉망이며 나머지는 대부분 그저 그런 수준이다.

대학은 이런 불편한 진실을 떠벌리지 않았다. 그 이유는 당연하다. 순진한 젊은 학자들에게 그것은 충격적인 소식일 테니 말이다. 바전은 경험이 많은 교수와, 강의를 하면서 학위를 준비하는 박사 과정 학생이 나눈 대화를 상상했다. 교수가 말했다. "젊은 친구, 자네는 잘못된 길을 선택했네. 교실에서는 실컷 잘난 척을 하고 학생들이 자네에게 접근하지 못하게 한 후, 그렇게 아낀 시간으로 구술시험을 준비하고 책을 쓰면 된다네." 학생이 물었다. "왜 가르치는 일을 소홀히 해야 합니까? 그것은 저의 직업입니다. 박사 과정을 서둘러 준비하면서 학교, 학생, 학과에 피해를 주란 말씀입니까?"

이에 교수는 "박사학위란 큰 값어치가 있지. 가격표와 같다네. 자네의 논문은 자네를 알리는 광고일세. 운이 좋다면 바로 이곳에서 종신교수가 될 수도 있지. 그러나 양심적으로, 그리고 심지어 탁월하게 잘 가르치는 데만 집중한다면 교수로 임용되기는커녕 다른 곳에 보여줄 박사학위도 얻지 못하게 될 걸세"라고 답했다. 바전은 "이러한 주장에는 어떤 답도 하기 어렵다"라고 말한다.

그리고 이러한 바전의 목소리 역시 묵살되었다.

미국 대학의 기저 구조는 연구자의 요구와 바람을 충족해주기 위해 설계되었다. 독일 대학의 모델은 학자들이 자신이 원하는 대로 사고하고 저술하며 가르칠 수 있는 학문적 자유를 선사했다. 역사학자 로렌스 베이지(Laurence Veysey)는 "특수 분야의 연구가 더욱 강조될수록 그 두드러지는 영향으로 연구를 중시하는 교수들이 학부를 무시하고 강사로서의 그들의 역할을 스스로 등한시하는 경향이 생겨났다"라고 지적한다.

베이지는 이러한 시기를 설명하는 『미국 대학의 부상 *The Emergence of the American University*』에서 머리가 3개인 변종이 된 대학을 예리하게, 때로는 충격적으로 묘사했다. 1960년대 초에 발간된 그의 저서는 미국의 대학이 여러 문제와 모순을 안고 있음을 분명하게 나타내고 있다. 19세기 후반에 이루어진 대학의 대타협은 많은 희생양들을 낳았다. 학생들은 제대로 배우지 못했으며 교수들은 대학 행정처의 변덕에 휘둘렸고 대학의 지도자들은 구성원들의 제멋대로식 행동에 골머리를 앓았다.

"대학은 말하자면, 무지 가운데 번성했다…"라고 베이지는 적었다. 학부모들이 자녀를 담보로 자신의 꿈을 실현시키려 한다는 사실은 대학 생활의 낭만적인 분위기에 가려졌다. 교수들이 스스로 생각하는 만큼 다른 사람들에게 대단하게 여겨지는 경우가 드물다는 사실은 지적 설득의 능력에 대한 그들의 합리주의적인 신념에 의해 감추어졌다…… 최고위층 사람들은 의례적인 이상주의에 의해 보호되었던 의사소통을 하지 않을 필요성에 대해 암묵적으로 동의하면서 대학의 각 집단은 다른 집단에 대한 지나치게 무례하거나 잔인한 폭로를 자제했다."

처음에는 특정한 현실들이 학생들을 통합형(hybrid) 모델의 구조적 결함에서 보호해주었다. 20세기 초에는 비상하게 똑똑하거나 유복한 소수의 학생들만이 대학에 진학했다. 그들은 가장 우수하고 명석한 학생들을 가르치는 일을 등한시하는 교수들을 묵인할 수 있을 정도의 학습 재능을 지니고 있었다. 자기 힘으로 학자의 길을 걸을 준비를 하던 학생들로서는 자신의 전공 분야에 대한 깊이 있는 지식이 교수의 미숙한 교수 능력을 상쇄할수도 있었다. 토지허여법에 의해 설립된 대학과 리버럴 아츠 칼리지가 다른 학교들과 마찬가지로 박사학위 과정을 도입한 반면, 많은 학교들은 여전히 실용기술과 고도의 지식을 통해 학생들을 훈련시키는 일관성 있는 프로그램을 개발하는 데 집중했다.

그러나 세월이 흐르며 대학은 학부생들에 비해 더 큰 권력을 휘두르기시작했다. 역사적 상황과 경제적 이유로 더 많은 학생들이 대학에 가는 환경이 조성되었기 때문이다. 그 결과 어떤 문제가 발생했는지에 대한 타당한 근거를 제시하는 문헌은 찾기 힘든 경우가 많다. 그러나 학문적 자유라는 사상은 교수들이 강의실에서 무엇을 어떻게 가르치는지의 영역까지 확장되었고, 대학들은 학부 교육에 대한 공통의 기대수준을 만들 수가 없게되었다. 배움의 기준은 강의를 담당한 교수가 스스로 결정하기 때문에 아무도 그 교수의 가르치는 능력을 평가할 수 없었다. 통합형 대학은 스스로명백한 결함을 드러내는 증거를 찾는 일을 하지 않았다.

여러 대학에서 서로 다른 교수들의 강의 내용이 사실상 동일할지라도이 문제를 해결하기가 어려웠다. 또한 학식과 강의 능력을 갖춘 교수가 수업에 집중하는 소수의 학생들에게, 그것도 특정 분야의 인문학을 가르치는모습은 신기루에 가깝다. 2012년, 미국 대학에서 배출된 경영학과 졸업자는 14만 명이었지만 슬라브학에서는 단 2명의 학사가 배출되었다. 또한 회계학 졸업생은 5만 명이었던 반면 그리스 고전 전공자는 35명에 그쳤다. 토목공학 전공자와 공예, 민속예술, 장인기술 세 학과의 전공자 비율은 100대 1이었다. 간호학과 졸업생은 9만 4,000명이었다. 그리고 1,000개 이상의 교육기관에서 3만 9,000명에게 정치학 학사학위를 수여했다. 워싱턴 대학은 전국에서 유일한 덴마크어문학과 졸업생을, UC 버클리는 전국에서 유일한 네덜란드어문학과 졸업생을 배출했다. 심리학 학위를 취득한 학부 졸업생은 10만 3,000명이었다.

그러나 대학들은 선택교과제의 편리함과 교수들의 독립성에 너무나 익숙한 나머지 심리학, 정치학, 경영학 등 주요 전공에 대한 공통의 기대 수준을 정의하기 위해 함께 논의하는 일을 꺼린다. 그들은 그러한 분별 있는 접근법을 취할 경우 아마추어 수준에 머물러 있는 교수들의 강의 수준이 심각하게 부적절함이 드러나고, 흔들리는 거대 조직이 송두리째 무너진다는 것을 알고 있었다.

3마리 토끼를 모두 쫓는 대학의 교육적 결함이 널리 알려진 것은 최근에 이르러서다. 학사학위 소지자의 대부분이 고급 수준의 글을 비판적으로 읽을 수 없다는 미 교육부의 충격적인 연구 결과가 나왔을 때는, 그것이 학습에 전념하는 중심지인 대학의 대중적 이미지와 너무나도 상충되었기 때문에 일반 대중의 의식 속에 파고들 수가 없었다. 대학교육이 "학습 효과가 전혀 없거나 그 효과가 제한적"이라고 밝힌 애럼과 록사의 연구 결과도 일부의 관심을 받기는 했으나 대학입학 지원율을 떨어뜨리는 데는 전혀 영향을 주지 못했다. 평범한 학업 성취도, 높은 중퇴율, 치솟는 등록금에 대한 증거가 쌓여가는 상황에 대해 대학의 지도자들이 일반적으로 보이는 반응은, 손사래를 치며 이에 대해 취할 수 있는 조치가 없다는 것이다. 대학은 예전부터 원래 항상 그래왔다는 식이다. 결국 그들이 할 수 있는 일은 대학이 필요로 하는 자금이 얼마든 그 돈을 계속 공급하는 것이라고 한다.

이는 심각하게 잘못된 생각이다. 복합적인 목표를 추구하는 대학의 모델을 당연하게 받아들일 필요가 없다. 이 모델은 심각한 오류를 안고 있으며 비이성적으로 대학이 해야 하는 '교육'이라는 가장 중요한 활동을 망칠 수밖에 없는 구조다. 이 점은 처음부터 명백했으며 그동안 정직한 관찰자들이 이를 지적해왔다. 근대의 미국 대학들은 탄생 시점부터 이같이 잘못된 길을 걸어왔고 지금까지는 운이 좋아 잘 버텨왔을 뿐이다. 그러나 그러한 운도 이제 기울기 시작했다.

대학 불패

3

뜻밖의 장수 비결:
동형화

　　　　　　　에릭 랜더의 강의는 MIT 7.00x의 시작이었지 결코 끝이 아니었다. 그는 강의를 하다가 잠시 멈춘 후 화이트보드 왼쪽의 대형 스크린을 가리키며 전자의 현미경 사진과 생명의 기본 구성요소인 분자, 세포, 단백질, DNA 가닥을 보여주는 컴퓨터 시뮬레이션 그래픽을 보면서 설명했다. 나는 딸이 잠든 늦은 시각에 집에 앉아 내 컴퓨터를 통해 강의에서 보았던 시뮬레이션 모델을 움직여 보았다. 그림을 여러 각도로 돌려보면서 단백질을 관찰했고 줌아웃을 통해 전체 구조를 보거나 줌인으로 원자와 아미노산이 맞물려 있는 형태를 관찰했다.

　며칠 후 7.00x 과정에서 쓰는 소프트웨어는 단백질을 접을 수 있는 시뮬레이터를 사용할 수 있도록 하는 폴드잇(Foldit)이라는 웹사이트를 나에게 알려주었다. 단백질의 물리적 형태는 단백질의 기능과 서로의 상호작용에 영향을 주기 때문에 생물학에서 매우 중요하다. 여러 분자는 다양한 방식으로 서로 결합하며 물리적 형태를 결정짓는다. 원자 하나만 제거하더라도 여러 결합이 새로운 균형을 찾아가면서 단백질의 전체 구조는 새롭게 배열된다.

　폴드잇은 전 세계 누구든지 사용할 수 있는 온라인 컴퓨터 게임이다.

게임의 목표는 알려지지 않은 분자를 가장 효율적으로 접는 방법을 만들어 점수를 따는 것이며 고득점자는 그 이름이 웹사이트에 게재된다. 2009년에 게임이 공개된 후 지금까지 25만 명이 이 게임에 참여했다. 2011년에는 여러 명의 참가자가 3주 동안 공동으로 HIV 연구자들이 15년간 파악하지 못한 매듭형 단백질 구조 문제를 해결했다. 학술지『네이처 *Nature*』는 "이 고도의 구조는 항레트로바이러스 약의 설계에 새로운 시각을 제공해준다"고 전했다.

폴드잇은 과학에 대한 에릭 랜더의 접근법과 상당히 일치한다. 1990년대에 그는 공공기금의 후원을 받아 전 세계 수천 명의 과학자들이 공동으로 인간 게놈을 구성하는 30억 쌍의 염기서열을 최초로 밝혀낸 인간 게놈 프로젝트를 이끌었다. 경쟁자였던 영리 기업들과는 달리 인간 게놈 프로젝트는 분석된 모든 정보를 공공의 영역에 공개했다. 과학적 발견의 진전은 현 세대의 과학자들이 앞서 구축된 지식에 접근하고 이를 더욱 발전시키는 능력에 달려 있다.

연방정부는 인간 게놈 프로젝트를 위해 27억 달러를 투입했다. 그러나 일단 연구비를 지출한 후로 유전자 서열 정보를 저장하고 필요한 이에게 전송하는 데는 실질적으로 아무 비용도 들지 않았다. 폴드잇 시뮬레이터의 경우도 마찬가지다. 폴드잇을 개발하는 데는 상당한 비용이 들었지만 그 후로는 사람들이 가입을 하고 지식을 발전시킬 수 있다. 두 경우 모두 많은 사람들이 가능한 한 낮은 비용으로 정보에 접근할 수 있도록 함으로써 성공을 거둔 셈이다. 과학자들은 기존의 인간 게놈 프로젝트의 성과를 연구하고 이를 더 발전시키며 추가적인 발견을 할 수 있었다. 폴드잇 참가자들도 마찬가지로 이제 직접 단백질을 접는 퍼즐을 만들어 이를 웹사이트에 올림으로써 게임의 깊이와 질을 향상시킨다.

그러나 2013년 7.00x가 시작될 때까지 에릭 랜더가 가르치는 방식은 그의 과학에 대한 접근법과는 거의 정반대였다. 그가 한 연구의 성과는 세상 모든 이에게 무료로 공개되었지만 그가 가르치는 과정 전체, 즉 강의, 과제, 시험, 토론, MIT가 부여하는 일종의 학점은 세계 인구에 비해 극도로 소수에게만 공유되었기 때문이다. MIT의 강당은 한 번에 200~300명 이상을 수용할 수 없었다. 게다가 MIT는 지원자의 90퍼센트를 거절하며 입학 허가를 하고도, 과학도를 꿈꾸는 촉망받는 인재들에게 너무나도 비싼 등록금을 요구한다. 랜더가 전 세계의 학부 강사 및 교수들과 함께 연구 수단, 지혜, 정보를 나누며 꾸준히 협업을 한 것도 아니었다. 거의 모든 대학 교수들과 마찬가지로 그와 그의 조교들은 거의 혼자 일을 했다.

이 중 그 무엇도 에릭 랜더의 잘못은 아니다. 과학자로서 그는 전 세계의 학자들과 자유롭게 교류했고, 회원으로 가입했거나 도서관 카드가 있으면 누구나 읽을 수 있는 학술지에 연구 결과를 공개했다. 다만 그는 대학에 속한 학생과 대학이 마련한 체계의 제한을 받고 있었다. 공정하게 말하자면 MIT는 2013년 전부터 정보기술을 이용하여 무료로 강의 자료를 공개하는 진보적인 학교였으며 저소득층 학생들에게 상당한 학자금 지원을 할 만큼 부유했다. 대부분의 학교와는 달리 MIT는 종신교수들이 가르치는 강의로 구성된 학부 교과를 운영하고 있었다. 이 대학은 다른 어느 학교보다도 학생들의 학습에 진지하게 임했다. 그러나 이러한 활동도 역시 대학의 통합형 모델의 어쩔 수 없는 한계 가운데 존재했다. MIT는 학비가 비싸고 배타적이며 연구를 중심으로 하는 학교일 수밖에 없었다.

이즈음 미국의 많은 대학은 학비가 터무니없이 비쌌고 부끄러울 정도로 학부생의 학습에 무심했다. 역시 나쁜 이들이 의도적으로 학생들을 착취하려는 경우는 드물었다. 이는 체계상의 비극이었다. 좋은 뜻을 가진 교육자들은 자신들이 만들지 않은 통제할 수 없는 체계 속에서 합리적인 결정을 내렸지만 결국 학생들을 착취하는 결과를 낳을 수밖에 없었던 것이다.

＊ ＊ ＊

쌀쌀한 2월의 어느 날 아침, 나는 유전학과 생명의 비밀을 배우기 위한 수개월의 7.00x 여정에 들어갔다. 나는 워싱턴 D.C.의 포기 바텀(Foggy Bottom) 지구에 위치한 스타벅스에서 휴라는 젊은 청년과 함께 자리를 잡았다. 근처의 조지워싱턴 대학 3학년생인 휴는 붉은 턱수염을 깔끔하게 정리하고 학교 로고가 있는 후드 티와 청바지를 입고 스니커즈를 신고 있었다. 잠시 가벼운 대화를 나누다가 나는 그에게 학자금 대출이 얼마나 있는지 물었다.

그는 "8만 2,000달러가 있어요. 제가 졸업할 때쯤이면 10만 1,000달러가 되겠지요"라고 답했다.

나는 꽤 충격을 받았지만 그 금액이 휴에게는 그리 놀라운 금액 같지 않았다.

휴는 로드아일랜드 주의 워윅에서 태어났고 미국의 허물어져가는 공업 도시에서 자라난 많은 똑똑한 젊은이들처럼 그 동네에서 벗어나기 위해 청소년기를 성실하게 보냈다. 그곳에서 벗어나는 길은 바로 고등교육이었다. 휴는 국제관계학을 전공하고 명문대의 학위를 받고 싶어 했다. 명문대 졸업장은 일자리를 찾기 어려운 시장에서 취업을 할 수 있는 수단이었기 때문이다. 그의 가족은 1년에 총 6만 달러에 이르는 조지워싱턴 대학의 학비, 기숙사비, 생활비를 낼 돈이 없었다. 그래서 휴는 연방정부를 통해 받을 수 있는 최대 한도의 대출을 받았다. 그렇게 해도 부족한 비용은 샐리 메이(Sallie Mae)와 같은 민간 금융기관에서 10퍼센트 이상의 금리로 대출을 받아 충당했다.

휴는 자신의 노트북 컴퓨터로 대출금을 꼼꼼하게 관리하고 있었다. 그는 성실하고 계획적이며 밀레니엄 세대가 대개 그렇듯 목표지향적이었다. 계획과 야심이 있는 그는 졸업 후에 과학 관련 국제회의를 조직하는 스위스 기업에서 근무한 후 외교관 시험에 합격하여 해외에서 외교관 생활을 하는 삶을 희망했다.

하지만 그는 21세의 나이에 여섯 자리 수의 부채를 짊어지고 있다는 사실이 무엇을 의미하는지 완전히 이해한 것 같지 않았다. 그는 워윅에서 국무부에 이르는 긴 여정 동안 모든 일이 잘될 것이라 예상하고 있었다. 사실상 다른 사람들도 그런 과정을 거쳐 목표 지점에 이르지 않았겠는가.

우리는 자리에서 일어난 뒤 워싱턴 D.C.의 많은 로비스트들의 사무실이 있는 K 거리를 지나 백악관으로 향하는 여섯 블록으로 이어진 펜실베이니아 거리를 걸었다. 조지워싱턴 대학 캠퍼스에 이른 나는 오래전 대학의 창립에 관여한 중요한 인물로 보이는 동상을 지나쳤다. 야외의 휴식 공간에서 정리되지 않은 턱수염을 한 젊은 남자가 비닐봉지 더미에 파묻힌 채 바닥에 앉아 있는 모습이 보였다. 정확하진 않지만 그는 무언가에 대한 시위를 하는 듯했다. 거리의 게시판에는 룸메이트를 구하는 광고와 과외 교사 광고들이 겹겹이 붙어 있었다. 내 앞에 우뚝 서 있는 도서관 뒤로는 농구장, 구내식당, 서점이 눈에 들어왔다. 기숙사의 4층 창문 안쪽에서는 누군가가 그리스 글자를 붙여놓아 파티를 예고하고 있었다.

이 대학의 여러 상징들은 볼로냐 대학도 그랬듯이 나의 대학 시절의 기억과 함께 수많은 영화, 책, TV프로그램의 장면들을 연상시켰다. 캠퍼스의 광경은 너무나도 친숙하여 일부러 의식하지 않으면 내가 대학생 시절로 돌아간 것 같은 착각에서 깨어나기 힘들 정도였다.

동상에는 그 고풍스러운 양식과는 어울리지 않는 날짜가 새겨져 있었다. 그것은 1991년에 세워진 동상이었다. 대부분의 대학 캠퍼스는 건물과 야외 공간 간에 디자인의 일관성이 지켜지도록 균형을 맞추고자 한다. 조지워싱턴 대학은 임의로 대학 분위기를 내는 건물들을 집어넣어 하나의 공간을 만든 것으로 보였다. 동상으로 장식된 대학 앞마당은 중앙에 위치하지 않고 구석으로 밀려나 있으며 특별한 이유 없이 그 사이에는 통로들이 나 있었다. 노출 콘크리트를 사용한 브루탈리즘, 콜로니얼 양식, 20세기 중반의 벽돌 양식, 근대의 석조 양식에서 유리와 철근으로 지어진 현대적 양식으로 다양한 건축 양식을 지닌 각각의 건물은 매우 좁고 말끔하지 않은 잔디밭을 사이에 두고 서로 인접해 있었다. 여기에 여러 구덩이에서 솟아오른 건설 크레인들은 새로운 건물들이 들어설 것임을 나타냈다. 익숙한 옛것을 연상시키면서 21세기의 요구를 충족시키려는 이 캠퍼스는 전통과 현대 사이를 어설프게 타협한 공간처럼 보였다.

대부분 대학의 경우 캠퍼스 건물과 그 안에서 공부하는 학생들이 어떤 교육적 성과를 내고 있는지는 알 길이 없다. 조지워싱턴 대학의 웹사이트와 이 대학이 전국의 입시 준비생에게 전송하는 화려한 마케팅 자료 어디에도 교수법을 훈련받은 교수진에 대한 정보는 없다. 전임 교수진은 수업이 아닌 연구 성과에 따라 승진 평가를 받는다는 사실이 명시되어 있지도 않다. 다른 학교에 비해 조지워싱턴 대학의 학생들이 실질적으로 얼마나 많은 것을 배우는가에 대해 알 수 있는 정보도 없다. 대학에서도 알지 못하거나 아무도 그러한 것을 알고 싶어 하지 않는 것 같다.

나는 휴의 친구들과도 이야기를 나누기 시작했다. 그들 중 많은 이들은 자신이 어떤 상황에 처했는지를 알고 있는 것 같았다. 빚이 많은 한 4학년생은 암울한 고용시장을 두려워하며 조지워싱턴 대학을 "세계에서 가장 비싼 직업학교"라고 묘사했다. 또 다른 학생은 이 학교가 무언가를 배우려는 진지한 학생과, 부모님이 아파트나 새 차를 사주듯 보기에 멋진 학위를 받으러 온 멍청한 부유층 자제로 양분되어 있다고 말했다. 대학의 인문 및 과학 학부에 적용되는 기본적 학사 기준은 거의 존재하지 않는다. 그는 "조지워싱턴 대학에 오는 것은 학위를 사러 온 것이나 다름이 없어요"라고 말했다.

나는 이 학교를 설립한 사람이 누군지를 떠올렸고 그 사람을 찾기는 어렵지 않았다. 그는 사실상 몇 블록 건너 자신의 이름을 딴 건물의 구석진 방에 앉아 있었다.

＊ ＊ ＊

스티븐 조엘 트락텐버그(Steven Joel Trachtenberg)는 1988년 조지워싱턴 대학의 총장으로 선임되었다. 그가 취임했을 때 조지워싱턴 대학은 학비가 저렴한 지역 학교였다. 의회 경찰로 야간 근무를 하면서 법대를 다닌 후 지금은 네바다의 상원의원이자 민주당 상원 원내대표로 활약하고 있는 해리 리드(Harry Reid)와 같은 졸업생을 배출한 것으로 유명하다. 그러나 트락텐버그가 20여 년의 임기를 마친 후 이 학교는 저명한 연구 중심 대학이 되어 있었다. 입학 지원자도 크게 증가했다. 농구팀은 1부 리그에 들어가 새로운 경기장에서 뛰고 있으며 전미대학농구선수권대회(NCAA)에도 참가했다. 보건, 공공정책, 경영, 행정학 등 5개 학부도 개설되었다. 「유에스 뉴스 앤드 월드 리포트」는 미국 대학 랭킹에서 조지워싱턴 대학을 1군 바로 아래인 53위로 선정했다.

이 모든 과정에 필요한 돈이 모두 학생들과 그들의 가족에게서 나왔다는 것은 의문의 여지가 없다. 트락텐버그의 재임 기간 동안 조지워싱턴 대학은 미국에서 가장 비싼 대학이 되었다.

다른 대학들이 조지워싱턴 대학의 궤적을 따르기는 결코 쉽지 않다. 일반적으로 새로운 지도자들은 선임자의 흔적을 통해 유리한 입지를 다질 수있다. 그러나 조지워싱턴 대학의 현재 총장인 스티븐 냅(Steven Knapp)은 그다지 운이 좋지 않았다. 트락텐버그가 2007년 총장에서 물러난 후 그는 트락텐버그 공공정책행정대학원으로 자리를 옮겨 연구, 강의를 하고 출장을 다니며 기금을 모금하고 새로운 총장의 권한에 있는 영역을 포함한 여러 사안에 대해 마음껏 자신의 의견을 표명하고 있기 때문이다.

휴와 대화를 나누고 몇 주 후에 나는 트락텐버그를 그의 집무실에서 만났다. 그는 지퍼가 있는 갈색 부츠에 검은색 진과 검은 스웨터를 입고 나타났다. 그의 집무실에는 책, 보고서, 사진, 일지가 흐트러져 있었고 앤티크 라디오, 티파니 스타일의 전등, 미국 의회 건물의 모양을 한 담배 보관함이 있었다. 그는 가죽 소파에 자리를 잡고 무릎을 펴려는 듯 한쪽 다리를 뻗었다. 나는 그의 인생과 그가 어떻게 이 대학을 발전시켰는지에 대한 이야기를 들었다.

트락텐버그의 아버지 오스카는 젊은 시절 우크라이나에서 미국으로 이민을 왔다. 그는 처음에 인형 공장에서 바닥을 청소하는 일을 하다가 고등학교를 중퇴한 후에는 보험을 판매하며 대공황을 견뎌나갔다. 뉴욕 주가 인종에 따라 보험료를 차별화하는 관행을 금지하자 오스카는 이를 사업 기회로 활용해 브루클린에 거주하는 아프리카계 전문직을 고객층으로 삼았다. 트락텐버그의 어머니 쇼샤나는 10세에 가족과 함께 오데사에서 팔레스타인으로 이주했다. 그곳에서의 생활은 힘들었고 그녀의 아버지는 결국 뉴욕 브롱크스에서 세탁소를 운영하며 번 돈을 아껴 가족들을 미국으로 데려왔다.

그들 사이에서 태어난 트락텐버그는 외동아들이었다. 그의 아버지는 멀리 떨어져 있었고 언제나 아들이 왜 더 잘하지 못하느냐고 물으며 더 많은 것을 요구했다. 그러나 어머니의 태도는 완전히 반대였다. 어머니는 그가 책을 읽는 일에 열중하고 박물관, 음악공연 등 집 근처에서 접할 수 있는 문화를 경험하게 했다.

그들은 침실이 하나인 아파트에서 살았다. 트락텐버그는 거실의 소파 겸 침대에서 잠을 잤고 부엌 식탁에서 공부를 했다. 그는 책을 읽는 속도가 빨랐고 학교 수업을 따분해하는 경우가 많았다. 그래서 쇼샤나는 한 선생님을 설득해 스티븐이 교실 뒷자리에 앉아 「뉴욕타임스」를 읽을 수 있게 해주었다. 그에게 처음에는 300단어로, 나중에는 500단어 글을 매일 쓰는 추가 숙제를 내준 선생님도 있었다. 스티븐은 P. S. 254 학교를 졸업한 후 브루클린 베드포드 거리에 있는 제임스매디슨 고등학교에 들어갔고 그곳에서 학생회장이 되었다. 이 지역은 20년 후 에릭 랜더가 초등학교를 다닌 곳이기도 하다.

스티븐 트락텐버그가 고등학교를 졸업했을 때 그는 그의 부모가 지금껏 해보지 못한 대학 진학을 할 준비가 되어 있었다. 오스카는 트락텐버그의 많은 동네 친구들이 들어간 좋은 공립학교인 브루클린 칼리지가 최고의 선택이라고 생각했다. 그러나 스티븐은 컬럼비아나 아이비리그와 같은 더 높은 곳을 바라보고 있었다. 오스카는 사업가이자 협상가였다. 그는 아들에게 한 가지 제안을 했다. 브루클린 칼리지에 가면 새로 나온 쉐보레를 사주겠다는 것이었다. 스티븐은 그 말에 솔깃했다. 그러나 자동차 보험료, 기름 등의 유지비를 생각하며 그는 아버지의 제안을 거절하고 장기적인 투자를 하기로 결정했다. 그는 1955년 컬럼비아 대학에 입학했다.

당시 점차 부와 명성을 쌓아가고 있던 컬럼비아는 뉴욕 시를 넘어 재능 있는 학생들을 유치하고 있었다. 자크 바전은 신입생들에게 플라톤과 아리스토텔레스를 가르쳤고 세계적인 과학자들과 철학자들도 대학원에서 교편을 잡았다. 전후의 컬럼비아는 고등교육의 대팽창의 기반이 된 명문대학 중 하나였다. 이 시기부터 역사상 전례가 없을 정도로 대학의 문호가 크게 열렸고, 이 움직임은 20세기 후반 미국의 문화와 경제를 주도하는 현상이 되었다. 이 움직임의 중심에는 스티븐 조엘 트락텐버그와 같은 사람들이 있었다. 대학은 여러모로 성공적인 행보를 걸었다고 할 수 있으나 그 발전의 기반에 있는 결함과 부적절성은 오늘날 너무나도 분명하게 드러나고 있다.

※ ※ ※

표준적인 대학 모델의 결함, 특히 학부생의 지도를 소홀히 하는 습관은 누구나 조금만 더 자세히 살펴본다면 분명히 알 수 있는 사실이다. 바전과 제임스와 같은 사람들은 교수법을 훈련받지 않은 강사를 고용하고 교수법을 향상시키려 노력하지 않는 불합리성을 신랄하게 비판했다. 어떤 이는 이러한 조직이 그 구조적 모순을 내재적 약점으로 갖고 있기 때문에 곧 무너질 것이라는 합리적인 추측을 했다. 그러나 그러한 일은 적어도 즉시 일어나진 않았다. 복합적인 목적을 추구하는 미국의 대학은 지금까지 버텨왔음은 물론 크게 번성했다. 이를 설명할 수 있는 이유는 여러 가지가 있지만 무엇보다도 이 대학들이 미국에 있었다는 이유가 가장 크다.

몇 년 전, 나는 베를린의 훔볼트 대학을 방문했다. 이 대학은 설립자의 이름을 따서 1810년에 설립된 연구 중심 대학이다. 훔볼트 대학은 설립 초기에 헤겔, 쇼펜하우어, 셸링과 같은 세계적으로 위대한 사상가들을 낳았다. 마르크스와 엥겔스뿐만 아니라 아인슈타인과 막스 플랑크도 훔볼트 대학을 다녔다. 산정 기준에 따라 다르겠지만 이 대학과 관련이 있는 노벨상 수상자도 40명에 이른다.

그러나 이 중 19세기 말에서 20세기 초에 살았던 몇몇을 제외하고 38명이 노벨상을 수상한 시기는 1901년에서 1956년 사이의 기간이었다. 오늘날 한 유명한 대학 평가기관에서는 훔볼트 대학의 세계 순위를 126위로 평가했다. 이는 독일 대학 중 7위였다. 그보다 더 높은 순위에 위치한 대학은 37개교였다.

직접 가보니 그 이유를 알 수 있었다. 훔볼트 대학의 정문에 가려면 브란덴부르크 문에서 몇 백 미터 떨어진 운터 덴 린덴(Unter den Linden)이라는 베를린 장벽이 있던 넓은 거리의 동쪽 방면으로 걸어가야 한다. 훔볼트 대학은 냉전에 의해 절반으로 분리되었다. 이 중 역사적인 캠퍼스는 이미 훼손된 상태로 동독 측으로 넘어갔다. 1933년 5월 10일, 훔볼트 대학의 학생들과 교수들은 대량의 책을 불태우는 데 참여했다. 많은 학자들이 학교를 떠났고 유대인 교수들과 학생들은 강제 추방을 당했다. 그 후 캠퍼스는 2차 세계대전 중 연합군의 무자비한 폭격을 당해 폐허가 되었다. 동서독의 통일 후 훔볼트 대학은 대규모의 저명한 공립대학으로 남게 되었지만 한때 누렸던 지위를 회복하지는 못했다.

미국 대학들은 세계의 실세로 부상하던 북미에 안전하게 자리 잡고 있었다는 행운을 누렸다. 미국이 더욱 부유하고 강력한 국가로 변모하면서 대학들은 증가하는 교육의 수요를 충족시키는 역할을 했다. 미국은 모든 아이들에게 고등학교 교육을 제공하기로 한 첫 국가였다. 교실 구조를 갖춘 교육기관이 부족했던 이민자의 나라에서 미국인들은 자신의 자녀들이 발전할 수 있는 기회를 모색했다. 대학 학위는 신분 상승의 성취 또는 그 전조를 알리는 상징이었다. 복합형 대학이나 여러 교육기관들은 그들이 만든 틀 속에서 형태를 갖춰가며 학위를 생산했다.

어떤 사람들은 대학의 끔찍한 교육적 약점을 간과하지 않으려 노력했다. 1929년 시카고 대학은 로버트 메이너드 허친스(Robert Maynard Hutchins)를 총장으로 임명했다. 브루클린 출생의 허친스는 오하이오에 있는 오벌린 칼리지(Oberlin College)에서 1, 2학년을 마쳤다. 1차 세계대전에 참전한 후 그는 예일 대학에서 나머지 학부 과정을 이수하고 우등으로 졸업을 했다. 명석했던 그는 로스쿨을 수석으로 졸업한 뒤 28세에 예일 로스쿨의 학장이 되었다.

허친스가 시카고 대학의 총장이 되었을 때 그의 나이는 30세였다. 오늘날 대부분의 대학 총장들이 수십 년에 이르는 길고 험난한 행정 위계의 사다리를 올라 최고의 지위에 오른 것에 반해 허친스는 학부 생활의 추억을 여전히 머릿속에 생생히 남겨둔 채로 시카고 대학을 이끌었다. 지배구조에 대한 그의 철학은 그러한 경험을 바탕으로 했으며 그가 시카고 대학에서 구현하려는 교육은 뉴헤이븐에서 받았던 교육과 정확히 반대되는 것이었다. 1921년 예일대 졸업생 대표로서 한 연설에서 허친스는 자신의 경험을 "목가적이고 우발적이며 인문주의적이었으나 학문이 깃들지는 않았다"라고 설명했다. 그는 후에 "내가 다녔던 예일은 여학생, 술, 파티 또는 운동경기를 생각하면 설레는 곳이었지만 배움에 대해 설렘을 주는 곳은 아니었다"고 말했다.

시카고 대학의 총장직을 맡자마자 허친스는 과감한 개혁을 단행했다. 6년이 지난 1935년, 그는 예일 대학에서 여러 강의를 통해 고등교육에 대한 자신의 철학을 알렸다. 그의 비판의 핵심은 예전 윌리엄 제임스와 같은 학자들과 같은 논지였다. 통합형 대학의 많은 요소는 서로 조화를 이룰 수 없으며 그로 인해 대학의 목표는 서로 모순되거나 뒤죽박죽이 되어 학생들을 제대로 교육시키기 위한 환경을 조성할 수 없다는 것이었다. 허친스는 우선 "미국 고등교육의 가장 충격적인 면모는 그 자체가 혼란으로 뒤덮여 있다는 것이라고 주장한다.

하버드 대학 총장이었던 찰스 엘리엇의 선택교과제는 무한한 선택을 허용하면서 대학은 학생들이 무엇을 배워야 하는가를 결정할 책임에서 벗어났다. 학생들이 지식의 커다란 개요들과 그를 기반으로 한 원리들을 이해할 수 있도록 가르치려면 학교가 먼저 그 원리를 찾아내 가르쳐야 했다. 뉴먼이 충고했듯 지성인은 진리를 직관적으로 분별하지 않는다. 이를 위해서는 교육이 필요하다.

허친스는 많은 학생들이 통합형 대학에서 그러한 교육을 받지 못하고 있다고 생각했다. 그런 대학이 제공하는 학위는 학생이 지역, 주, 연방의 법을 위반하지 않고 무탈한 학창시절을 보냈으며 교수들이 가르쳐준 내용을 일시적이나마 꽤 많이 기억하고 있음을 증명해주는 듯하다······ 그가 배운 많은 것들이 매우 중요한 것처럼 다소 가장하기도 한다."

허친스는 통합형 대학의 행정가들이 가르침 대신 지위와 돈을 위해 서로 경쟁하는 데 혈안이 되어 있다고 주장한다. 그는 고급 기숙사, 그리고 건축에 수백만 달러가 소요되는 유수풀과 실내암벽이 있는 피트니스센터로 상징되는 오늘날의 대학을 예견했다. "돈을 사랑하는 대학은 학생들을 유치해야만 하고, 이를 위해서는 대학이 멋져 보여야 한다. 이것은 대학이 학생들의 주거, 식사, 오락을 특별하게 준비해야 함을 의미한다고 해석될 수 있다. 어느 누구도 이러한 것들이 학습과 관련이 있다고는 생각지 않을 것이다."

허친스는 이어 학위 생산 과정을 정규화하기 위해 고안된 관료적 관행을 맹공격했다. 20세기 초까지도 많은 대학 교수들은 박봉을 받았다. 그런데 당시 코넬 대학 재단의 이사였던 기업가 앤드루 카네기(Andrew

Carnegie)가 교수직에 자유 연금 제도를 도입하기로 결정했다. 연금은 전임 (full-time)으로 근무하는 교수들에게만 한정되었으므로 대학은 '전임'의 의미를 규정해야 했다. 기금을 관리하기 위해 설립된 비영리 기관인 카네기 재단(결국 거대한 연금 기업 TIAA-CREF가 되었다)은 전임을 표준으로 12학점 시간을 생각해냈다. 이는 15주로 이루어진 표준 학기 동안 매주 3시간 진행되는 4개 과목을 가르치는 것에 해당했다.

이러한 결정에 참여한 사람들은 학생들의 학습 시간의 기준이 12학점 시간이 되기를 의도하지는 않았다. 그러나 대학들은 12학점 시간을 학습의 기준으로 삼아버렸다. 이것은 학과들과 교수들이 서로 조율이나 협조를 하지 않는 상황에서 강의 시간을 합산할 수 있는 쉬운 방법이었기 때문이다. 허친스는 그 결과 "학생의 지적 진보는 출석한 횟수나 강의실에서 앉아 있었던 시간의 길이, 그리고 강의에서 들은 내용을, 그것을 강의한 교수들이 실시하는 시험에서 되풀이할 수 있는 비율에 의해 판별되었다…. 이러한 기준은 실제로 성실함, 유순함, 기억력의 척도인 것은 분명하지만 그것이 지적 능력의 지표로 간주된다고 생각할 수는 없다"라고 했다.

통합형 대학을 찬성하는 이들은 교수법이나 교육 과정에 대한 고려 없이 학생들을 훌륭한 석학들 앞에 앉혀놓는 것이 중요하다고 생각한다. 제임스 가필드(James A. Garfield) 대통령은 마크 홉킨스(Mark Hopkins)라는 19세기 신학자를 언급하면서 최고의 교육이란 "통나무 한쪽 끝에 마크 홉킨스가, 다른 한쪽 끝에 학생이 서 있는 것이다"라고 말한 바 있다. 허친스는 이를 지성에 반하는 터무니없는 발언이라고 생각했다. "이 이론에 따르면 우리는 무엇을 가르치는지, 무엇을 탐구하는지에 대해서는 전혀 관심을 두지 않는다. 학교에 훌륭한 학자들을 교수로 모신 후 그들이 캠퍼스에서 근무한다는 자체가 영감, 자극, 흥분을 준다는 것이다. 그렇게 생각하는 이들에게는 교수들의 가르침이 얼마나 불분명한지, 연구자들이 얼마나 난해하게 설명하는지는 중요하지 않다. 누군가 말하듯 교수의 존재 자체가 교육이다." 허친스는 보편 교육을 향해 나아가는 거대한 국가에서 이런 사상은 교육적으로 불건전하며 비실용적이라고 생각했다. "이 나라의 환경에서는 통나무가 너무 길고 통나무의 양 끝에 너무 많은 사람들이 앉아 있다."

허친스는 대학 개혁에 대해 급진적인 구상을 하고 있었다. 그는 진정한 교육은 지적인 덕목을 다듬는 것이라고 믿었다. 따라서 학생들은 세상을 만들고 연결하는 기본적인 전제와 원칙을 배워야 하며, 이러한 전제와 원칙을 규명하고 가르치는 것이 대학의 의무라고 보았다. 그에게 엘리엇의 선택교과제는 교육에 내용이 있다는 것을 부인하는 것과 마찬가지였다. "교육자들은 학생들의 실력이 더 하락하지 않도록 한다는 면에서만 가치가 있다. 그들은 자신들이 방향성을 잃은 학생들의 시행착오 과정을 감독하는 보호자일 뿐이라는 사실을 시인하지 않는다. 그래서 학생들이 스스로 자신의 학습 방향을 결정하는 것을 허락하지 않는다." 20세기의 그 어떤 명문대 총장보다도 허친스는 뉴먼의 후계자에 가까웠다. 재단 이사들이 부여한 사명과 오만함, 자신감의 경계에서 허친스는 시카고 대학에서 자신의 이상을 실현하기 시작했다. 그는 그리스 고전의 비중이 매우 큰 〈서양의 위대한 책들〉이라는 세미나를, 그가 컬럼비아 대학에서 영입한 모티머 애들러(Mortimer Adler)와 함께 진행했다. 허친스는 학점 대신 학생들이 준비되었을 때 언제든 치를 수 있는 종합시험 제도를 시행했다. 학생들은 시험에만 통과한다면 관련 과정을 수강하지 않고도 해당 학점을 받을 수 있었다.

그러나 허친스의 계획은 오래가지 못했다. 그가 시카고 대학을 떠난 후 종합시험 제도와 함께 그의 단계별 일반교육 과정은 해체되었다. 오늘날 시카고 대학은 컬럼비아 대학과 함께 일종의 핵심 인문교과 과정을 유지하고 있는 몇 안 되는 명문대로 남아 있다. 그러나 이것도 역시 근본적인 설계에서 큰 차이가 없는 통합형 모델의 변종일 뿐이다. 후에 허친스는 "나의 실수는 내가 성공적으로 복음을 전한 줄 알았다는 것이다. 사실상 나는 욕조 마개였을 뿐이다. 나는 모든 이들을 설득했다고 생각했지만 '정상'으로의 회귀를 막고 있었던 것이 내가 한 전부였다"라는 글을 남겼다.

허친스의 거대한 계획을 수포로 돌아가게 만든 중력의 힘은 과연 무엇이었을까? 예일 대학교의 두 사회학자 폴 디마지오(Paul Di Maggio)와 월터 파월(Walter Powell)은 '제도적 동형화(institutional isomorphism)'라는 개념을 정의하며 그 이유를 설명했다. 그들에 따르면 특정 분야의 조직들은 시간이 지나며 서로를 더욱 닮아가는 경향이 있다.

디마지오와 파월은 동형화가 때때로 강압적이라고 주장한다. 19세기 말과 20세기 초에 대학들은 함께 비영리 '인정(accrediting)' 기관을 만들어 대학의 기준을 정립하기 시작했다. 1919년 대서양 연안 중부 지역의 교육 기관을 인정하는 대서양 연안 중부지역 대학 및 학교협회(Middle States Association of Colleges and Schools)는 대학에 대한 특정한 기준을 마련했다. 대학은 적어도 8명의 교수, 50만 달러의 기금, 특정 인문학 과정을 갖추어야만 했다. 주정부가 새롭게 설립하는 대학들도 인정기관의 평가를 거쳐 기존 학교와 비슷한 모습으로 탄생했다.

동형화는 학교들이 서로를 모방하도록 만들기도 한다. 신설 대학은 의회, 학생, 잠재 직원들에게 설립의 정당성을 알릴 방법이 필요했기 때문에 기존 대학의 관행과 구조를 모방했다. 표준 관행을 따르는 것은 새로운 길을 개척하는 것보다 훨씬 편하기도 했다. 따라서 어느 대학에서든 박사학위는 가르치는 능력에 대해서는 아무것도 알려주지 않는다. 그렇다면 박사들이 아니라면, 학과가 아니라면 누가 가르침을 책임져야 하는가? 대학 행정가의 관점에서는 대중에게 진실을 감추기 위해 할 일이 많았다.

파월과 디마지오가 설명한 동형화의 세 번째 특징은 '규범성'이다. 통합형 대학은 영향력과 규모가 큰, 교수와 행정가를 위한 두 집단을 양산했다. 각 집단은 자기영속화와 자신을 먹여 살리는 조직을 유지하고자 하는 열망이 강했다. 사회학과 교수들은 무엇보다도 다른 대학의 사회학과들과 연결된 보이지 않는 집단에 충실해야 한다. 교수들은 동료들이 평가하는 학문적 성공을 통해 자신의 지위를 높일 수 있고 그렇게 해야만 다른 대학에서 더 나은 조건으로 근무할 수 있기 때문이다. 이것은 A대학의 학장 또는 교수가 B대학으로 옮겨서도 편안하게 적응할 수 있도록 모든 대학을 거의 동일한 구조로 만들어야 함을 의미한다. 리버럴 아츠 칼리지와 토지허여법에 의해 설립된 대학은 문화와 사명이 서로 다르지만 이 학교들도 교수와 행정가들이 쉽게 이동할 수 있도록 비슷한 모습을 할 필요가 있었다.

이러한 것 중 그 어떤 것도 통합형 대학의 장수를 보장하지는 않는다. 대학 간의 동형화가 강력하게 진행되는 가운데서도 새로운 대학이 역사가 오랜 대학을 제치고 부상하는 이유이기도 하다. 일반적으로 오래된 조직들은 기존의 관행에 너무나도 익숙해져서 새로운 경쟁자가 기존의 비효율을 겨냥하여 그들을 위기에 빠뜨리기 전까지 어떠한 변화도 꾀하지 않기 때문이다.

그러나 통합형 대학은 역사적 흐름 덕분에 오랫동안 이러한 위기를 잘 피해 살아남았다. 2차 세계대전이 종식될 무렵 미국의 의원들은 귀환하는 참전 군인들의 처우에 대해 고민하기 시작했다. 많은 의원들은 1차 세계대전이 끝난 며칠 후의 상황을 기억하고 있었다. 당시 분노한 참전 군인들은 워싱턴에서 일명 '보너스 군대 행진'을 이끌며 일자리를 요구하고 의회 건물과 백악관 앞에 몇 달간 진을 쳤다. 이 시위는 더글러스 맥아더 장군이

탱크, 기갑부대, 최루탄으로 그들을 공격하고서야 끝이 났다. 1차 세계대전 때보다 유럽과 태평양에서 더 큰 규모의 병력이 귀환할 시점을 앞두고 있었으므로 의회는 이와 같은 대혼란이 다시 발생하지 않기를 바랐다. 그들은 1944년 퇴역 군인들에게 대학 학자금을 지급하도록 하는 제대군인 원호법(G.I Bill of Right)을 통과시켰다. 이 법은 예상을 뛰어넘어 1950년까지 200만 명 이상의 퇴역 군인들이 대학에 진학하는 결과를 낳았다.

제대군인 원호법이 시행된 지 1년 후 과학연구개발국의 국장이었던 버니바 부시(Vannevar Bush)는 「과학: 그 끝없는 프론티어 Science: The Endless Frontier」라는 제목의 보고서를 트루먼(Harry S. Truman) 대통령에게 제출했다. 부시는 MIT의 전기공학 박사로 과학자이자 행정가로 근무했다. 그와 그의 동료들은 막 부상하던 컴퓨터과학의 발전에 중요한 기여를 했고 그의 학생인 클로드 섀넌(Claude Shannon)의 정보이론은 현대 컴퓨터과학의 근간이 되었다.

부시는 과학이 인류에게 선의 원천이 된다고 말했다. 페니실린과 의학의 발전은 수많은 생명을 구했다. "1939년 당시 수백만 명의 일자리가 된 라디오, 에어컨, 레이온과 같은 합성섬유, 플라스틱 등의 산업은 지난 전쟁이 끝날 무렵에는 아예 존재하지도 않았던 산업들이다. …… 그러나 이러한 문물이 진보의 끝을 의미하지는 않는다. 우리가 과학적 자원을 충분히 활용한다면 이것은 시작일 뿐이다." 부시는 국립보건원(National Institute of Health)과 오늘날 국가과학재단(National Science Foundation)이 된 기관이 공모 경쟁을 통해 집행하는 보조금으로 연방정부가 과학에 적극적으로 투자할 것을 주장했다.

그렇다면 연방정부의 기금이 어디로 갔겠는가? 바로 대학이다. 부시는 "공공 및 민간의 자금 지원을 받는 대학과 연구기관은 기초연구의 중심이다"라고 선언했다. "이러한 기관들은 지식과 이해의 원천이다. 이들의 활동이 왕성하고 건전하며 과학자들이 자유롭게 원하는 방식으로 진실을 추구할 때 새로운 지식의 흐름이 생기고 그 지식을 응용하여 정부와 산업 등에서 직면하는 실질적인 문제들을 해결할 수 있을 것이다."

부시는 추축국들과의 전쟁이 끝난 후에도 소련과의 새로운 갈등이 생겨날 것을 예견했다. "이 전쟁에서 과학연구가 국가안보에 절대적으로 중요하다는 것은 의심의 여지가 없다. 독일 잠수함과의 격렬하고 위험한 전투는 바로 과학기술의 싸움이며 우리가 승리할 가능성은 위태로울 정도로 낮다. 레이더가 우리 군의 새로운 눈이 되어도 그것은 새로운 과학기술에 의해 곧 시력을 잃을 수 있다." 당시 MIT의 방사선 연구소는 레이더 기술을 개발하고 있었다.

부시는 "전쟁은 점차 전면전이 되고 있다. 군은 민간 부문의 활발한 참여로 추가적인 지원을 받아야 한다"고 주장했다. 이에 따라 연방 연구 기금의 물결이 대학으로 흐르기 시작했다. 펜실베이니아 주립대학교는 심해항에서 거의 300킬로미터나 떨어져 있었지만 수십 년간 해군 해상시스템사령부를 위해 더 나은 어뢰를 개발했던 유산을 바탕으로 오늘날까지도 수중음향학, 항법, 추진기술 연구에서 그 명성을 유지하고 있다.

연방정부는 기금을 받은 연구기관들이 학부생들을 어떻게 가르치는지에 대해서는 관심을 두지 않았다. 전 세계는 경제, 과학, 이념 전쟁을 벌이고 있었고 세계 최고의 경제대국이 된 미국은 많은 돈을 쓸 수 있었다. 미국 전역의 대학들은 연구 역량을 키우기 위해 수십억 달러를 투자했고 허친스와 같은 이들의 걱정은 완전히 잊혀졌다.

동시에 이 시기에 미국의 중산층이 성장하면서 '브라운대 교육위원회' 판결과 여러 중요한 판례들은 소수인종 학생들에게 대학의 문을 활짝 여는 계기가 되었다. 여성은 경제 및 사회적으로 점차 해방되고 있었다. 많은 대학들, 특히 동부의 명문 사립대학들은 수십 년간 여성, 유대인과 같이 와스프(WASP: 앵글로색슨계 백인 신교도-옮긴이) 남성의 틀에 들어맞지 않는 이들을 노골적으로 차별하고 있었다. 그러나 이러한 대학들도 점차 사회적 압력과 법률적 환경에 고개를 숙이며 새로운 고객층과 수요를 만들어나 갔다.

이제 집 근처에 대학이 가까이 있는 지역에서 자라난 스티븐 조엘 트락텐버그와 같은 똑똑한 학생들은 어딘가에 입학할 수 있었다. 그러나 그 외의 학생들, 특히 빠르게 성장하는 선벨트 지대(플로리다 주에서 캘리포니아 주에 이르는 미국 남부의 온난지대로 미국의 인구는 점차 이 지역으로 이동했다-옮긴이)에 거주하는 학생들은 주변에서 아이비리그 대학을 찾을 수 없었다. 토지허여법에 의해 설립된 대학들로는 학생들을 모두 수용하기에 충분하지 않았다. 밀려드는 학생들을 수용하기 위해 각 주에서는 새로운 대학을 지어야 했다. 이제 어떤 대학을 만들어야 할까?

이 질문에 가장 적절한 답을 제시한 사람은 캘리포니아 대학의 총장 클라크 커(Clark Kerr)였다.

커는 스워스모어 칼리지(Swarthmore College)를 졸업한 후 서부로 가서 스탠퍼드 대학과 UC 버클리 대학원을 다녔다. 허친스와 마찬가지로 그는 엘리트 고등교육의 중심부에서 통합형 모델의 부적절함을 낱낱이 드러냈다. 1963년 4월에 그가 하버드 대학에서 한 몇 차례의 강연은 『대학의 용도 The Uses of the University』라는 책으로 정리되어 출간되었다.

커 역시 현대 대학의 혼란을 주시했다. 그는 "서로 다른 많은 사람들에게 많은 것을 제공하면서 대학은 필연적으로 자신과의 전쟁을 치르고 있다"라고 말했다. 엘리엇이 고안한 선택교과제는 "일종의 기이한 형태의 학문적 방임주의"를 낳아 "대학이 우선적으로 챙겨야 할 학생들 대신 교수를 위하게 되었다." 그 결과 대학은 일관성을 잃고 "행정적 규칙에 묶여 있으며 돈에 의해 움직이는 기계장치"에 더 가까워졌다. 다른 말로 표현하자면 대학은 "주차장에 대한 공통적인 고민으로 한데 묶인 학교 기업가들"이다.

커는 냉전시대 동안 때때로 학생들에게 피해를 끼치면서도 연방정부가 수십억 달러를 들여 스탠퍼드, 버클리 등 캘리포니아 주의 대학들을 변모시키는 과정을 지켜보았다. 인문학은 언제나 통합형 모델의 가장 취약한 부분이었다. 사람들은 대학에서 원대하면서도 추상적인 교육을 받고 형식적인 의식을 종종 따르다가 일상으로 돌아간다. 정부의 막대한 연구 지원금은 이러한 교육을 더욱 부질없게 만든다. 커가 강연을 시작하기 직전에 나온 브루킹스 연구소의 연구 보고서는 연방 연구 기금이 "대규모 대학의 학부교육을 장기간 괴롭힌 교육의 질 하락을 가속화시켰다"고 지적했다. 커는 이에 대해 "우월한 교수진이 학부교육을 열등하게 만드는 데 기여했다는 사실은 가혹한 모순"이라고 평했다.

그러나 커는 대학이 돌아 나올 길이 없다는 점도 알고 있었다. 그는 "허친스는 자신의 대학과 고등교육을 근본적으로 변화시키려는 진지한 노력을 한 마지막 대학 총장이라는 점에서 마지막 거인이었다"고 말했다.

한편 베이비붐과 더불어 매우 느린 속도로 진행되던 여성과 소수민족의 해방의 산물로 등장한 수백만 명의 학생들은 대학 진학을 원했다. 커는 자신이 대학의 새로운 모델을 구축할 수 없다는 것을 알았다. 그는 대신 공공 정책을 통해 유사한 대학들이 서로 다른 방식으로 운영되도록 했다.

그 결과 탄생한 것이 20세기에 영향력이 가장 컸던 국립고등교육기관 정책인 '캘리포니아 고등교육마스터플랜(California Master Plan for Higher Education)'이다. 캘리포니아 주에 대한 커의 청사진은 대학 체계를 3단계로 나눈다. 가장 위에는 주에서 가장 뛰어난 고등학교 졸업생들이 진학하며 연구에 집중하는 캘리포니아 대학(UC)이 위치한다. 중간에는 캘리포니아 주립대학(CSU)들이 있으며 이곳에서도 학장, 학과, 선택과목, 박사학위 과정 등이 있다. 그러나 캘리포니아 주립대학 캠퍼스들은 고용 창출에 중점을 두었던 토지허여법의 전통을 이어 교사, 간호사 등 중산층을 구성하는 전문인들을 양성한다. 이곳의 교수진은 연구보다는 수업에 더 집중한다.

그리고 연간 100만여 명에 이르는 나머지 하위 50퍼센트의 학생들은 커뮤니티 칼리지에 입학한다. 커뮤니티 칼리지는 2년제 대학에서 유래하여 대체로 지역의 공립학교 관리체계하에서 운영되는 미국만의 독특한 교육기관이다. 커뮤니티 칼리지는 학비가 저렴하고 누구에게나 열려 있다. 2년제 대학 과정을 마친 학생들은 원칙적으로 UC 또는 CSU로 편입을 할 자격이 있다. 이 제도는 명문 대학 내 평범한 학생들의 수를 줄이고 커뮤니티 칼리지를 저예산으로 운영함으로써 납세자들의 돈을 낭비하지 않는다는 큰 장점이 있다.

다른 주들도 커의 마스터플랜을 모방했다. 2차 세계대전 후 개교한 수백 개의 공립대학들은 표준적인 통합형 대학 모델과 특정한 사명을 결합했다. 많은 대학들은 이름에 지역명을 붙였고(북부 아이오와 대학교, 인디애나 코코모 대학) 엘리트적인 이상을 비교적 명확하게 드러냈다. 19세기 중반 교사를 양성하기 위해 설립된 사범대학들은 칼리지, 또는 후에는 지역 공립대학으로 전환되었다.

한편 연방정부는 고등교육의 그 다음 개혁을 준비하고 있었다. 1965년 린든 존슨(Lyndon Johnson) 대통령은 샌마르코스의 텍사스 주립대학에서 '위대한 사회(린든 존슨이 1964년에 정책 이념으로 내건 민주당의 목표-옮긴이)'의 중요한 축이 된 연방 고등교육법에 서명했다. 고등교육법은 보조금으로 학자금 대출을 지원하여 학생들이 학비를 낼 수 있도록 하는 제도를 탄생시켰다. 몇 년 뒤 의회는 후에 연방 펠 그랜트 프로그램(Federal Pell Grant Program)으로 알려지게 된 법을 통과시켜 수백만 명의 저소득층 대학생에게 무상 장학금을 지급했다.

이 새로운 제도와 12학년제 초등 및 중등교육 통합을 실시하기 위해 존슨 대통령은 해럴드 하우(Harold Howe)를 미 연방 교육국장으로 임명했다. 교육국장직은 1979년 내각에 교육부가 창설되기 전 교육과 관련하여 연방 정부에서 가장 중요한 직위였다. 대학총장의 아들인 하우는 컬럼비아와 예일 대학을 졸업한 2차 세계대전 참전 군인이었다. 그는 새로운 교육 연방주의를 실현하기 위해 사람들을 필요로 했다. 그는 주변을 물색하여 그와 비슷한 배경을 가진 젊은 청년에게 함께 일할 것을 제안했다. 그가 바로 컬럼비아 대학교와 예일 로스쿨을 졸업한 후 하버드 박사 과정을 막 시작한 스티븐 조엘 트락텐버그였다. "당신은 먹고살 만한 학위를 충분히 다 갖추었습니다"라고 하우는 트락텐버그에게 말했다. 트락텐버그는 그의 제안을 받아들인 후 워싱턴 D.C.로 거주지를 옮겼고, 공부에 더 이상 미련을 두지 않았다.

그러나 미국이 그 많은 자금을 학생들에게 지원했다고 할지라도 통합형 대학이 모순 가운데 시달리며 학부생들을 제대로 교육시키는 임무를 멀리하는 기이하고 비효율적인 교육기관이라는 점에는 변함이 없었다. 1960년대의 학생운동은 다수의 유권자들이 대학을 싫어하게 된 계기가 되었다. 로널드 레이건(Ronald Reagan)은 학생 소요를 진압한 것을 계기로 캘리포니아 주지사에 오르게 되었고 즉시 커를 해임했다. 1971년 정부의 지원을 받은 뉴먼 보고서(존 헨리 뉴먼과는 무관하다)는 "교육기관들의 획일화, 관료주의의 확장, 학위의 지나친 강조, 학생과 교수진이 세상으로부터 고립되는 현상 등의 불편한 경향"을 지적했다.

고등교육이 지나치게 크게, 빠르게 확장되었음을 보여주는 불길한 징후도 나타났다. 1976년 하버드 노동경제학자 리처드 프리먼(Richard Freeman)은 『과잉교육을 받은 미국인 *Overeducated American*』이라는 저서에서 학위의 과잉이 장기적으로 대학 졸업자의 임금을 하락시킬 것이라고 예측했다. 「뉴욕타임스」는 이 책을 1면에서 소개하며 서두에 "대학에 가는 것이 더 나은 삶으로 가는 확실한 길이라고 믿었던 세대가 지나고 이제 대학을 졸업한 미국인들은 경제적 우위를 잃고 있다"고 논평했다. 「피플 *People*」지는 프리먼의 저서를 논평하며 도발적인 질문을 던졌다. "대학 학위가 여전히 화이트칼라의 성공을 보장하는 티켓인가?"

그 답은 명백히 '그렇다'라고 판명되었다. 프리먼의 책이 유명세를 탈 동안 미국의 대학 시장에서 대학의 가치는 서서히 높은 평가를 받기 시작했고 그 경향은 수십 년간 계속되었다. 20세기 중반 미국의 융성을 이끈 제조업 기반의 경제는 점차 다른 국가들의 부상 속에서 타격을 입고 있다. 제분소, 제조공장, 산업시설은 사라지기 시작했고 이와 함께 블루칼라 직종도 사라지고 있다. 그리고 은행업, 금융, 보험, 컨설팅, 기술 서비스 등 화이트칼라 직종이 그 자리를 대신하고 있다. 외국의 경쟁에 타격을 입지 않은 부문은 지역에 기반을 둔 전문 직종으로, 그 대표적인 예가 교육과 보건의료 부문이다.

이 모든 부문에서 새롭게 떠오르는 공통분모는 대학이다. 은행이나 대기업 본사에서 일하기 위해서는 대학 학위가 필요하다. 미국 전체 인구 중 학사학위 소지자는 1950년에는 10퍼센트였으나 1970년대에는 20퍼센트를 넘었고 1990년대에는 25퍼센트를 거쳐 오늘날에는 33퍼센트 이상에 이른다. 그러나 대학 졸업자들의 공급이 증가함에도 불구하고 고용주가 지불하고자 하는 대졸자에 대한 급여는 하락하지 않고 상승했다. 기술의 발전이 숙련 인력의 가치를 더욱 높였기 때문이다. 과거 제철소에서 생산 단위당 20명의 비숙련 직원이 필요했다면 이제는 한 명만 복잡한 장비를 다루면 된다. 경제학자들은 이를 "스킬에 편향된 기술적 변화"라고 부른다. 이런 환경에서 가장 고도의 스킬을 갖춘 사람들은 각광받고 스킬이 없는 사람들은 점차 도태된다.

그 결과 대학 졸업장을 기준으로 한 소득 격차가 벌어졌다. 1977년 학사학위 소지자는 고등학교만 졸업한 사람들에 비해 시간당 임금이 40퍼센트 더 높았다. 2005년이 되자 그 격차는 80퍼센트까지 두 배로 벌어졌다. 석사 또는 전문대학원의 학위가 있는 사람들은 더욱 많은 돈을 벌었다. 사람들은 그 어느 때보다도 더 적극적으로 학위를 필요로 하며 대학으로 몰려들었다. 그러한 사람들은 다시 한 번 결함으로 가득한 통합형 대학 모델을 살려주는 계기가 되었다.

이 시기는 미국의 대학 설립 열풍이 잦아든 시점이기도 했다. 1960년대에 각 주들은 평균적으로 매주 거의 하나의 커뮤니티 칼리지를 개교했고 이 기간 동안 4년제 대학도 수십 개가 생겨났다. 그러나 대학이 대부분의 사람들이 차로 통학할 수 있을 거리에 하나 이상 자리 잡기 시작하자 그 팽창세가 멈추었다. 대학들이 더 이상의 경쟁이 일어나지 않도록 정부에 요청한 것도 영향을 미쳤다. 기존 대학들로 구성된 독립적 연합이었던 인정기관들은 어떤 대학이 학생들을 입학시키고 연방정부 보조금으로 책정된 수십억 달러를 받을지를 결정할 수 있는 권한을 부여받았다. 새롭게 설립된 대학은 기존 대학들과 동등한 조건에서 경쟁하기 위해 많은 비용이 들고 비효율적인 통합형 모델을 받아들일 수밖에 없었다. 따라서 모두 비슷한 형태를 갖춘 대학들은 새로운 변화로부터 자신들을 고립시킬 수 있었다.

대신 대학 간 경쟁은 치열했다. 대부분의 대학은 비영리 기관이었기 때문에 돈을 위해서만 싸운 것은 아니었다. 학교들은 매우 희소한 자원인 '지위'에 주목했다. 공립이든 사립이든 대학들은 끊임없이 시장에서 더욱 유명한 학자들을 유치하고 멋진 건물들을 지으며 대학의 수준을 높여가는 경쟁에 돌입했고 그에 대한 비용은 학생과 학부모에게 전가되었다. 지위를 두고 경쟁을 하던 대학들은 더 나은 대학이 부상할 때마다 불안감을 느꼈다.

　한편, 연방정부는 항공과 통신 산업의 규제완화를 추진하고 있었다. 이 정책으로 다른 주로 비행기를 타고 가는 비용이나 생활비가 필요할 때 집으로 전화하는 비용이 저렴해지면서 집에서 먼 대학에 진학하는 학생의 수가 늘어났다. 그렇다면 이제 학교를 선택하는 기준은 무엇이 되었을까? 1983년 「유에스 뉴스 앤드 월드 리포트」는 전국의 대학 순위를 매긴다는 기발한 발상을 했다. "최고의 대학" 순위를 소개하는 호는 나오자마자 순식간에 판매되었다. 점차 학생들은 안내서를 참조하고 잡지 기자들이 제시하는 최고의 학교를 고르며 소비자처럼 행동하기 시작했다.

　이는 시대의 요구에 적합한 새로운 유형의 총장이 등장할 수 있는 비옥한 환경을 만들어주었다. 「유에스 뉴스 앤드 월드 리포트」는 SAT 점수가 높은 학생의 수와 박사학위가 있는 교수의 숫자를 기준으로 대학의 순위를 정했다. 또한 지원하는 학생과 입학을 거절당하는 학생의 수가 많을수록 그 학교는 더욱 특별한 취급을 받으며 높은 순위를 받았다. 오래전부터 명성과 전통을 쌓아온 일부 명문대들이 오늘날까지 최상위권을 지키고 있지만 그 바로 아래부터는 이동의 여지가 많았다. 능력 있는 리더는 대학의 부와 명성을 끌어올릴 수 있는 사람이었다. 학자 출신의 점잖은 총장은 사라지고 제국을 건설할 수 있는 사람이 총장이 되었다.

보스턴 대학의 존 실버(John Silber)가 그런 부류 중 한 사람이었다. 보스턴 대학은 근대 미국 대학교들이 태어나던 1869년에 설립되었다. 이 대학은 찰스 강을 사이에 두고 케임브리지의 MIT와 마주 보는 위치에 자리 잡아 고등교육의 '약속의 땅'을 이루었다. 실버는 대대적인 건물 신축과 개보수를 진행하는 동시에 솔 벨로(Saul Bellow)와 엘리 위젤(Elie Wiesel)과 같은 권위 있는 학자들을 교수로 영입했다.

실버는 성격이 거침이 없고 다혈질이었다. 그는 교수진이 권위주의적이라는 지적이나 더 심한 비난을 참지 못했다. 그가 총장에서 물러난 1996년 이후 보스턴 대학은 더욱 크고 유명하며 훨씬 더 돈이 많이 드는 대학이 되어 「유에스 뉴스 앤드 월드 리포트」에서 순위를 높였다. (이제 보스턴 대학의 연간 등록금과 기숙사비는 6만 달러를 웃돈다.) 실버와 함께 그와 생각이 비슷한 대학 행정가들이 야심 찬 작전을 펼친 결과였다. 그중에는 실버의 측근이자 보스턴 대학의 부총장이었던 스티븐 조엘 트락텐버그도 있었다.

물론 대부분의 대학들은 보스턴 대학만큼 높은 목표를 둘 수 없는 실정이다. 작은 규모의 리버럴 아츠 칼리지, 커뮤니티 칼리지, 또는 지역에 기반을 둔 대학은 노벨상 수상자를 영입하거나 하버드 대학만큼의 학비를 요구할 수 없는 것이 당연하다. 그러나 그러한 학교들도 통합형 대학 모델의 영향을 여전히 크게 받고 있다. 학교들은 시장에서 수용할 수 있는 고용자의 수보다 훨씬 더 많은 박사학위를 찍어내고 있다. 그 결과 박사학위를 취득한 이들은 일자리를 구하기가 힘들고 대부분의 대학 교수들은 자신들이 다닌 대학보다 명성이 낮은 대학에서 가르치게 된다. 명문대 '디아스포라(세계 각지에 퍼져 있는 유대인을 이르던 말로 여러 지역에 흩어져 살면서도 자신이 과거 속했던 집단의 규범과 관습을 유지하는 사람들-옮긴이)'를 이루는 그들은 자신의 고향을 추억하며 새로운 정착지가 가능한 한 자기 고향을 닮기를 바란다.

이렇게 고등교육의 모습은 하나로 통일되었다. 학교에 대한 조사를 거의 하지 않더라도 지역 대학과 커뮤니티 칼리지는 학장과 학과, 종신 재직권, 학문적 자유, 박사학위 등 통합형 연구 중심 대학의 형태와 틀을 그대로 받아들였다. 어떤 학교는 타인의 이목을 끌기 위해 프로선수에 가까운 대학 운동선수들을 영입하면서 대학 운영비용을 더욱 상승시키고 학부생 교육이라는 목적에서 한층 멀어지기도 한다.

이 모든 이유로 대학은 필요 이상으로 비싼 곳이 되어버렸다. (등록금이 급격히 상승하기 시작한 시점은 「유에스 뉴스 앤드 월드 리포트」에 대학 순위가 처음으로 등장한 1980년대 초반과 일치한다.) 더욱 안타까운 것은 통합형 모델이 학생들의 학습에 무관심함으로써 교육 수준에 대한 요구가 높았던 학생들도 학습에 무관심해져버린 것이다. 어떤 대학들은 교수법에 대한 훈련을 받지 않은 박사 과정에 있는 학생이 강의를 하도록 운영하고도 무사히 넘어갔다. 어차피 그 대학들은 가장 공부를 잘할 가능성이 높은 학생들만 받기 때문이다. 하지만 누구나 들어갈 수 있는 커뮤니티 칼리지나 지역의 소규모 대학은 그렇지 못했다. 주 정부가 2년제 커뮤니티 칼리지에 4년제 대학에 비해 학생 1인당 훨씬 적은 공공자금을 지원하면서 상황은 더욱 악화되었다. 평균적으로 공립 연구 중심 대학은 커뮤니티 칼리지보다 연구가 아닌 교육에 대한 학생당 지출이 79퍼센트 더 많다. 여기에 커뮤니티 칼리지 학생들은 종종 '더 못한' 학교에서 취득한 학점을 인정하지 않는 4년제 대학들 때문에 학사학위를 취득하는 길에서 큰 난관에 부딪힌다.

그럼에도 불구하고 갈 곳이 마땅치 않은 학생들은 커뮤니티 칼리지에 진학한다. 연방정부의 계획은 각 주의 대학 신입생 3분의 2 이상이 지역의 2년제 대학에서 고등교육을 시작하도록 하는 것을 목표로 한다. 이 중에는 일을 하고 가족을 돌보느라 대학에 갈 준비가 제대로 되지 않은 학생들도 많다. 그들은 보통 학생을 지원하는 데 가장 소극적인 학교에 들어가 대부분 발전을 하지 못한다. 오늘날 학사학위를 목표로 커뮤니티 칼리지에 입학하는 학생 중 10퍼센트만이 그 목표를 달성하고, 보통 학위를 받을 때까지 6년이 걸린다. 어떤 학생들은 준 학사학위를 받아 졸업하기도 한다. 실질적으로 등록된 상태로 있는 이들의 거의 절반이 중퇴를 한다고 보면 된다. 커뮤니티 칼리지와 같은 역할을 하는, 입학이 쉬운 4년제 지역 대학들도 비슷한 정도로 졸업률이 낮다.

명성이 낮은 학교를 다니는 학생들은 앞서 로드아일랜드 워윅 출신의 휴의 경우와 같이 10만 달러 이상의 대출을 할 수도 없다. 그러한 학교에 다니는 학생들은 학자금 대출 평균 금액인 2만 9,400달러도 허용받지 못한다. 등록금을 많이 거두지 못하는 학교들은 적자에 시달린다. 점차 학위를 요구하는 경제에서 기회의 사다리의 아래라도 밟기 위해서는 학위가 필요하다. 그러나 많은 이들은 학위가 있더라도 유용한 지식을 습득하지 못하고, 특별한 기술을 갖추지 못한 채 졸업을 한다. 공립대학들은 현금이 부족하고 학부생들을 가르치는 데 적절하지 않은 통합형 교육의 틀에서 만들어졌기 때문이다.

※ ※ ※

존 실버는 함께 일하기 어려운 상사였다. 스티븐 조엘 트락텐버그는 존슨 대통령 임기가 끝난 후 연방정부를 떠나 여전히 20대의 나이로 보스턴대학에서 행정직을 맡았다. 그는 실버가 온 후에도 자리를 지킨 유일한 고위 행정가였으며 이 둘은 한때 직업적인 유대를 쌓았다. "나는 존 실버로부터 일하는 법을 배웠습니다"라고 트락텐버그가 나에게 말했다. "실버 총장

님은 작년에 돌아가셨습니다. 편안히 잠드시길." 그는 잠겼던 목소리를 기침을 하며 가다듬었다. "죄송합니다. 잠시 옛날 생각이 나면서 감상에 빠졌네요."

그러나 쉽게 동요하지 않는 브루클린 출신의 트락텐버그도 당시에는 한계를 느꼈다. 그의 아내는 그에게 보스턴 대학에 남으려면 그가 실버를 죽이든, 실버가 그를 죽이든 해야 할 것이라고 말할 정도였다. 당시 다른 대학들은 보스턴 대학의 전략을 모방하여 부와 명예를 드높일 행정가를 물색하고 있었다. 그중 하트포드 대학이 트락텐버그에게 연락을 했고 1977년 그는 하트포드의 총장이 되었다.

그는 그곳에서 11년을 근무하면서 항상 새로운 건물을 세우는 데 집중했다. 트락텐버그는 대학이 중심이 되는 물리적 공간이 있어야 한다는 사실을 잘 알고 있었다. 새로운 건축물은 학교의 발전을 즉각적으로 느낄 수 있게 하는 상징이었다. 건축물은 방문자, 기부자, 공무원들에게 대학이 땅에서 솟아오르는 철근과 비계처럼 상승하고 있음을 상기시켰다. 그는 새로운 프로그램을 개발하고 더 많은 학생을 입학시켰으며 지속적인 확장을 이어나갔다.

1987년 조지워싱턴 대학의 총장 자리가 공석이 되었을 때 트락텐버그는 다시 워싱턴으로 돌아와 이 대학의 총장이 되었다. 조지워싱턴 대학은 이미 중요한 강점들을 어느 정도 갖추고 있었다. 그중 가장 중요한 강점은 이 대학이 백악관과 몇 블록 거리인 포기 바텀에 위치해 있다는 사실이었다. 미국에서 정치적 권력의 중심과 지리적으로 이렇게 가까이 위치한 대학은 조지워싱턴 대학밖에 없었다. 그러나 이 대학은 여전히 자금이 부족했고 열등감에 시달렸다. 트락텐버그는 이 학교를 물려받으며 "이곳을 더 나은 곳으로 만드세요. 그나저나 당신이 조지타운 출신이 아니라는 걸 부끄러워해야 할 겁니다"라는 말을 들었다고 했다. 모두가 트락텐버그에게 무언가를 바랐다. 더 나은 시설, 더 나은 동료 교수들, 더 나은 학생들을 말이다. 그러나 그 모든 것에는 돈이 필요했다. 조지워싱턴 대학은 수백 년 된 아이비리그 대학이나 조지타운 대학처럼 탄탄한 동문 기반에 의존할 수도 없었다. 사립학교였던 조지워싱턴 대학은 정부로부터 보조금을 받을 수 있는 대상도 아니었다. 기금 확충은 닭이 먼저냐 달걀이 먼저냐의 문제다. 부자들은 이미 뛰어난 학교에 기부를 했고, 뛰어난 학교가 되려면 수백만 달러가 필요하기 때문이다.

그러나 트락텐버그는 통합형 대학과 관련해 중요한 사실을 알고 있었다. 먼저 명품 시장에서 살아남아야 한다는 것이었다. 대학은 과거에는 그랬을 수도 있었겠지만 더 이상은 교육을 팔지 않았다. 대학이 파는 것은 성공의 상징이자 신호였다. 사람들은 단지 디자인과 기능 때문에 구찌 상품을 구매하지 않는다. 구찌 가방을 소유함으로써 그들은 자신이 부유하다는 것을 느끼고 이 높은 가격을 지불할 수 있는 능력이 있다는 것을 다른 사람들에게 과시할 수 있다. 제조자의 관점에서 사람들이 명품에 더 많은 돈을 지불하려 하는 이유는 브랜드를 통해 연상되는 느낌 때문만은 아니다. 고가라는 것 그 자체가 중요한 구매 동기가 된다는 의미다. 가격이 제품을 말해주기도 한다.

이러한 맥락에서 트락텐버그는 간단하게 가격을 높임으로써 조지워싱턴이 더 가치 있는 학교라는 생각을 사람들에게 심어주었다. 다른 대학 총장들과는 달리 트락텐버그는 이 전략에 대해 놀라울 정도로 솔직했다. 그는 대학이 보드카와 같다고 즐겨 설명한다. 보드카는 향이 나지 않는 술이다. 어떤 보드카든 맛이 동일하다. 그러나 사람들은 앱솔루트(Absolut) 보드카의 브랜드 때문에 30달러를 지불한다. 타이맥스(Timex) 시계는 20달러고

롤렉스(Rolex) 시계는 1만 달러지만 두 시계 모두 같은 시간을 가리킨다. 비싼 학위는 "트로피이자 상징이다"라고 그는 한 인터뷰에서 말했다. 구매자에게 "이것은 스스로 생각하는 자신의 모습을 나타내는 일종의 징표다."

'앱솔루트 롤렉스' 계획은 성공적이었다. 전국 평균 이하였던 조지워싱턴 대학의 등록금은 20년 만인 2007년에 3만 7,820달러까지 인상되어 미국에서 가장 높은 수준이 되었다. 2014년에는 등록금만 4만 7,000달러를 돌파했으며 식대와 기숙사비는 별도로 1만 1,000달러가 들었다.

대학 경제학의 세계를 거꾸로 보면 가격이 높아질 때 서비스에 대한 수요는 하락하지 않고 상승한다. 트락텐버그는 포기 바텀의 부동산을 가능한 한 많이 사들이고 새로운 건물을 세웠다. 그러자 지원자가 급격히 늘어났고 입학생의 평균 SAT 점수가 상승했다.

이러한 성과가 쉽게 거두어진 것은 아니다. 트락텐버그 외에도 많은 대학 총장들이 이 전략을 구사했기 때문이다. 조지워싱턴 대학과 미국의 학생, 학자, 자금을 두고 경쟁하던 다른 대학들도 가만 있지 않았다. 액션 영화에 등장하는 '당신이 내 부하 한 명을 죽인다면, 나는 당신의 부하 2명을 죽이겠다'와 같은 상황이 벌어졌다. 트락텐버그는 고급 학교라는 이미지를 확립하기 위해 온갖 기회를 모색했다. 누군가가 미국에서 남자 및 여자 대학 스쿼시 팀이 있는 학교가 7개밖에 되지 않고 그 학교는 모두 아이비리그 대학이라는 점을 언급하자 조지워싱턴 대학은 미국에서 여덟 번째로 대학 스쿼시 팀을 창설했다.

이제 조지워싱턴 대학은 신흥 갑부들의 자녀를 끌어들이는 자석이 되었다. 예일이나 스탠퍼드에 가기에는 SAT 성적이 우수하지 않거나 명문가 출신이 아닌 학생들이 조지워싱턴으로 몰려들었다. 이 대학은 또한 유학생을 적극적으로 유치했다. 특히 거의 모든 사람들이 생각하듯이 미국 대학이 세계 최고이며 워싱턴이 대학 생활을 하기에 좋은 도시라고 생각하는 아시아 및 중동의 부유한 학생에 집중했다. 물론 학생들 중에는 학비를 지원받는 장학생들도 있었다. 그러나 조지워싱턴 대학 졸업생들의 평균 부채는 전국 평균을 훌쩍 뛰어넘어 2012년에는 학생 1인당 부채가 3만 3,000달러를 기록했다.

캠퍼스는 소비문화에 물들었다. 학부생들은 루이비통 가방을 들고 다니는 사진을 블로그에 올렸다. 2011년 캠퍼스 근처에 문을 연 고급 아파트는 부모가 3,900달러의 월세를 내주는 학생들로 빠르게 채워졌다. 주말이 되면 학생들은 근처 나이트클럽에서 예약 테이블을 이용하고 고급 보드카 및 샴페인을 마시는 데 1,000달러를 쓴다.

이는 조지워싱턴 대학만의 상황은 아니다. 대도시에 있는 대학 캠퍼스마다 새로운 건물이 들어서며 대학 제국이 건설되었다. 뉴욕 대학 총장인 존 섹스턴(John Sexton)은 드라마 「섹스앤더시티 *Sex and the City*」를 보고 자란 학생들에게 뉴욕 생활의 꿈을 팔며 뉴욕대학을 세계적인 고등교육 기관으로 변모시켰다. 보스턴에서는 실버의 영향이 찰스 강을 따라 퍼져나가며 노스웨스턴 대학이 보스턴 대학과 같은 행보를 걸었다. 로스앤젤레스에서는 스티븐 샘플(Steven Sample)이 "버릇없는 아이들의 대학(University of Spoiled Children)"으로 조롱받던 USC를 「유에스 뉴스 앤드 월드 리포트」에서 선정한 25대 대학으로 탈바꿈시켰다. 세인트루이스에 있는 워싱턴 대학도 같은 전략을 사용했다.

지역을 기반으로 한 수백 개의 대학, 커뮤니티 칼리지, 사범대의 총장, 학장, 학과장들은 대도시 대학들의 발전을 지켜보며 '우리도 할 수 있지 않을까'라고 생각하기 시작했다. 대학들은 야심을 갖고 마스터플랜이 정한 제약에서 벗어나고자 했다. 농업대학과 기술대학은 등록금 인상과 박사 과정, 피트니스센터, 스포츠 경기장을 위해 로비를 펼쳤다. 커뮤니티 칼리지도 가세했다. 플로리다 남부에서 팽창하던 마이애미-데이드 커뮤니티 칼리지(Miami-Dade Community College)는 학사학위 과정을 개설했고 이름에서 "커뮤니티"(와 함께 하이픈)를 떼어버렸다. 수십 개의 2년제 학교가 4년제로 전환되었다. 주지사와 의원들은 등록금 상승과 함께 대학들이 마스터플랜에서 정한 자리에 머무르지 않고 지위를 상승시키기 위해 기울이는 노력을 불만스러워했다. 주정부는 약 10년간 계속된 세금 인하, 교도소 건설, 고령화에 따른 의료 비용의 폭발적 증가를 한창 감당해내던 중이었다. 결과적으로 다른 공공서비스에 비해 공립대학에 대한 보조금은 줄었고 공립대학은 그 대신 스스로 학교의 운영 목표, 학생회, 가격 구조를 결정할 자유를 누렸다. 학교들은 모두 한 방향으로, 즉 위로 가길 원했고 동일한 목표를 향해 달렸다.

나는 트락텐버그에게 학교가 소위 값을 매길 수 없는 명품과 같은 서비스를 제공하기 위해 학생들이 수만 달러의 빚을 지도록 하는 것을 도덕적으로 합리화할 수 있는지 물었다. 그는 성격상 사과를 하거나 말을 둘러대는 사람이 아니었다. 찰스 엘리엇이 하버드 대학의 총장이 된 이래로 150년 동안 발생한 고등교육의 변화를 관찰하던 「애틀랜틱」은 최근 기사에서 트락텐버그를 "대학 등록금 인플레이션의 대사제"로 묘사했다. 나는 그가 불쾌해할까 봐 그 기사를 언급하지는 않았다. 하지만 내가 떠나기 전에 트락텐버그가 그 기사의 복사본을 내밀었다.

"나는 우리가 한 일이 부끄럽지 않습니다." 그가 말했다. "대학 등록금을 올린 것은 미끼 상술도 아니었고 교수들이 나쁜 의도를 품었던 것도 아닙니다. 좋은 학위를 받을 수 있는 기회를 주는 척한 것도 아니었습니다. 우리는 잘못된 정보를 전한 적이 전혀 없습니다." 그는 동요하지 않는 듯 보였지만 자신의 업적이 미국 고등교육에 일어난 거대한 변화나 위기와 관련이 있다는 것을 알고 있었다. "나는 완벽한 세상을 좋아합니다. 그러나 나는 완벽한 세상에서 총장이 된 것이 아니라 내가 살고 있는 세상에서 총장으로서의 일을 한 것입니다"라고 그가 말했다.

결국 스티븐 조엘 트락텐버그는 통합형 대학이 생겨난 이래로 100년간 누구도 하지 못한 야심 찬 목표를 성공적으로 이룬 총장이 되었다. 그는 "우리 대부분은 기존의 능력을 뛰어넘어 더욱 고도의 지능과 상상력을 발휘하지 않을 경우에는 우리가 알고 있는 것을, 우리가 본 것을 바탕으로 앞으로 나아갑니다"라고 말했다. 그는 하버드, 예일, 컬럼비아를 신과 같은 관점에서 보았고 대팽창기 동안 학교들이 학생과 연방 보조금을 통해 성장하는 것을 경험했다. 그리고 그는 행정적으로 큰 야망을 가지고 살았다. 그의 행적은 이렇게 좋든 나쁘든 오늘날 미국 고등교육의 모습을 그대로 반영하고 있다.

＊ ＊ ＊

2007년 스티븐 조엘 트락텐버그는 70세가 되었다. 자신의 아버지가 70세에 돌아가신 것을 생각하며 그는 자신이 앞으로 얼마나 더 살 수 있을지 생각했다. 그는 여전히 대학 총장직을 사랑했다. 끝없는 회의와 결정, 논쟁은 그 나름대로 그를 흥분되게 하는 일들이었다. 그러나 한자리에서 보내는 20년은 꽤 긴 세월이다. 재단 이사들이 차기 총장에 대해 논의하기 시작하자 그는 자리에서 물러났다. 그는 트락텐버그 공공정책행정대학원에 있는 자신의 사무실에 머물기도 하고 지속적으로 출장, 집필, 강연, 학교 기금 모금 활동 등을 하고 있다. 그는 여전히 등록금 상승에 대해서는 사과하지 않는다. 내가 몇몇 대학들이 조지워싱턴 대학의 등록금 수준을 넘어섰다고 언급하자 그는 자신이 총장으로 있었다면 그런 일은 일어나지 않았을 것이라고 말했다. 아마 그는 등록금을 그보다 더 인상시켰을 것이다.

그러나 그는 자신이 총장으로 지내던 시절과 같은 환경이 다시는 돌아오지 않으리라는 사실을 깨닫기 시작했다. 어느 날 그의 아들이 링크드인(LinkedIn)에서 일하게 되어 실리콘밸리로 가게 되었다. 그는 자신의 아버지가 그러했듯 아들의 미래에 대해 조언하고 싶어 했다. 그는 아들에게 자신이 끝내 하지 못한 일인 박사학위를 따라고 말했다.

이에 아들은 "하지만 아버지, 제가 일하는 직종에서는 박사학위가 있는 사람들을 우습게 보는걸요"라고 답했다.

이상했다. 그래서 트락텐버그는 전통적인 지위의 상징이 뒤바뀐 것 같은 실리콘밸리를 찾았다. 그리고 그곳에 위치한 현대식 연구 중심 대학의 대표격인 스탠퍼드 대학교에서 새로운 기술이 부상하고 있음을 목격했다. 그 기술은 자신이 완성한 대학의 모델을 산산조각내기에 충분한 것이었다.

트락텐버그는 그때까지 모르고 있었지만 '어디서나 닿을 수 있는 대학'은 서서히 떠오르는 여러 아이디어를 기반으로 최고의 통합형 대학들에서도 이미 시작되고 있었다. 세계적으로 재능이 뛰어난 사람들은 인간 인지의 깊은 신비를 함께 파헤치고 있으며 어떤 이들은 정보기술 혁명을 통해 인간의 노력으로 일궈낸 전 영역을 무너뜨리고 새롭게 건설하고 있다. 마침내 이러한 힘은 통합형 모델을 해체하고 새로운 모델을 만들 정도로 강력해졌다.

인간 사고의 복잡성

4

강의 설계가
중요한 이유

만약 학생들에게 정보를 전달하는 일이 교육의 전부라면 구텐베르크 혁명으로 대학은 500년 전에 이미 사라졌을 것이다. 그리고 에릭 랜더의 강의를 녹화하고 이를 유튜브에 올리는 일이 〈생명의 비밀〉을 교육시키는 데 필요한 전부였을 것이다. 그러나 가르침과 학습은 정보의 전달보다 훨씬 더 복잡하다. 뇌는 지식을 수동적으로 받아들이는 그릇이 아니다. 사람들은 새로운 사실과 아이디어를 머릿속에 이미 존재하는 모든 개념, 기억, 정보와 통합함으로써 지식과 이해력을 적극적으로 쌓아나간다.

이를 위해서는 성실한 노력이 필요하다. 그런 이유로 MIT의 모든 표준 과목에는 여러 문항으로 이루어진 연습문제가 포함되어 있다. 학생들은 이것을 p-세트(problem set)라고 부른다. 사실 강의에서 배운 내용을 복잡한 과제에 응용해보기 전까지는 무언가를 배웠는지 확인할 수가 없다. 그렇기 때문에 추상적인 개념을 구체적으로 문제 해결에 사용하는 능력을 가늠하는 연습문제가 필요하다. 문제를 풀다 보면 학습한 개념과 정보를 더욱 확실하고 깊이 이해할 수 있다. 예를 들어 7.00x 강의를 듣다 보면 컴퓨터 화면에서 p-세트 창이 나타나고, 분자의 구조도가 나온다. 나는 메뉴 버튼을 통해 여러 종류의 원자를 다른 지점으로 옮겨 다양한 결합을 시도해보며 분자를 바꿀 수 있다. 그리고 다음과 같은 문제가 제시된다.

신경전달 물질 도파민은 신경세포에서 다른 신경세포로 신호를 보내기 위해 분비되는 화학 물질이다. 성행위와 도박은 뇌에서 분비되는 도파민 수치를 증가시킨다. 코카인과 메타암페타민은 도파민의 효과를 모방하는 중독성이 높은 마약이다. 뇌의 일부에서 도파민 분비 세포가 감소하면 떨림과 거동장애로 대표되는 상태인 파킨슨병이 발생할 수 있다. 이 창에 있는 도파민 분자는 강한 수소 결합을 만들 수 있다. 도파민 분자가 더 이상 강력한 수소 결합을 만들 수 없도록 분자를 변형시켜보아라.

나는 처음 몇 번은 문제를 풀지 못했다. 그러나 다시 필기 내용을 확인하고 해당 강의 내용을 본 후 결국 분자 결합의 기본 원칙을 완전히 이해했다. 그 다음 강좌는 DNA 분자에서 어떻게 아미노산이 서로 연결되는지와, 어떻게 라이너스 폴링(Linus Pauling)과 크릭 및 왓슨의 경쟁을 통해 이중나선이 발견되었는지, 그리고 어떻게 전사와 번역의 복잡한 원리, 불일치의 감지 및 복구를 이해하게 되었는지에 대해 설명했다. 이 단원의 연습문제는 '통합 게놈 뷰어'라는 또 다른 컴퓨터 프로그램을 이용해 수억 개의 염기쌍으로 배열된 DNA 중 한 염기쌍에서 돌연변이가 일어났을 때 일어나는 일을 보여준다. 이 과정에서 단백질의 형성에 대한 새로운 지시가 내려지는데, 때때로 이것이 조직에 치명적인 결과를 초래할 수 있다. 다른 연습문제에서는 컴퓨터 시뮬레이터를 통해 초파리를 여러 세대에 이를 때까지 번식시킨 후 특정 모양의 날개 수, 특정 색을 가진 눈의 수 등 유전적 특징에 대한 통계 분포를 보여줄 수 있도록 1,000마리의 초파리가 든 '사육 상자'

를 제출해야 한다.

이것은 매우 고된 작업이었다. 이 과정을 들은 MIT 학생 한 명은 나에게 "과학을 배우는 것은 답을 찾기 위해 몇 시간씩 열심히 노력하는 것이다"라고 말했다. 연습문제의 수준은 원래 MIT에 입학할 수 있는 고등학교 성적 상위 9퍼센트를 고려한 것이다. 강의를 들을수록 나는 모든 새로운 개념과 정보를 붙들고 있기 위해 뇌에 새로운 구역이 생긴 듯한 느낌이 들었다. 그 구역에 들어가는 것은 언제나 힘겨웠다. 내가 저녁에 책상에 앉아 새로운 강의를 듣거나 연습문제를 풀 때마다 그곳으로 들어가는 무거운 문을 느릿느릿하게 밀어 열고 있는 것 같았다.

감각 정보를 신경망 및 정신 구조와 소통시키는 복합적인 이 같은 생물학적 과정은 전통적인 대학 설립자들에게는 수수께끼로 남아 있었다. 사람이 사고하고 학습하는 원리도 마찬가지였다. 이에 대한 발견은 20세기에 이루어졌으며 인간의 인지를 이해하는 데 통합형 대학은 상당한 기여를 했다. 그러나 대학은 그러한 발견을 정작 대학의 철학과 가르침에 적용하지 못했다.

하지만 몇몇 대학에서는 학습을 연구하는 과학자들과 컴퓨터 공학자들이 함께 교육 툴들을 만들었다. 그동안 대학의 파산을 초래할 뿐만 아니라 그다지 교육 효과도 없었던 기존의 수업에 비해 이러한 툴들은 훨씬 더 효과적이고 저렴하다. 따라서 나는 그러한 첨단 학습 교육을 실시하는 대학을 찾아갔고, 이렇게 나의 교육적 여정이 시작되었다.

✳ ✳ ✳

피츠버그의 카네기멜론 대학에는 보행자를 위한 아름다운 다리가 있다. 미대 건물과 컴퓨터과학동을 잇고 있는 이 철제 다리에는 펭귄의 실루

엣을 한 구멍들이 뚫려 있다. 이 다리는 암으로 죽음이 임박했음에도 삶의 지혜를 전한 '마지막 강의'로 수백만 명을 감동시켰던 랜디 포시(Randy Pausch) 교수를 추모하기 위해 세워졌다. 그 강의에서 포시는 학생들 중 가장 과감한 시도를 했다가 실패한 팀에게 '첫 번째 펭귄상'을 준다고 말했다. 포식자가 있을 수 있는 바다에 여러 펭귄이 들어갈 수 있으려면 가장 먼저 바다에 뛰어드는 첫 번째 펭귄이 있어야 한다. 포시의 연구 분야는 인간-컴퓨터 상호작용이었다. 이 학문은 인간의 기계들이 점차 강력해지는 가운데 인간의 의미를 기계와 연결 지어 탐구해야 하는 영역이다.

나는 어느 봄날 일요일 아침에 펭귄 다리를 건너 카네기멜론의 부총장 마크 캠릿(Mark Kamlet)을 만나러 갔다. 우리가 카네기멜론의 과거, 현재, 미래에 대해 이야기를 나누는 동안 캠릿은 자랑을 늘어놓을 수밖에 없었다. 미국의 모든 유명 연구 중심 대학 중 카네기멜론은 가장 역사가 짧다. 이 학교는 1967년 카네기 공과대학과 멜론산업연구소가 병합해 탄생했다. 카네기멜론은 연구 중심 대학에 연방 기금을 지원하는 버니바 부시의 원대한 계획을 최대한 활용하여 로봇, 정보시스템, 디자인에서 세계적인 연구 기관이 되었다. 주요 기부자인 빌 게이츠의 이름을 딴 컴퓨터과학동의 지하층에는 제조 마지막 단계에 있는 실제 달착륙선이 있다. 예술에도 상당한 투자를 한 카네기멜론은 미국에서 유명한 연극과를 두고 있기도 하다. 카네기멜론은 매우 인상 깊을 정도로 진실과 아름다움, 그리고 그 둘을 연결하는 요소들에 집중하고 있다.

그러나 이 많은 자랑거리에도 불구하고 캠릿 부총장은 걱정스러운 듯한 안색을 드러냈다. 우리는 행정 건물의 가장 높은 층에 위치해 피츠버그 시내가 멋지게 펼쳐진 그의 사무실에서 이야기를 나누었다. "우리는 날카로운 칼날 위에 서 있습니다"라고 그가 말했다. 20세기 고등교육 팽창의 물결을 탄 수천 개의 대학과 칼리지 가운데 그는 앞으로 살아남을 대학이 그중 15개밖에 되지 않을 것이라 생각했다. 그런 학교가 25개 또는 50개가 될 수도 있지만 어쨌든 그리 많지는 않을 것이며 그는 자신이 바라듯이 카네기대학이 그중 하나가 되리라는 확신이 없었다.

창밖으로 시선을 돌리자 3개의 건물이 우리 시야에 들어왔다. 캠퍼스를 지나자마자 오른쪽에는 붉은 요새와 같은 센트럴 가톨릭 고등학교가 있었다. 더 먼 곳에 있는 건물은 2개의 고딕 첨탑이 눈에 띄는 세인트폴 대성당이었다. 그 뒤 왼쪽으로는 150미터 높이의 탑이 있었다. 탑의 높이와 폭의 비율은 고층빌딩과 비슷했지만 건축 양식은 샤르트르, 랭스, 노트르담 성당의 전통을 계승하고 있었다. 그것은 배움의 전당(Cathedral of Learning)으로 피츠버그의 또 다른 유명 연구 중심 대학인 피츠버그 대학교의 상징이었다.

나는 배움의 전당을 가리키며 캠릿에게 25개에서 50개 정도 되는 생존 학교 가운데 바로 저 대학이 있는지 물었다.

그는 고개를 저었다. 마크 캠릿은 카네기멜론과 같은 대학들이 통합형 모델을 구축하고 따르며 학문적 노력을 기울이는 동시에 파멸의 씨앗을 기르고 있다는 사실을 알고 있었기 때문이다. 연방 보조금에 의존한 연구소의 학자들은 인간 인지의 본질과 정보통신의 이용 가능성, 즉 시대를 정의하는 이 2가지 질문에 대한 답을 찾기 위해 고민하고 있었다. 이제 그러한 발상과 기술은 성숙기의 절정에 이르렀다. 세상은 '어디서나 닿을 수 있는 대학'의 부상으로 교육이 이루어지는 방법과 사람들이 학습하는 방법의 거대한 변화를 맞이할 준비가 되어 있다. 전 세계 사람들은 과거에 접근이 가능하던 교육기관보다 훨씬 우수한 학습 환경을 이용할 수 있게 된다. 정보 기술 혁명 전에 구축된 통합형 대학과 같은 조직 모델의 위상은 매우 위태로워졌다. 미국과 다른 지역의 모든 대학은 지금 알고 있든 모르고 있든, 앞으로 다가올 미래와 경쟁해야 할 상황에 처했으며, 역사가 말해주듯 구식의 대학들은 대부분 위기에 빠져 먼지 속으로 사라질 수도 있다.

캠릿은 카네기멜론과 여러 곳에서 개발하고 있는 새로운 교육 기술들이 고등교육의 경제학을 급격히 바꾸리라 생각했다. 더 폭넓게 보면 대학이 오랜 세월 동안 중심적인 역할을 해왔던 아메리칸 드림에 대한 이야기들도 급격한 변화를 겪을 것이다. 이것이 내가 캠릿과 대화를 나누면서 우선적으로 떠오른 생각이다. 한편 3개의 두드러진 건물들은 피츠버그 교육의 과거만을 상징하진 않았다. 내 아버지는 태어나서 21년을 이 건물들과 함께 보냈다.

* * *

버나드 캐리 주니어(Bernard Carey Jr.)는 1941년 피츠버그에서 태어났다. 그는 제철소에서 일하기 위해 미국으로 이주한 아일랜드 이민자들의 손자였다. 그는 유년시절 내내 오클랜드와 블룸필드가 있는 6제곱킬로미터 영역 밖을 나간 적이 거의 없었다. 다섯 남매 중 둘째였던 버나드와 그의 형 마이클은 수녀들이 철저한 규율로 학생들을 가르치는 지역의 가톨릭 학교를 다녔다. 그의 여동생들은 정보기술에 대한 의구심이 있었다. 매 학기 버나드의 어머니는 학교에 "자녀가 일주일에 영화를 보는 횟수"와 "하루 라디오 청취 또는 텔레비전 시청 시간"을 상황 카드에 적어 보내야 했다. 카드 아래 서명란에는 "자녀의 숙제에 관심을 가지십시오. 숙제에 대해 물어보고 숙제를 대신 해주지 마세요. 아이의 성과에 칭찬을 해주시고 실패를 했을 때 격려를 해주세요. 좋은 부모가 되어주십시오"라는 말이 쓰여 있었다.

버나드와 마이클은 세인트폴 대성당의 복사(服事)였다. 그들은 겨울이면 눈길을 터벅터벅 걸어 일요일마다 새벽 미사에 봉사를 하러 갔다. 미사가 끝난 후 버나드는 형을 따라 길 건너의 거대한 피츠버그 카네기도서관에 가서 새로 나온 책을 빌렸다. 근처의 장엄한 카네기 박물관을 돌아다니기도 했다. 그 경험은 그가 세상에 대한 궁금증을 가지도록 해주었다.

13세가 된 버나드는 그리스도교 형제단에서 운영하는 남학교인 센트럴 가톨릭 고등학교에 진학했다. 그리스도교 형제단은 구원을 받기 위한 여정에서 자신들의 주장을 지키기 위해서라면 주먹을 사용하는 일도 불사하는 단체였다. 남학생들은 학교에서 정장을 입고 넥타이를 맸다. 여학생들과의 교류는 토요일 저녁 댄스 시간에만 이루어졌고 가까운 접촉은 금지되었다. 여학교의 엄격한 수녀들은 "하나님을 위해 너희 안에 공간을 비워두어라"고 말하곤 했다.

실력에 따라 나눠지는 학급에서 버나드는 꾸준히 최고 성적을 받았다. 그러나 고등학교를 졸업하고 대학에 가기 위해 그는 직접 돈을 마련해야 했다. 그래서 당시 사립 연구 중심 대학이며 식민지 시대부터 운영되어온 어머니의 모교 피츠버그 대학에 장학금을 받고 들어갔다. 그에게는 장학금에 더해 직장에서 급여를 받고 대출도 받았기에 경제적으로 안정적인 생활을 할 수 있었다. 피츠버그 대학은 통합형 대학 모델이 마침내 확고히 정착되던 1908년에 피츠버그 동부의 오클랜드 지구로 이주했다.

피츠버그 대학의 열 번째 총장 존 개버트 바우먼(John Gabbert Bowman)은 대학의 확장 열풍을 타고 이 대학을 가장 위대한 대학으로 만들기 위한 계획을 수립했다. 그는 후에 기존 계획을 축소해야 했지만 그가 지은 배움의 전당은 여전히 서반구에서 가장 높은 학교 건물로 남아 있다. 고딕 후기 복고 양식으로 지어진 42층 건물인 배움의 전당은 지역 산업 거물들이 기부한 철근에 회색 인디애나 석회석으로 덮여 있다. 중앙 학생 휴게실을 덮고 있는 15미터 높이의 천장은 고딕 양식의 아치가 무게를 떠받들고 있다. "20세기 가장 위대한 건축적 환상 중 하나"로 꼽히는 이 공간은 영화 「해리 포터」에 등장한 호그와트의 식당과 매우 닮아 있다.

갓 피츠버그 대학에 들어간 버나드는 긴장이 되었다. 그는 한 강의실에서 열린 신입생 오리엔테이션에 참석했다. 수백 명의 학생들은 그곳에서 "왼쪽을 보고 오른쪽을 보세요. 이 3명 중 한 명만이 졸업을 하게 될 겁니다"라는 말을 들었다.

버나드가 전공하고 싶었던 전기공학 대학은 학생들의 예상 이탈률이 더 높았다. 한편 그는 친척 덕분에 주요한 혜택을 누릴 수 있었다. 그의 고모 헬렌이 그가 근처의 멜론과학연구소에서 실험실 직원으로 일할 수 있도록 소개를 시켜주었기 때문이다. 그는 첫 학기에 주 20시간을 일했고 방학 때는 전일제로 일하며 헤인리 브릭 컴퍼니가 후원하는 세라믹 연구팀을 도왔다. 나이가 더 많은 과학자들은 그의 멘토가 되어 이 분야와 실험실 근무에 대한 것을 가르쳐주었다.

버나드는 학교 동호회에 가입했고 수녀 대신 여학생들이 많은 캠퍼스 생활을 즐기는 청년이 되었다. 그는 캠퍼스 카페에서 몇 시간씩 시간을 보내며 인생에 대해 열띤 토론을 벌였다. 그는 토론 중 논리적으로 가톨릭 신앙을 옹호해보려 했지만 그럴 수 없다는 것을 깨달았고 2학년이 되자 더 이상 성당을 다니지 않았다.

1962년은 공학학위를 갖고 미국 대학을 졸업하기에 굉장히 좋은 해였다. 버나드는 졸업 후 여섯 곳으로부터 취업 제안을 받았다. 캘리포니아의 항공기업 리튼 인더스트리도 그중 하나였다. 그는 졸업 후 첫 근무를 시작할 때까지 2주의 여유가 있었다. 고모인 헬렌은 버나드가 아메리칸 투어리스터 여행가방 세트를 살 수 있도록 200달러를 빌려주었다. 그는 앞으로 다가올 미래를 기대하며 서부로 떠났다.

❋ ❋ ❋

나의 아버지는 교육과 기회에 대해 미국인들이 즐겨 하는 이야기에 정확히 맞아 떨어지는 인물이다. 이민자 부모는 공장에서 일하면서 아이들을 교육시켰고, 그 아이들은 대학에 진학한다. 캐리 일가의 다섯 남매는 모두 대학을 졸업했으며 그 이상으로 공부를 한 이도 있었다. 그들은 해군사관, 교사, 엔지니어, 사업가가 되었고 비슷한 신분의 배우자와 결혼을 하여 자녀를 모두 대학에 보냈다.

20세기 미국의 고등교육 제도는 분명 그 어느 때보다도 우리 같은 집안의 신분을 상승시키는 데 효과적인 역할을 했다. 이러한 고등교육의 강점은 우리에게 너무나도 큰 영향을 주었기 때문에 그 제도가 얼마나 특이한지 쉽게 잊곤 한다.

버나드 캐리는 이러한 결과를 얻기 위해 매우 열심히 공부하고 일했다. 게다가 그가 자라난 피츠버그의 특정 지역에는 2개의 좋은 연구 중심 대학, 큰 도서관, 세계적인 수준의 박물관, 공연장, 가톨릭 교구를 중심으로 하는 수준 높은 학교 체계가 조직되어 있었다. 아이들이 도보 외에는 어떤 교통수단도 이용할 수 없었던 시절, 그는 걸어서 세상의 모든 책이 있는 장소에 갈 수 있었다. 게다가 버나드에게는 남녀차별이 극심한 사회 분위기에서도 19세에 대학을 갔고 그에게 책을 읽어주던 어머니가 있었다. 버나드는 백인 중심 사회에 사는 백인이었다. 그는 가난하거나 굶주린 적도, 법적 차별이나 생명의 위협을 당해본 적도 없었다.

피츠버그 대학교의 공대는 찰스 엘리엇의 자유방임주의적인 선택교과제를 따르지 않았다. 오늘날 자유롭게 다양한 과목을 선택해 듣는 경영학과 또는 정치학과 학생들과 달리 버나드는 정해진 과목을 수강했다. 그는 고모의 소개로 멜론과학연구소에서 일하면서 대학생으로서는 극히 드물게 옥스퍼드 전통의 사제 관계를 경험할 수 있었다. 학비는 검소하게 살면서 학기 중이나 여름 방학에 아르바이트를 하고 약간의 대출을 받으면 감당할 수 있는 저렴한 수준이었다. 우연히도 그가 태어난 지 21년 후에 미국 경제는 엔지니어를 간절히 필요로 했다.

하지만 이렇게 운이 좋지만은 않은 다른 사람들에 대해 생각해보자. 오리엔테이션 당시 왼쪽과 오른쪽에 앉아 있던 학생은 어떻게 되었을까? 피츠버그 내의 다른 지역 또는 농촌이나 산간 지역에서 태어났거나, 심지어 다른 주 또는 다른 나라에서 태어난 아이들은 어떠할까? 그들 중 대부분은 대학을 졸업하지 못했다. 대학의 문턱에도 못 간 이들도 많았다.

나의 아버지가 캘리포니아를 향해 떠났을 당시 25세에서 34세 사이의 미국인은 고등학교도 졸업하지 못했다. 학사학위를 딴 이들은 11퍼센트밖에 되지 않았다. 이제 커뮤니티 칼리지 제도를 만들고 막대한 투자를 통해 수백 개의 통합형 대학이 비슷한 형태로 등장했음에도 대부분의 미국인들은 대졸자가 아니다.

아버지가 젊었던 시절 누렸던 교육의 기회는 지금에 비해 거주 환경의 영향을 크게 받았다. 배움의 전당에 가까이 살았던 사람은 교육을 받을 수 있었다. 그렇지 않았다면 완전히 다른 삶이 펼쳐졌을 것이다. 그리고 적절한 시기에 적절한 지역에 살고 있다 할지라도 여전히 자신의 왼쪽 또는 오른쪽에 앉아 있던 학생이 될 위험은 존재했다.

오랜 세월 동안 미국은 이러한 기회의 불평등을 외면하고도 무사히 지내왔다. 미국이 매우 거대하고 부유하며 다른 나라보다 앞서는 나라가 되었기 때문이다. 그러나 통합형 모델이 필연적으로 더욱 비효율적으로 변하고 등록금도 더욱 비싸지면서, 이제 우리는 이에 대한 사회적 비용을 부담하기 어려운 지경에 이르렀다.

그런데 문제는 다른 괜찮은 방법이 없어 보인다는 것이다. 미국의 대학 시스템은 이미 굳어 있으며 대학을 운영하는 사람들은 변화를 꺼려한다. 따라서 사회는 통합형 대학과 함께 사는 법을 배웠다. 그리고 세월이 흐르면서 통합형 대학의 기이하면서도 성가신 여러 특성들을 대학이 가야 할 유일한 길로 받아들이게 되었다.

역사가 깊고 부유한 대학들의 과학자와 연구자들이 인간 두뇌의 신비를 밝히고 이 시대를 정의할 기술을 개발할 때까지 그것만이 유일한 길로 남아 있었다.

* * *

로버트 메이너드 허친스가 시카고 대학을 위해 세운 거대한 계획은 결국 수많은 대학을 천편일률적으로 만들어놓았다. 그러나 그가 총장으로 있을 동안 하이드파크에 위치한 시카고 대학의 캠퍼스에서는 뛰어난 학생들이 배출되었다. 밀튼 프리드먼, 솔 벨로, 「워싱턴포스트」의 발행인 캐서린 그레이엄(Katharine Graham)은 1930년대 시카고 대학에서 공부했다. 허친스 시대에는 특히 2명의 졸업생이 기술과 교육의 융합에 지대한 업적을 남겼다. 그중 한 명은 밀워키 출신으로 카네기멜론의 교수가 된 허버트 사이먼(Herbert Simon)이었다. 또 한 명은 냉전시대를 대표하는 연구 중심 대학인 스탠퍼드 대학의 교수가 된 뛰어난 철학자이자 수학자인 패트릭 주페(Patrick Suppes)였다.

사이먼의 아버지는 독일에서 공학학위를 받은 사이먼이 태어난 밀워키로 이민을 왔다. 그의 집에는 책과 음악이 가득했으며 사이먼은 어려서부터 지역 공립도서관에서 과학 서적 보는 것을 좋아했다. 밀워키는 한 이민자의 아들이 대학에 진학하기 위한 지리적 조건에 부합하는 또 다른 대도시였다. 사이먼은 허친스가 총장이 된 직후인 1932년 시카고 대학에 입학했다. 그는 시카고 대학의 다양한 학과를 통해 수학, 논리학, 대학원 물리학을 배웠으며 공부를 계속해 정치학 박사학위를 취득했다. 사이먼은 인간이 만든 조직들에 매료되었다. 왜 조직들은 그러한 방식으로 움직였을까? 그가 이 질문에 대한 답을 찾기 위해 쓴 『행정행태론 *Administrative Behavior*』은 역사적인 저서가 되었다.

사이먼은 완전한 정보를 가진 사람이 이익을 극대화하는 선택을 할 수 있다는 전통적인 경제원론상의 모형에 반론을 제기했다. 그는 세상은 극도로 복잡하며 사람들은 한정된 시간과 지식에 따라 지속적으로 제한된 선택을 하는 것으로 이해했다. 사이먼은 이것을 '제한된 합리성(bounded rationality)'이라 명명했고 사람들은 '어느 정도 만족할 만한' 선택을 하게 된다는 만족 모형(satisficing model)을 제시했다. 그는 이 연구로 30년 후 노벨경제학상을 받았다.

사이먼은 수학 및 이론적 차원에서 이론을 시험하고 개선하고자 한 철저한 학자였다. 그러나 조직에 대한 실험을 하는 것은 어려운 일이다. 똑같은 2개의 제너럴모터스를 만든 후 하나의 조직에 경영조직의 변경을 가해 어떤 결과가 나오는지 비교해볼 수는 없다. 따라서 그는 동력학과 확률을 기반으로 한 모의실험 방법, 즉 어떤 인간보다 더 빠르게 연산할 수 있는 일종의 기계를 개발했다. 그것이 바로 컴퓨터의 시초다. 1950년대 중반 사이먼은 카네기 기술대학(Carnegie Tech)이 있는 피츠버그에 정착했고 2001년 그가 세상을 떠날 때까지 그곳의 교수로 재직했다. 1955년 겨울 방학에 그와 전산학과의 동료는 복합적인 수학 및 기하학 정리를 증명할 수 있는 컴퓨터 프로그램을 개발했다. 그 다음 달 사이먼은 수업에서 학생들에게 "크리스마스 휴가 중 앨버트 뉴월과 나는 생각하는 기계를 발명했습니다"라고 말했다.

6개월 후 다트머스 칼리지에서 열린 콘퍼런스에서 사이먼과 몇몇 과학자들은 이 새로운 연구 분야에 '인공지능'이라는 이름을 붙였다. 세계에서 가장 명석한 사람들은 인간 두뇌에 대한 연구와 정보기술의 폭발적인 힘이 함께 결합하는 이 영역에서 많은 발전을 이루었다. 클로드 섀넌은 다트머스 콘퍼런스의 참석자 중 한 명이었다. 그는 MIT에서 버니바 부시의 학생이었으며 현대 정보이론의 아버지로 평가된다. 부시는 냉전시대에 맞는 대학의 청사진을 그리는 동시에 기술혁명의 미래를 내다보았다. "우리가 생각할 수 있는 것(As We May Think)"이라는 제목의 「애틀랜틱」 논평에서 그는 다양한 제조업 및 컴퓨터 분야가 발전 궤도에 오르고 있음을 주시했고 구체적으로 알기는 어려워도 이것은 곧 전반적인 변화를 가져올 것이 예상된다고 언급했다. 그는 "세상은 매우 안정적이고 복잡한 기기들이 저렴하게 생산되는 시대를 맞았다. 그리고 그 결과로 어떠한 변화가 발생할 수밖에 없다"라고 주장했다.

사이먼과 마찬가지로 부시는 현대 사회에서는 정보의 접근이 아니라 정보를 조직화하고 이해하는 것이 중요하다는 것을 깨달았다. 부시는 "수백만 개의 훌륭한 생각이 있을 수 있다. 그 생각들은 모두 한 건축물을 이루는 여러 돌벽으로 둘러싸여 있다. 따라서 학자가 성실하게 이것을 찾아 매주 돌벽 하나만을 깬다면, 그의 생각들을 모두 합쳐도 현재의 환경을 따라잡지 못할 가능성이 높다"라고 썼다. 부시는 글에서 구조화되고 상호 연결된 정보 시스템인 '메멕스(Memex)'를 제안했는데, 이것은 하이퍼텍스트,

디지털 미디어, 월드와이드웹을 위한 이론적 기반이 되었다.

그 후 70년 동안 연구자들은 여러 근본적인 질문들에 답하며 완전히 새로운 탐구의 장을 열었다. 신경과학자들은 두뇌의 작용 방식을 연구했고, 인지심리학자들은 사람들이 어떻게 사고하고 학습하는지에 대해 알고자 했다. 신경과학과 정보이론이 평행선을 이루며 발전하자 사이먼과 같이 다방면에 능통한 학자에게 두 영역의 결합은 당연한 수순으로 보였다. 뇌의 신경세포와 축색돌기든 컴퓨터의 집적회로든 연구자들은 복잡하고 방대한 네트워크에서 전기를 통해 전달되는 정보의 구조와 이론을 이해하려고 했다. 그 결과 어떠한 변화가 일어날 수밖에 없다.

그들의 발견은 인간의 학습과 교육에 중대한 영향을 주었다. 뇌는 엄청나게 복잡한 망으로 이루어져 있다. 뇌에는 800억에서 1,000억 개의 신경세포가 있고 각 신경세포는 수십만 개의 다른 세포와 연결될 수 있다. 총 수천억 가지가 상상할 수 없을 정도로 다양한 방법으로 연결될 수 있다. 새로운 생각이나 기억을 할 때마다 뇌의 신경망은 물리적으로 변화한다. 교육은 뇌의 신경세포들을 다시 연결하는 의도적인 과정이다.

사고와 학습에 가장 중요한 부분은 대뇌피질이다. 대뇌피질은 뇌를 덮고 있는 회색질의 주름진 층으로 감각, 기억, 언어, 의식을 관장한다. 대뇌피질의 뒤편은 감각으로부터 정보를 받는다. 기관의 각 부분은 동시에 작용하면서 서로 다른 종류의 정보를 받는다. 예를 들어 눈의 일부에서는 색을 인식하고 다른 일부에서는 선, 모서리, 형태 등을 인식한다. 다양한 소리, 맛, 냄새, 촉감의 경우도 마찬가지다. 사람은 살아 있는 것만으로도 끊임없이 새로운 정보를 받아들이고 있는 것이다.

여기서 허버트 사이먼이 조직을 연구하면서 노벨상을 받았고 버니바 부시의 메멕스가 방대한 연구를 통해 풀고자 했던 문제가 생물학적으로도 제기된다. 정보가 너무 방대하다는 것이다. 뇌는 이 문제를 '패턴'을 통해 해결한다. 예를 들어 "어머니가 백과사전을 사주셨다"라는 문장을 생각해 보자. '백과사전'이라는 단어를 읽을 때 우리는 시간이나 정신적 노력을 거의 들이지 않고 그것이 의미하는 바를 알 수 있다. 우리는 어린아이처럼 각 글자의 모양을 들여다보거나 음성을 떠올린 후 그것을 '백-과-사-전'이라는 단어로 만들지 않는다. 그렇게 할 수 있는 이유는 우리가 문장을 읽기 전에 뇌에서 '백과사전'에 해당하는 축색돌기, 수상돌기, 신경접합부에 의해 연결된 일련의 신경세포가 관여하여 일정한 패턴을 떠올리기 때문이다.

패턴을 인식하는 뇌의 능력은 적응성이 높고 유연하며 견고하다. 문장에서 백과사전이란 단어가 두 번째 'c'가 빠진 'encylopedia'로 표기되어 있어도 우리는 크게 당황하지는 않을 것이다. 이런 실수를 알아채지 못하는 경우도 있을 수 있다. 반면 내가 'iderebagon'이란 단어를 쓸 경우 HBO의 텔레비전 드라마 「왕좌의 게임」의 몇몇 등장인물이 사용하는 언어인 고대 발리리아어의 동사 형태에 익숙하지 않은 사람이라면 이 단어를 접하고 혼란스러워 할 것이다.

패턴은 단어를 읽거나 집 안을 걸어 다니는 일을 넘어 여러 활동에서 사용된다. 어떤 패턴은 물리적 세계와 관련이 있다. 위를 향해 물체를 던지면 중력에 의해 가속도가 감소하다가 마이너스가 된다. 우리는 올라간 것은 반드시 내려온다는 패턴을 알고 있다. 인간관계에도 패턴이 있다. 웃는 얼굴은 보통 다른 사람의 감정 상태가 행복하다는 것을 알려주며 눈물과 찡그린 얼굴은 분노와 절망을 암시한다.

중력과 마찬가지로 어떤 인지적 패턴은 인류 보편적이지만 그렇지 않은 패턴도 많다. 문화와 신념은 세상을 이해하고 해석하는 다양한 방법을 낳는다. 우리가 새로운 정보를 받는 방법, 우리가 그 정보를 이해하고 의미를 파악하는 방법은 우리 뇌에 이미 존재하는 패턴의 기능이다. 단어가 정확히 동일하게 배열되어 있는 문장이라 할지라도 사람마다 신경세포 연결 패턴이 매우 다르게 작동될 수 있다. 이것은 한 문장이 사람에 따라 다른 의미로 받아들여질 수 있음을 뜻한다.

이 모든 것은 교수법과 교육조직의 설계에 엄청난 함의를 갖는다. 이것은 왜 수많은 대학 졸업생들이 대학 4년 동안 배운 것이 거의 없는지를 설명하는 데 도움을 준다. 교육은 일반적으로 생각하는 것보다 훨씬 더 복잡한 일이다. 그리고 표준적인 통합형 대학에서는 신경세포 연결 패턴이 서로 다른 학생들이 동일한 학습 목표를 달성하는 데 어려움을 겪고 있다.

1973년 허버트 사이먼과 윌리엄 체이스(William Chase)라는 카네기멜론 대학의 심리학자는 인간의 기억에 대한 연구 결과를 발표했다. 그들은 체스의 초보자에서 전문가에 이르기까지 체스 실력이 다양한 사람들을 대상으로 실험을 실시했다. 우선 각 참가자에게 체스 말이 무작위 패턴으로 배열된 체스판을 5초간 바라보도록 했다. 그 후 그들에게 어떤 말이 높이 있었는지 기억을 떠올리도록 했다. 참가자 모두는 비슷한 수준으로 기억을 했다. 그들이 정확한 위치를 기억한 말은 4개 정도밖에 되지 않았다.

다음 실험에서는 동일한 참가자들에게 체스의 규칙에 맞게 체스판에 놓인 말들을 보여주었다. 그 결과 체스 초보들의 기억은 무작위로 말들이 놓인 경우와 그다지 다르지 않았다. 반면 고수들은 말들을 훨씬 잘 기억했다. 그들은 같은 시간 동안 체스판을 보고 말을 20개까지 기억할 수 있었다. 그 이유는 무엇일까? 말들의 위치가 수년간의 학습과 연습을 통해 만들어진 신경세포 연결 패턴과 일치했기 때문이다. 고수에게 첫 번째 실험이 'iderēbagon'이었다면 두 번째 실험은 'encyclopedia'였을 것이다.

이를 '패턴'이라는 단어만으로 간단히 설명하기는 충분하지 않다. 이것은 여러 요소를 물리적으로 배치한 것보다 훨씬 더 많은 의미가 있기 때문이다. 심리학과 신경학에서 패턴은 연상과 원칙의 복합적인 조합이다. 1982년 사이먼과 공동으로 연구를 수행했던 윌리엄 체이스는 K. 앤더스 에릭손(Anders Ericsson)이라는 젊은 스웨덴 심리학자와 함께 논문을 발표했다. 그들은 사람들이 무작위로 배열된 단어보다 일관성 있는 문장으로 정리된 단어들을 더 잘 기억한다는 사실을 발견했다. 에릭손은 학자로서의 대부분의 시간을 전문성의 개념을 연구하는 데 집중했다. 그는 체스의 고수와 전문 피아노 연주자와 같은 비범한 사람들이 수천 시간의 연습을 통해 전문 영역의 복잡한 원칙들을 거의 자동적으로 움직이는 신경세포 연결 패턴으로 각인시킨다는 점을 알아냈다. 체스 초보는 큰 그림을 보지 못하고 특정한 말의 이동을 생각하느라 소중한 시간을 낭비하는 한편, 고수는 말들의 이동 가능성, 경기의 흐름, 체스판 중앙의 점령 등 전략적 원칙을 통해 빠르게 위치를 정할 것이다. 미식축구에서 전문적인 쿼터백은 그의 앞에 있는 상대편 선수들의 패턴을 찾는 동시에 달리고 몸싸움을 하며 공을 던진다. 그러나 일반적인 사람은 그러한 모든 과정을 혼란스러워 하며 실패하고 말 것이다.

전문가들은 일반인들과 다른 방식으로 학습한다. 그들은 불필요한 정보를 걸러내고 관련 있는 새로운 데이터의 위치를 찾은 후 이를 고도화된 정보의 구조에 통합한다. 전문가라고 더 많은 정보를 기억하는 것은 아니다. 그러나 그들은 무엇을 기억해야 할지를 안다. 부단한 노력을 통해 쌓은 전문성은 다른 사람들의 이해 수준을 훌쩍 뛰어넘을 수 있도록 한다.

사실상 인간은 의식과 이해의 고통에서 벗어나기 위해 끊임없이 패턴을 찾는다. 인간의 사고에서 이야기와 은유가 상당히 강력한 작용을 하는 것도 이 때문이다. 우리는 언제나 의미를 찾고 친숙하면서도 관련성 있는 패턴을 찾으며 우리 자신과 주변의 세상을 이해하고자 한다.

＊ ＊ ＊

인간 사고의 복잡성과 패턴 및 전문성의 중요성은 교육에 대해 새로운 방식으로 생각할 것을 요구한다. 20세기 중반 구소련의 심리학자 레브 비고츠키(Lev Vygotsky)와 스위스의 심리학자 장 피아제(Jean Piaget)가 개발한 학습과 인지 이론은 부상하는 신경과학 영역을 보완하는 데 기여했다.

비고츠키는 아동이 스스로 배울 수 있는 영역과 교사의 도움이 필요한 영역 간의 거리를 설명하기 위해 '근접 발달 영역(zone of proximal development)'이라는 용어를 정의했다. 잠재적인 학습은 각 개인과 개인의 특정한 신경세포 연결 패턴에서 비롯한다. 비고츠키는 1934년 모스크바에서 37세에 폐렴으로 사망했다. 그의 연구를 계승한 학자들은 '근접 발달 영역'의 개념을 더욱 발전시켜 '스캐폴딩(scaffolding, 비계 쌓기)'이라는 은유적 용어를 사용했다. 이 단어에서 우리는 작업자가 바닥에 3미터의 지지대를 놓고 그 위에 또다시 3미터의 지지대를 올리는 모습을 떠올릴 수 있다. 이 과정을 반복할수록 높이는 더 올라가며 이때 각 단계는 그 이전 단계를 바탕으로 한다. 작업자가 한번에 높은 건물을 지을 수는 없다. 그러나 적합한 도구와 세심하게 쌓은 비계를 이용해서는 높이 도달할 수 있을 것이다.

마찬가지로 피아제는 아동들이 '스키마'를 이용해 정보를 받아들이고 해석한다고 생각했다. 오늘날 신경세포 연결 패턴으로 간주되는 스키마는 나이가 들면서 더욱 복잡하고 강력해진다. 만약 누군가가 특정 활동이 아이에게 '발달적인 관점에서 적절하다'고 말한다면 그는 피아제의 유산을 물려받은 것이다. 피아제는 학생이 적극적으로 주변의 세상과 소통할 때 학습이 이루어지며 스키마를 도전 과제와 경험에 적용함으로써 지식과 의미를 쌓는다고 주장했다.

신경과학은 비고츠키, 피아제 등의 학자들의 지혜를 빌리고 있다. 두뇌는 오감으로부터만 정보를 가져오지 않는다. 두뇌는 추상적 사고, 적극적 학습, 고차원적인 인지의 산물을 통해 그 자체에서도 정보를 가져온다. 측두엽은 새로운 정보를 처리하고 해석하는 뇌의 부분과 연결되어 있기 때문에 끊임없이 신경세포 연결 패턴을 형성하는 무한 루프가 만들어진다.

이것이 바로 MIT 핵심 교과에서 연습문제가 긴요한 역할을 하는 이유다. 유전학과 분자생물학에 입문하는 학생으로서 과학이론에 대한 나의 신경세포 연결 패턴은 효과적으로 새로운 정보를 처리할 수 있을 정도로 발달되어 있지 않다. 나는 머릿속에서 조금씩 그러한 패턴을 만들어야 한다. 연습문제는 내가 새롭게 받아들인 사실과 개념을 올바른 방식으로 연결할 수 있도록 도움을 준다. 매일 밤 무거운 문을 밀어 여는 것 같은 느낌은 육체적이면서도 신경학적인 느낌이다. 나는 낮에는 교육정책을 연구하는 편안한 공간에 있다가 밤이 되면 생물학에 대해 아직은 미미하게 형성되어 있는 신경세포 연결 패턴에 자극을 주어야 했다. 이 패턴이 확장되고 강해지기 위해서는 훨씬 더 많은 노력이 필요했다.

이러한 활동을 촉진하도록 강의와 연습문제를 설계하는 일은 쉽지 않다. 학생들이 끈기 있게 학업을 계속하도록 동기부여를 하는 일도 마찬가지로 어렵다. 그러나 이것이 백과사전과 대학의 차이, 또는 위키피디아와 '어디서나 닿을 수 있는 대학'의 차이다. 자크 바전과 많은 이들이 생각하듯이 통합형 대학은 기이한 형태로 좋은 교사가 되려고 많은 시간을 투자하는 학자들을 벌한다. 그 결과 대학교수와 학생들은 일종의 상호 군비축소 협정을 맺게 되었다. 교수는 학생들에게 열심히 공부할 것을 요구하지 않는 대신 자신들이 중요하게 생각하는 연구에 집중하면서 학생들에게 좋은 학점을 준다. 애럼과 록사의 『표류하는 학문』이 보여주는 암담한 결과도 이런 점을 지적하고 있다. 어려운 환경의 학생들은 도전할 만한 과제를 경험하지 못한다. 적극적으로 학습에 참여할 기회도 더 적게 주어지며 그 결과 더 적은 학습을 하고 졸업을 한다.

현대 사회가 더욱 복잡해지면서 이런 상황이 학생들에게 미치는 부정적인 영향은 훨씬 더 심각해지고 있다. 괜찮은 급여를 받는 직업은 예전보다 근로자에게 더 많은 것을 요구한다. 항상 발달하는 정보기술을 동력으로 하는 기계들을 이용해 복잡한 업무를 처리할 수 있는 전문성과 기술을 지닌 사람이 성공할 수 있다. 그러한 교육을 받지 못한 사람은 냉대받고 있다. 대학 학비가 더욱 비싸지면서 저소득층 출신의 학생들은 점점 더 그런 교육을 받지 못하고 있다. 대학은 기존의 불평등을 답습해 악화시키고 있다.

그러나 법과 관습에 뿌리박힌 강력한 통합형 대학들로는 아무것도 바뀌지 않았다. 현행 대학 모델보다 훨씬 더 적은 돈으로 훨씬 나은 교육을 제공하면서도 학습자 개인의 특성을 반영할 수 있는 획기적인 방안이 나와야 했다. 즉 교육에 적용될 수 있는 어떤 기술이 필요했다.

마침 훌륭한 연구 중심 대학의 똑똑한 사람들도 이 문제에 대해 생각하고 있었다.

알렉산더 왕자처럼
배우기

개인별
맞춤 교육

7.00x가 시작된 지 몇 주, 몇 달이 지나
고 나는 나의 대학 시절을 생각해보았다. 나는 하드드라이브가 장착되지
않은 개인컴퓨터를 들고 캠퍼스에 도착했다. MS-DOS 운영체제는 컴퓨터
를 켤 때마다 5¼ 플로피디스크를 넣어야 메모리에 로딩되었다. 당시에는
소수의 과학자들 외에는 아무도 인터넷을 쓸 수 없었으므로 나의 PC에는
인터넷이 없었다. 나는 학교에서 가장 큰 건물인 도서관에 보관되어 있는
카드목록과 참고도서 구역의 책장에 녹색 하드커버가 붙어 있는 『정기간
행물 안내서』를 이용해 연구를 했다. 도서관 휴관일이면 나는 다른 할 일
을 찾아야 했다.

이제 그 시절로부터 25년이 흘렀다. 나는 세상의 모든 지식을 웹 브라
우저를 통해 찾을 수 있는 현재, 식탁 앞에 앉아 있다. 랜더의 강의는 고속
광대역 인터넷을 통해 고선명 디스플레이로 스트리밍되어 들어왔다. 특정
개념이나 용어를 더 알고 싶은 경우 300달러나 되는 교과서를 구매할 필요
도 없었다. 옛날 같으면 구매했던 교과서를 대학 서점에 반의 반도 안 되는
가격에 팔고, 서점에서는 이를 다른 학생에게 엄청난 이윤을 남기며 재판
매했을 것이다. 7.00x의 교재는 수백 장의 도표, 그래프, 설명이 포함된 무

료 분자생물학 교과서다. 위키피디아도 도움이 되었다. 3-D 모델, 초파리 시뮬레이터, 수백만 개의 DNA와 RNA 염기쌍을 움직여볼 수 있는 통합 게놈 뷰어는 몇 백 달러면 누구나 살 수 있는 노트북 컴퓨터로 쉽게 조작할 수 있다.

나는 또한 도움이 필요할 때 수천 명의 다른 학생들에게 질문을 할 수 있었다. MIT 학습관리 시스템에는 학생들이 특정 문제 또는 개념에서 막힌 부분이 있을 때 질문을 올리고 서로 도움을 줄 수 있는 포럼과 게시판이 있다. 수업 시작과 거의 동시에 7.00x 페이스북 그룹에는 100여 개 국가의 학생들이 모여든다. 나는 화면을 내리며 학생들의 명단을 확인했다. 로테르담, 리스본, 브라질리아, 테헤란, 베를린과 같은 익숙한 도시에서 접속한 사람들이 보였다. 하지만 수단 옴두르만 이슬람 대학, 타이페이의 신주앙, 인도의 티루치라팔리와 첸나이와 같이 생전 처음 들어보는 지역에 거주하는 학생들도 수십 명에 이르렀다. 정보기술이 얼마나 빠르게 멀리 확산되었는지, 전 세계적으로 얼마나 많은 사람들이 배우는 일에 열중해 있는지, 그저 놀라울 따름이었다.

MIT의 조교들은 공식 에드엑스 포럼을 중재하고 때때로 질문에 대한 답변을 올린다. 그러나 전 세계에서 접속하는 수천 명의 학생들을 하루 종일 살펴보며, 한 과목을 캠퍼스에서 수강하는 100여 명을 관리하듯이 개인적으로 답변하기는 불가능하다. 그런 만큼 나는 문제를 해결할 때까지 더 많은 노력을 기울여야 할 때가 있었다. 분자생물학에 친숙해지는 과정에서 앞으로 나아가지 못하고 특정 지점에 묶여 있을 때는 정말 답답했다. 특히 화학 부분이 매우 힘들었다. 나는 과정을 시작한 지 한참 지나 MIT 신입생용 〈생물학 입문 – 생명의 비밀〉의 수강 사전 요건을 찾아보았는데 내용은 다음과 같았다.

생물학에 필요한 화학 기초

7.01x은 어느 정도의 화학 지식을 요구한다. 생물학 입문을 수강하려면 고등학교 화학을 우수한 성적으로 이수했거나(예: AP 화학 5점) 사전에 MIT 핵심 화학 과정(5.111, 5.112 또는 3.091)을 이수해야 한다.

내가 마지막으로 화학을 공부한 것은 고등학교 2학년 때인 1986년이었다. 나는 B마이너스를 받았고 그 이후로 다시 화학을 공부한 적이 없다. 당연한 일이겠지만 7.00x는 전형적인 MIT 학부생을 위해 설계된 과정이다. 나는 18세의 천재 입학생이 공부했을 시간보다 더 많은 시간을 들여 복습을 하고 연습문제를 풀어봄으로써 내가 부족했던 MIT 입학생의 일반적인 과학 수준을 따라잡을 수 있었다. 그러나 부족한 화학 실력은 내가 넘기에는 꽤 어려운 장애물이었다. 7.00x 강의는 흠잡을 데 없었고 연습문제는 많은 자극을 주었으며 온라인 포럼은 이용이 편리했다. 그러나 이 교육용 소프트웨어는 나의 강점과 약점을 진단하도록 설계되어 있지 않았고 나에게 맞는 맞춤 교육을 제공하지 못했다. 이는 학생들에게 고유한 경험을 제공하고 학생이 필요한 방식에 따라 신경세포 연결 패턴을 만들어주지 못하는 대중 고등교육의 기본적인 딜레마를 극복하지 못했다.

이 문제가 해결된다면 '어디서나 닿을 수 있는 대학'은 큰 발전을 이루게 될 것이다. '어디서나 닿을 수 있는 대학'이 기존의 통합형 대학과 마찬가지로 학비가 비싸고 학생들의 학습에 무관심할지라도 이것은 적어도 1대 1로 관심을 줄 수 있다는 잠재성이 있다. 새로운 학습조직이 전통적인 대학의 틀에서 벗어나는 동시에 이들과의 경쟁에서 이기려면 기술을 이용해 기존 학교들이 제공하는 것보다 훨씬 나은 무언가를 제공해야 한다.

그러한 획기적인 한 획을 그으려는 노력은 내가 생각한 것보다도 훨씬 전인, 컴퓨터 시대의 도래 이전에 시작되었다.

* * *

패트릭 주페는 1922년 오클라호마 털사에서 석유사업을 하는 가문에서 태어났다. 그의 양어머니는 독실한 크리스천사이언스 교도였는데, 주페는 어린 시절부터 일요학교에서 질병의 원인에 대한 박테리아 이론이 논의될 때 실증주의의 편에 섰다. 대공황이 발생했을 때 중서부의 흙먼지 지대에서 학창시절을 보냈던 그는 대도시가 주는 교육의 혜택을 누리지 못했다.

그러나 패트릭 주페는 운이 좋았다. 1930년 전향적인 교육 개혁가들이 워싱턴 D.C.에서 미국 고등학교의 개혁을 요구했다. 그들은 고등학교 교과 과정이 너무 경직되어 있고 편협하며 대학에 입학하기 위한 학점을 기계적으로 쌓는 데 집중되어 있다고 생각했다. 그들의 주장은 고등학교 학생들은 유연하고 효과적이어야 하며 사실과 수치가 아닌 과학, 수학, 언어 등의 학문 분야에 대한 기본 원리를 배워야 한다는 것이었다.

개혁가들은 전국의 수만 개 고등학교 중 30개 학교를 선정하여 후에 '8개년 연구'로 알려진 실험을 통해 자신들의 이론을 검증하고자 했다. 연구 대상의 상당수는 뉴욕의 호레이스맨과 시카고 대학과 같은 명문 사립고등학교였다. 그러나 털사 고등학교와 같은 평범한 고등학교도 일부 연구에 포함되었다.

시범 프로그램에 참여할 학생들을 선정하기 위해 털사 교육구는 그해 6학년인 학생에 대해 표준화 능력시험을 실시했다. 패트릭 주페는 그 시험에서 매우 높은 점수를 받아 그의 고등학교에 개설된 특별 프로그램에 참여하게 되었다. 교사들은 8개년 연구를 실시하는 학자들이 설계한 교과 과정을 그를 포함한 참가 학생들에게 가르쳤다. 그는 후에 그 학급에서 가장 치열한 경쟁을 경험했다고 말했다.

특별 교과 과정을 마친 주페는 오클라호마 대학에 입학했다. 그에게 대학 수업은 학문적으로 자극이 되지 않았다. 1년 후 그는 시카고 대학에 편입해 허친스가 진행하는 고전 강의를 통해 아리스토텔레스에 빠져들었다.

그때까지 세계는 한창 전쟁을 치르고 있었다. 주페는 1942년 육군예비군에 입대했다. 그는 낮에는 시카고 대학에서 물리학을 공부했고 저녁과 주말에는 전쟁을 준비하기 위한 훈련을 받았다. 그는 기상학 전공으로 학사학위를 받았다. 육군에서 남태평양으로 배치되어 니미츠(Chester Nimitz)와 맥아더가 거대한 전함을 이끌고 일본을 향해 전진할 때 기상을 확인하는 임무를 수행했다. 솔로몬제도에 주둔하며 외롭고 고요한 생활과 잘 맞았던 주페는 미 육해군 동료들과 포커를 치고 아리스토텔레스의 저서를 읽었으며 통신대학 과정으로 불어와 수학을 공부했다. 전쟁이 끝난 후 그는 거의 1년간 오클라호마의 유전에서 일한 후 컬럼비아 대학의 철학 석사 과정에 진학했고 그곳에서 박사학위까지 취득했다. 1950년 그는 스탠퍼드 대학에서 강의를 시작했다. 그는 그곳에서 거의 50년간 가르쳤고 지금도 캠퍼스에 살고 있다.

통합형 대학의 연구 중심 접근법에 대해 일반적으로 지적되는 문제점은 학자들이 전문화된 분야에만 파고들어 다양한 사고방식을 모르고 산다는 것이다. 그러나 어떤 학자들에게는 20세기 미국의 연구 중심 대학이야말로 지식을 탐구할 수 있는 환상의 세계였다. 주페는 다양한 분야의 학자들과 긴밀하게 협력하며 양자역학, 과학철학, 측정이론, 확률, 결정이론, 분배 정의, 인과의 원칙, 심리언어학, 인지심리학, 언어철학에 대한 저술활동을 펼쳤다.

스탠퍼드에 온 지 얼마 되지 않아 주페와 그의 아내에게 딸이 생겼다.

딸은 1956년 유치원에 들어갔고 주페는 아동이 수학을 배우는 방식에 깊은 관심을 보였다. 어린아이가 있는 다른 교수들도 이에 대한 흥미를 보였지만 주페는 곧 대부분이 직접 연구하며 답을 찾을 정도로 열정적이지는 않다는 것을 깨달았다. 그가 쓴 글에 따르면 "그들은 교육에 대한 기존 연구에 대해 알고자 하는 열망이 없었다." 주페는 학습에 관한 학문에 몰두했고 그 깊이에 감탄했다. 그는 자신의 경험이 "초등학교 수학과 같이 비교적 쉬운 과목조차도 학습과 성과에 대한 심리학적 이론을 적용해 이해하기에는 너무나도 복잡했다"고 고백했다. 학습을 연구하는 것은 인간의 정신을 연구하는 것이었고, 인간의 정신은 학제 간 연구의 권위 있는 학자에게도 어려운 주제였다.

지성인들의 도시에 위치한 스탠퍼드는 상업과 정보기술의 교차 지점에 있는 이점을 누리기도 했다. 주페는 컴퓨터가 어떻게 교육을 개선하는 데 도움을 줄 수 있을지 궁금해했다. 1963년 그는 비영리기관인 뉴욕 카네기 재단의 연구지원금을 받아 초등학생들이 컴퓨터로 수학 수업을 들을 수 있는 교육용 컴퓨터 실습실을 스탠퍼드 내에 만들었다. 3년 후 그는 『사이언티픽아메리칸 *Scientific American*』지에 「컴퓨터의 교육적 활용 The Uses of Computers in Education」이라는 제목의 역사적인 논문을 발표했다.

주페는 과감한 전망으로 논문을 시작했다. 그는 "앞으로 수백만 명의 학생들은 마케도니아 필리포스 2세의 아들 알렉산더 왕자의 특권을 손에 넣게 될 것이다. 그 특권이란 아리스토텔레스와 같이 지식과 답을 전해주는 개인 교사를 이용할 수 있다는 것이다." 고대 그리스인들은 후에 인지심리학과 신경과학이 입증하게 되듯 학습이 각 개인의 고유한 신경세포 연결 패턴의 형성과 함께 이루어지기 때문에 누구나 개인화된 방식으로 교육을 받아야 한다는 것을 잘 알고 있었다. 이것이 바로 고대 그리스인들과 옥스퍼드 및 케임브리지가 개인지도 방식을 사용한 이유다. 보편교육의 시대에 해결해야 할 과제는 모든 학생들에게 아리스토텔레스와 같은 개인 교사를 고용하지 않고도 가르침의 유연성을 높이는 것이다.

그 방법을 찾기 위해 주페는 교육용 컴퓨터 실습실에서 연구를 수행했다. "컴퓨터 프로그램이 각 학생의 학습의 성공과 실패에 대한 기록과 더불어 그동안의 성취도에 따라 새로운 문제와 배우게 될 개념을 선별하도록 한다면 컴퓨터는 더욱 쉽게 학습을 개인화할 수 있다." 주페는 의도적인 연습이 교육에 중요한 부분을 차지한다는 점을 알고 있었다. 이러한 통찰은 후에 에릭손의 전문성 이론의 핵심이 되었다. 학습은 신경세포의 연결이 자동적으로 이루어질 수 있는 수준으로 강화되어 새로운 정보를 이해하고 더 학습하고자 하는 인지적 능력을 확장하는 의도적인 과정이자 노력이다. 그렇다면 문제는 학생 개인에게 적합한 과제를 주고 그가 기존의 위치에서 원하는 위치로 이동할 수 있도록 어떻게 돕는가 하는 것이다.

스탠퍼드 대학의 컴퓨터에는 수학과 언어 프로그램이 있었는데, 프로그램에는 단계를 거듭할수록 난이도가 높아지는 문제들이 들어 있다. 문제를 쉽게 푸는 학생들은 빠르게 다음 단계로 올라가고 그렇지 않은 학생들은 유사한 난이도의 문제를 더 많이 풀도록 한다. 주페는 초등학교 내 같은 학년에서도 학습 능력의 차이가 크다는 사실을 발견했다. 다른 학생에 비해 교과 과정을 학습하는 속도가 다섯 배에서 열 배까지 차이가 나는 학생들도 있었다.

1960년대 초반의 기술을 바탕으로 그는 새로운 학습 도구를 구상했다. 당시 컴퓨터는 타자기의 형태로 사용되었다. 즉 타자기를 컴퓨터에 연결해 종이에 찍히는 문자와 숫자를 보는 방식이었다. 하지만 주페는 곧 흥미로운 신기술이 등장할 것이라고 예견했다. 그는 "TV 화면을 닮은 브라운관의 표면에 직접 컴퓨터의 메시지가 나타날 것이다"라고 말했다. 하지만 그러한 기술이 그의 관심을 크게 끈 것은 아니었다. 사람들은 종이에 찍힌 글을 읽는 것으로도 만족했기 때문이다. 오늘날 우리가 사용하는 휴대전화는 1960년대 초 스탠퍼드 대학 캠퍼스에 있던 컴퓨터를 모두 합친 것보다 더 나은 컴퓨팅능력을 보유하고 있다. 하지만 그런 점도 주페에게는 문제가 되지 않았다. "현재의 정보저장 장치는 교과 과정에 사용되는 방대한 자료와 교과 과정을 공부하는 많은 학생들의 과거 기록을 저장하기에 충분하다. 초등학교 수학, 중학교 불어, 대학 수준의 초급 통계 등 어떤 과목의 정보든 현재 기술로 충분히 저장할 수 있다." 그가 이렇게 말한 것은 1966년이었다.

그가 가장 우선적으로 해결하고자 한 과제는 '기술이 아니라 교수법'이었다. 과학과 철학의 가장 깊은 영역까지 탐구하던 학자 주페는 일생 동안 복잡하게 얽혀 있는 인간의 학습에 경이로움을 느꼈다. "교과 과정의 순서는 우리가 과대평가하기 어려울 정도로 방대한 문제다. 초등학교 수학에서 가르칠 개념과 주제를 배열하다 보면 10^{100}이상의 조합이 나온다. 이 세상에 존재하는 소립자의 종류를 넉넉 잡아 생각해도 이 숫자보다는 작다."

그는 또한 정보기술이 복잡한 학습의 의미를 찾는 데 도움이 되리라는 것을 알았다. 심리학에는 자극에서 반응까지 걸리는 시간을 가리키는 '반응잠재기(response latency)'라는 개념이 있다. 수천 시간의 의도적인 연습을 거친 특정 활동은 신경세포의 연결이 너무나도 강력하여 반응잠재기가 0에 가깝다. 예를 들어 우리는 '백과사전'이라는 단어를 보는 동시에 그 의미를 안다. 학생들이 질문에 답을 할 때 컴퓨터는 1/1000초 단위로 반응잠재기를 측정할 수 있다. 컴퓨터는 학생이 자동적으로 답변을 하는지, 또는 상당한 정신적 노력을 들여 답변을 도출하는지의 여부를 파악할 수 있다.

인간과 컴퓨터의 상호작용의 다양한 면모는 컴퓨터를 통해 기록되고 저장될 수 있다. 게다가 수십, 수백 또는 수천 명 학생의 기록까지도 완벽하고 정확하게 관리될 수 있다. 컴퓨터가 저장할 수 있는 정보량은 세계에서 가장 똑똑한 사람이 완전히 소화할 수 있는 정보량을 훨씬 뛰어넘는다. 초등학교에서든 대학에서든 대부분의 교사 또는 교수는 그 방대한 데이터를 교수법 개선을 위해 활용하는 데 대한 훈련이나 경험이 거의 없다. 교육이 디지털 세상으로 이동하고 더 많은 정보가 생성되면서 이러한 취약점은 더욱 심각한 여파를 남길 것이다. 주페는 "컴퓨터가 교육에 대해 생성하고 있는 정보는 컴퓨터가 현재 처리할 수 있는 핵물리학에 대한 수백만 건의 기록에 비견될 정도로 그 양과 복잡성이 증가할 것이다"라고 예측했다.

사람마다 학습하고 발전하며 정보를 이해하는 방식이 다른 상황에서 어떻게 수백만 명의 사람들을 체계적으로 가르칠 수 있을까? 교육정책의 이러한 딜레마를 해결하려면 학습에 대해 완전히 이해하고 파악할 수 있어야 한다. "인지 방식이 서로 다른 아이들에게 다양한 교과 과정을 제공하는 방법도 생각해볼 수 있겠지만 비용을 고려했을 때 다양성을 충분히 보장할 수 없다." 그러나 컴퓨터를 활용한다면 "교과 과정에 사용하는 교재를 매우 다양하게 제공할 수 있을 것이다. 그러나 동시에 어느 정도의 다양성을 실현해야 하는지 결정하는 실질적인 문제에 먼저 직면하게 된다."

* * *

주페 이전에도 사람들이 정보기술을 이용해 교육을 개선시키고자 한 시도는 있었다. 뉴타운에 있던 한 대학이 존 하버드의 이름을 따서 새로운 이름을 갖게 된 1639년, 매사추세츠의 지도자들은 보스턴에 위치한 리처드 페어뱅크스의 여관을 영국 식민지와 주고받는 서신을 처리하는 공식 장소로 지정했다. 당시 고도의 정보망이었던 북미의 우편체계는 1692년 영국에 의해 도입되었다. 1728년까지 「보스턴 가제트」의 독자들은 "속기를 배우고 싶은 사람은 매주 우편으로 진행되는 수업을 통해 보스턴에 거주하는 사람들과 동일한 내용을 배울 수 있습니다"라는 광고를 볼 수 있었다. 150년 후 토지허여법에 의해 설립된 대학들은 유용한 지식을 대중에게 확산한다는 사명하에 우편통신 교육을 실시했다. 우편통신 교육은 지구상에서 가장 먼 곳까지 닿아 아리스토텔레스 철학뿐만 아니라 불어와 수학을 배우고 싶어 하는 젊은 기상학자도 솔로몬제도의 외딴 기지에서 교육을 받을 수 있도록 했다.

그러나 교육의 미래를 기대하는 이들이 진정 반긴 것은 '전자' 기술이었다. 1920년대에 라디오가 널리 보급되자 많은 대학들은 주변 지역 주민들에게 방송할 강의에 투자를 했다. 그러나 후에 라디오 역사학자 더글러스 크레이그(Douglas B. Craig)가 썼듯 "방송 비용이 증가하고 청취자는 감소했으며 교수들은 음성만으로 멋진 강의를 할 수 없다는 것이 드러나자 라디오 교육은 곧 침체기를 맞이했다. 이에 더해 라디오교육에 불리한 주파수 또는 방송 시간이 할당되면서 많은 교육 방송국들이 쇠락하고 사라지게 되었다." 다른 학교들에 비해 시카고 대학의 프로그램은 성공적이었다. 시카고 대학이 제작한 교수들의 라운드테이블 토의는 1955년까지 전국으로 방송되었다. 그러나 라디오는 고등교육을 변혁시키지 못했다.

그 다음으로 부상한 기술은 텔레비전이었다. 소리에 영상을 더하면 양질의 교육을 대중에게 보급할 수 있다는 기대가 높아갔다. 1922년 토머스 에디슨은 다음과 같이 말했다. "나는 영상이 우리 교육제도를 개혁할 것이고 몇 년 후에는 전부는 아닐지라도 학교에서 사용하는 교과서의 상당 부분을 대체할 것이라 믿는다. 책은 어설픈 교육 수단일 뿐이다. …… 내가 보는 미래의 교육은 영상을 매개로 한 시각화된 교육일 것이며 우리는 100퍼센트 효율을 이룰 수 있을 것이다." 1938년 수백 명의 학생들은 정장과 넥타이를 하고 뉴욕 대학의 클라크(C.C.Clark) 교수가 맨해튼의 RCA 빌딩에서 광전기를 설명하는 모습을 지켜보았다. 그 장면을 지켜보던 사람들 중에는 예일 대학교 전 총장인 제임스 에인절(James Rowland Angell)도 있었다. 그는 후에 NBC에서 교육 프로그램을 총괄하고 홍보하는 일을 담당하기도 했다. 에인절은 "텔레비전이 교육에 활용될 잠재성은 말 그대로 무궁무진하다"라고 말했다.

텔레비전 교육은 20세기 말까지 원격교육의 중요한 부분을 차지했다. 공중파에서 시작해 후에 케이블로 확장된 텔레비전 방송국들은 정기적으로 대학 강의를 녹화했다. 그러한 강의는 끊임없이 광고 방송을 하는 채널과 지역 영화 「웨인즈 월드 *Wayne's World*」의 장면처럼 소규모 방송국 채널 사이에 자리를 잡고 방영되었다. 1990년대 말 한창 인터넷 붐이 일어나고 있을 때 나는 인디애나 농촌 지역의 커뮤니티센터를 방문한 적이 있다. 그곳에서는 인디애나 대학과 퍼듀 대학의 강의를 방영하는 강의실이 마련되어 있었다.

이러한 변화들 중 그 어떤 것도 통합형 대학에 근본적인 변화를 주지는 못했다. 대부분의 사람들은 여전히 학위를 취득하기 위해 대학을 찾았다. 거의 모든 사람들은 기술이 20세기 안에 고등교육을 변화시킬 것이라는 예측은 빗나갈 것이라 확신했다. 왜 그랬을까?

답은 기술이 정확히 무엇을 바꾼다는 건지 사람들이 혼란스러워 했다는 것이다.

우편, 라디오, 텔레비전 등의 매체를 통해 이루어지는 교육을 일반적으로 '원격 교육(distance education)'이라 부른다. 이러한 교육은 공간의 제약을 받으며 원격으로 이루어지지 않는 전통적인 교육 방식과의 차별화를 추구했다.

그러나 실상은 그렇지 않았다. 모든 교육은 기본적으로 원격 교육이다. 교육이 실시되는 고정된 환경은 학습자 본인이 아니라 타인이 설계한 것이다. 즉 학습 과정은 학습자 자신이 아니라 타인이 이끌고 있다. 그 과정이 어떻든 간에 교육은 학습자의 뇌로부터 떨어진 곳에서 이루어지고 그 중간에 감각의 중재가 일어난다. 마크 홉킨스의 은유를 빌자면 학습자는 통나무 끝에 앉아 있을 수도, 교실의 앞 또는 텔레비전 스크린에 위치해 있을 수도 있다. 시간의 격차가 있을 수도 있다. 예를 들어 책상에 앉아 필기를 하지만 그 필기를 읽는 시점은 수개월 또는 수년 후가 될 수도 있다. 그러나 어떤 경우든 학습자는 상징들을 사용하여 저 멀리서 자신의 신경세포 연결 패턴과 교사의 신경세포 연결 패턴을 불완전하게나마 연결하고자 노력한다.

20세기 중반까지 개발된 기술들은 주로 정보가 한 곳에서 다른 곳으로 전송되는 속도와 비용효과성을 개선하는 데 유용했다. 대부분의 사람들이 편지를 주고받으면서 통신 교육이 생겨났다. 라디오는 음성을 즉시 전송할 수 있게 해주었다. 텔레비전은 음성에 영상을 더해 정보를 흡수하고 통합하는 데 더 많은 감각을 동원할 수 있도록 해주었다.

그러나 대학의 강의 장면과 음성을 방송함으로써 더 많은 사람들이 강의를 보고 들을 수 있게 되었지만 강의 자체가 바뀐 것은 없었다. 여전히 사람들은 기존의 강의를 가능한 한 바꾸지 않고 강의실의 경험을 그대로 옮기려고 했다. 강의 시청은 수동적이고 표준화된 경험이다. 학습자가 강의실 안에 있든 밖에 있든, 커뮤니티센터이든, 거실이나 컴퓨터 앞에 앉아 있든, 그것은 여전히 원격 교육 형태다.

교육의 본질을 진정 바꿀 수 있는 마지막 정보기술은 글이다. 독서는 얼마나 언변이 뛰어난지와 상관없이 말을 하고 듣는 것과는 다른 방식으로 저자의 생각에 구체적으로 접근할 수 있도록 한다. 소크라테스가 오래전 『파이드로스』에서 말한 것처럼 글에도 나름의 한계가 있다. 그러나 글에는 깊이, 너비, 체계성이 있다. 사람들은 자신이 원하는 시간과 장소에서 글을 읽고 또 읽을 수 있다. 신경세포 연결 패턴이 사람마다 다르다는 점에서 이는 중요한 특성이다. 음성을 라디오로 방송하는 것은 많은 측면에서 책보다 더 나은 것이 없으며 어떤 측면에서는 훨씬 효과가 떨어진다.

새로운 기술이 등장하고 기대와 실망의 주기를 거치면서 많은 사람들은 글의 장점에 대해 생각하기 시작했다.

미국 육군은 전 세계에서 가장 큰 교수 및 학습 조직을 보유하고 있는 조직 중 하나다. 전쟁에서 싸우려면 전문적이고 숙련된 기술이 필요하다. 이러한 기술을 효과적으로 가르치는 것은 생사의 문제다. 군사 조직들은 변화하는 기술에 특히 민감하기도 하다. 훌륭한 군대가 새로운 무기에 대응할 전술과 전략을 수립하지 못해 역사상 패배한 일화는 수두룩하다. 헨리 5세의 잉글랜드군은 아쟁쿠르 전투에서 영국 장궁(English Longbow)을 이용해 병력이 네 배나 큰 프랑스 기사들을 무찌를 수 있었다. 그러나 그로부터 600년 후 영국군은 솜 강에서 기관총 공격으로 거의 10만 명의 군인을 잃었다. 더욱 치명적인 무기의 등장에 적응하고 진화하지 못한 군대는 패배할 수밖에 없다.

1947년 미 육군은 교육기술에 관한 실험을 실시했다. 먼저 그들은 무기에 사용되는 정밀 부품의 크기를 측정하는 기구인 측미계의 작동법을 문서로 작성했다. 그리고 임의로 지목된 군인들에게 3개 수업 중 하나를 골라 듣도록 했다. 첫 번째 수업에서 군인들은 교실에 앉아 강사가 읽어주는 작동법을 들은 후 실제 측미계와 도표를 이용한 실습에 참여했다. 두 번째 수업의 참가자들은 첫 번째 수업과 같은 도표와 함께 작동법 문서를 읽었다. 세 번째 수업에서는 강사가 작동법을 읽고 측미계 사용법을 보여주는 동영상을 상영했다. 수업 후 세 그룹은 측미계 사용법에 대한 시험을 보았다. 세 그룹은 정확히 같은 점수를 기록했다.

인쇄술과 영상기술은 육군이 합리적인 비용으로 더 많은 사람들에게 측미계 사용법 교육을 제공하는 데 중요한 역할을 했다. 문서를 인쇄해 솔로몬제도까지 보내는 것도 기술의 발달로 가능했다. 군인이 가득 모인 방에서 영상을 반복해 상영할 수도 있게 되었다. 같은 교육을 더 많은 사람들에게 더 적은 비용으로 실시할 수 있었다. 그러나 기술은 교육 설계의 근본적인 성격에 변화를 가져오지는 않았다. 사용법을 설명한 문서, 도표, 차트는 동일한 교육 설계 내에서 선택되었다. 실험에서는 동일한 원격 교육을 매체만 달리해 실시했을 뿐이었다.

그 이후로도 수십 년 동안 다양한 과목과 기술을 대상으로 실험을 해보았지만 동일한 결과가 수백 번 반복되었다. 한 웹사이트(www.nosignificant-difference.org)에서는 그동안 어떤 연구가 실시되었는지를 볼 수 있다. 미국 교육부는 수십 번의 온라인 학습 연구를 수행했고 항상 비슷한 결과를 확인했다. 그러한 연구에서는 "평균적으로 온라인 학습을 받은 학생은 면대면 수업을 받은 학생에 비해 약간 더 나은 성취도를 보였다."

교육에서의 핵심은 매체가 아니다. 중요한 것은 설계다. 교육 과정을 만드는 방식, 학생들이 학습을 하는 데 필요한 활동에 참여하도록 하는 방식이 중요한 영향을 미친다. 직접 강의를 듣는 것과 녹화된 영상을 보는 것의 차이는『안나 카레리나』를 서로 다른 2가지 서체로 보는 차이와 같다. 명조체와 고딕체에 대한 개인의 기호는 다를 수 있겠지만 어떤 서체를 사용하든 행복한 가정은 모두 비슷한 삶을 산다는 소설의 도입부는 변함이 없고 안나 카레리나는 기차 선로로 뛰어든다.

패트릭 주페의 실험이 원격 교육과는 전혀 관련이 없었다고 말할 수 있는 것도 이 때문이다. 그의 학생들이 있는 곳은 스탠퍼드 대학 캠퍼스와 주변 학교였다. 그들은 교사들보다 타자기 형태의 컴퓨터를 더 가까이 두고 공부했다. 차이를 만드는 것은 교육 설계 그 자체였다.

우리가 컴퓨터와 앞선 다른 정보기술 간의 근본적인 차이에 주시한다면 교육 설계의 차이를 만들 수 있을 것이다. 글, 인쇄물, 영상은 정보를 보관하는 방식이다. 우편, 라디오, 텔레비전은 정보를 이동시키는 방식이다. 컴퓨터는 정보의 보관과 이동에 있어 기하급수적인 발전을 이루었다. 앞으로도 보관할 수 있는 디지털 데이터의 양은 무한대에 가까워지고, 방대한 데이터가 빛의 속도로 전 세계로 이동할 수 있을 정도로 발전할 것이다.

그러나 컴퓨터가 앞선 기술과 다른 가장 핵심적인 특징은 정보를 처리하고 분석하며 답을 제시한다는 것이다. 전자 메모리, 여러 종류의 정보와의 관계, 다양한 기계적 자극으로 변화하는 연결, 컴퓨터의 내부 작업에 의해 0과 1의 작용을 지배하는 규칙과 알고리듬에는 연결의 패턴들이 내재되어 있다. 주페의 실험에서 수학을 학습하는 초등학생의 신경세포 연결 패턴은 스탠퍼드 컴퓨터의 전자 패턴과 얽히게 되었다. 그리고 지금까지 발명된 다른 정보기술과 달리, 양쪽 모두의 패턴은 경험에 의해 변화되었다.

이것이 허버트 사이먼이 예측한 "생각하는 기계"의 기능이다. 이러한 이유로 패트릭 주페는 마케도니아의 알렉산더 대왕이 어려서 받던 교육을 떠올렸다. 주페는 초등학생의 학습에서 효과가 있었던 동일한 원리를 세계 최고의 명문대에서 철학을 공부하는 학생들에게 망설임 없이 적용했다.

＊ ＊ ＊

주페가 흥미를 가졌던 철학은 형식적이고 수학적인 영역이었으므로 주페는 자연스럽게 스탠퍼드 대학에서 〈논리학 입문〉을 강의하기로 결정했다. 1972년 그는 자신의 강의를 완전히 자동화, 전산화했다. 그는 첫날 교실에 나타나 진행자 역할을 했을 뿐 그 이후로는 강의를 전혀 하지 않았다. 학생들은 교육 실습실에서 컴퓨터가 묻는 질문에 따라 논리적 증명을 하고 이를 전자식 평가를 위해 제출하면서 스스로 학습했다. 도움이 필요할 때는 조교들이 질문에 답을 해주었다. 2년 후 주페는 그의 〈공리적 집합론〉 과목도 컴퓨터 과정으로 만들었다.

그는 곧 학과에서, 그리고 학교 전체에서 담당 학생과 과정 수를 기준으로 할 때 가장 수업량이 많은 교수가 되었다. 그가 이례적인 생산성을 기록할 수 있었던 것은 자신의 머릿속에서 고도로 발달된 철학의 신경세포 연결 패턴을 컴퓨터를 지배하는 규칙과 프로그램으로 옮겨두었기 때문이다. 한편 카네기멜론은 꾸준히 컴퓨터과학과 인간 인지의 경계를 확장하고 있었다. 카네기멜론은 허버트 사이먼과 함께 1972년 스탠퍼드 대학에서 박사 과정을 마친 존 R. 앤더슨(John R. Anderson)을 교수로 채용했다. 1955년 다트머스에서 열린 인공지능에 대한 콘퍼런스에서 참석자들은 "학습의 모든 측면과 지능의 여러 특성은 기계가 흉내 낼 수 있도록 정확히 기술하는 것이 원칙적으로 가능할 것"이라고 추측했다. 앤더슨은 인간 인지를 규칙, 패턴, 구성요소로 분해해 컴퓨터가 이를 시뮬레이션 할 수 있도록 하는 모형을 개발해 이 예측을 현실로 만드는 데 전념해왔다. 그는 이 모형을 '사고의 적응적 제어 – 합리적(Adaptive Control of Thought – Rational)' 또는 ACT-R이라 불렀다.

ACT-R은 지식을 청크(chunk)라는 기본 단위로 나누고 이를 서술지식

(declarative knowledge)과 절차지식(procedural knowledge)으로 구분한다. 서술지식은 '하늘은 파랗다'와 같은 사실을 말한다. 절차지식은 무언가를 하는 방법과 작동 원리에 대한 지식이다. 'Ctrl-Alt-Delete를 눌러 컴퓨터를 재부팅한다'라든지 '25와 25를 더한 값을 구하려면 먼저 5와 5를 더해 10을 만들고 1을 가져온 후 2와 2를 더한다'가 절차지식이다.

ACT-R 모델에서 학습자가 추구하는 목표는 새로운 정보를 받아 다양한 방식으로 정보를 해석하는 하위목표로 분해될 수 있다. 때로는 '오늘 비가 왔다'와 같은 새로운 서술지식은 메모리에 쉽게 추가된다. 그러나 더 복잡한 지식의 경우 뇌가 해결하고자 하는 문제와 유사한 절차지식을 먼저 찾아야 한다. 예를 들어 뇌가 26과 26을 더하는 방법을 알고 싶을 경우 먼저 25와 25를 더하는 절차를 찾아 동일한 규칙을 따른다. 두 문제가 모두 '덧셈'과 '수학'과 같은 개념과 연관된 유사한 신경세포 연결 패턴을 만들고 있기 때문이다. 이것은 '전이(transfer)'라는 매우 거대하고 중요한 학습 개념의 협의적 예시일 뿐이다.

전이는 유추를 통한 가르침의 기본이다. 이것은 인간의 사고가 은유에 의해 더욱 강력해질 수 있는 이유를 설명한다. 삶은 여정이며 표지만 보고 책을 판단하지 말라고 우리는 말한다. 전이를 강화하는 것은 좋은 교육 프로그램의 목표다. 구체적인 사실, 즉 서술지식에 대해 우리가 학교에서 배우는 것은 비교적 매우 적다. 그러나 학교가 제대로 교육을 제공하고 있다면 우리는 새로운 환경에 전이되는 폭넓은 패턴과 원리를 배워 새로운 정보를 이해하는 데 도움을 얻을 수 있다.

임상연구에서 ACT-R 이론은 인간 학습에서 연습과 노력의 중요한 역할에 대한 연구 등 인지심리학자들의 연구를 검증하는 데 기여하고 있다. 우리는 학습을 신이 영감을 전해주듯 번개처럼 통찰력이 생겨나는 것으로 생각하고 싶어 하지만 이러한 태도는 우리가 인간의 인지에 대해 얼마나 불완전한 지식을 가지고 있는가를 반영할 뿐이다. 사실 인간의 학습은 로그곡선의 형태를 따르는 경향이 있다. 즉 초반의 연습은 미미한 결과를 낳지만 점차 학습은 가속화되며 수십 배, 수백 배 더 큰 결과를 가져온다. 이것이 의미하는 바는 학습 과정의 목표를 성공적으로 달성하는 사람에게는 중간에 그만둔 사람보다 훨씬 더 많은 지식과 기술을 갖게 된다는 것이다. 학습은 최종 몇 년간 가장 크게 돈이 늘어나는 복리이자 투자와도 같다.

인공지능에 대한 이론은 다양하다. 기호의 계산을 중심으로 한 ACT-R은 그중 하나일 뿐이다. 인공지능 분야의 초기 이론가들이 내놓았던 기대에 찬 예측들은 실현되지 못했다. 인간의 뇌는 어느 누구의 상상보다도 더 복잡한 것으로 밝혀졌기 때문이다. 그러나 인공지능 연구의 장기적인 전망은 분명하다. 모든 이론들은 계속 나아질 것이며 이를 바탕으로 계산 모형도 개선될 것이다.

이 모든 것은 정보기술이 어떻게 고등교육의 변혁을 가져오며 '어디서나 닿을 수 있는 대학'에 힘을 실어줄 수 있을지에 대한 퍼즐의 마지막 조각을 찾아준다. 우리는 이미 대학들이 엄청난 비용을 부과하는 정보를 0에 가까운 한계 비용으로 복제하고 전송할 수 있게 되었다. 더 이상 책을 도서관에 보관할 필요도 없다. 고화질로 녹화된 강의를 언제든 컴퓨터로 볼 수 있다. 교재의 선정과 과제, 자료 등 과정의 기본 설계도 쉽게 복제할 수 있다. 내가 7.00x를 들으며 푼 연습문제는 컴퓨터 없이 할 수 있는 어떤 과제보다 더 훌륭하다. 고등학생일 때 그랬듯 몇 주를 들여 번잡하게 초파리를 번식시키는 대신 나는 가상세계에서 몇 초 만에 여러 세대의 초파리를 번식시킬 수 있다. 수십억 개의 염기쌍을 배열해볼 수 있는 통합 게놈 뷰어는 펜을 들고 연습문제를 풀거나 조교와 대화를 나누는 것으로 대체할 수 없는 경험이다.

최종 요소는 개인화와 맞춤형 교육이다. 인공지능의 발전 덕분에 교육 설계가 학습자에 따라 변하는 디지털 학습 환경을 구현할 수 있게 되었다. 나는 화학지식이 심각하게 부족한 상태로 7.00x 과정을 시작했다. 미래의 교육 환경이 구현되면 컴퓨터는 나의 취약점을 파악하고 내가 보는 강의와 풀어야 할 문제를 나에게 맞게 조정하거나 나를 토론그룹에 넣어 다른 학생들로부터 부족한 부분을 배우도록 할 수 있을 것이다. 또한 내가 핵심 개념을 몰라서 연습문제의 특정 지점에서 어려움을 겪을 경우 컴퓨터는 그점을 알아차릴 수 있다. 내가 틀렸다는 것을 알려주는 데만 그치지 않고 컴퓨터는 자동차 내비게이션처럼 잘못된 길로 들어설 경우 학습 경로를 수정하여 다시 목적지로 가는 새로운 길을 알려준다.

카네기멜론의 학습 과학자들은 ACT-R 모형을 이용해 이러한 꿈을 현실로 만들고 있다. 그들은 인공지능을 사용해 학습을 돕는 '인지 개인 교사' 프로그램을 개발하고 있다. 특정 과목의 인지 모델에 따라 '개인 교사' 프로그램이 개발된다. 예를 들어 기초유전학 수업이라면 그레고어 멘델이 여러 종의 완두콩을 서로 교배하여 특정 형질이 유전자를 통해 유전된다는 사실을 어떻게 발견했는지를 배워야 할 것이다. 어떤 쪽 유전자를 물려받느냐는 앞면 또는 뒷면이 나올 확률이 똑같이 50퍼센트인 동전 2개를 던져 나온 결과를 따른다. 동전 하나는 각각 아버지와 어머니의 유전자를 가리킨다. 푸른 눈과 금발과 같은 일부 형질은 열성유전자이므로 두 동전이 동시에 같은 면을 가리켜야 표현형으로 나타난다. 이것은 가족이 대대로 특정형질을 물려주지만 어떤 세대에서는 나타나던 형질이 어떤 세대에서는 나타나지 않고 숨어 있는 이유를 설명해준다.

그러나 이것은 기초이론일 뿐이다. 인간 유전자의 상호작용과 유전은 매끄러운 콩과 주름 잡힌 콩을 이용한 멘델의 멋진 실험보다 구체적인 측면에서 훨씬 더 복잡하다. 인간 게놈 프로젝트와 염기서열 분석에서 획기적인 발전이 있었지만 우리가 엑스레이로 골절을 파악하듯 쉽게 한 사람의 유전자 구성을 낱낱이 분석하는 일은 여전히 불가능하다. 인간 게놈의 염기쌍 서열을 정확히 안다고 해서 그 글자들이 의미하는 바를 자동적으로 알게 되는 것은 아니다.

유전학 학습에는 특정한 유형의 근거를 찾고 유전학의 근본 요소들이 어떻게 작용하는지 파악하는 과정이 포함되어 있다. 한 가문에서 다섯 세대를 구성하는 40명 중 어떤 희귀병이 3명에게 발생했고 그들이 모두 남성이라면 그것은 무엇을 의미하는가? 그 병은 우성인가, 열성인가? 이것은 치료를 받을지, 아이를 낳아야 할지 고민하는 사람들에게는 생사를 가르는 질문들이다.

이러한 문제를 해결하려면 사실, 과정, 개념의 응용, ACT-R 용어로 다시 말하면, 서술지식과 절차지식의 응용이 필요하다. 카네기멜론 학습 공학자들이 유전학을 위한 '인지 개인 교사' 프로그램을 개발한다면 그들은 이 모든 사항을 구조화하고 이를 이용해 인공지능 모형을 개발해야 한다. 그들은 컴퓨터가 학생들에게 주어진 동일한 정보와 이론을 바탕으로 유전학 문제를 풀 수 있도록 프로그램을 만들어야 하며, 인간의 뇌가 그 정보와 이론을 처리하는 과정을 그대로 프로그램에 구현해야 한다. 학생이 컴퓨터 앞에 앉아 유전학 문제를 풀기 시작하면 인공지능 모형은 그 학생과 함께 같은 문제를 푼다. 이러한 방법으로 컴퓨터는 학생에게 막히는 부분이 있을 때 어떤 조언을 할지를 파악한다. 컴퓨터는 자체적으로 같은 것을 생각하고 있었으므로 학생이 무슨 생각을 하고 있는지 알 것이다.

다시 말해 컴퓨터는 훌륭한 인간 개인 교사가 하는 역할을 그대로 수행한다. 학생 개인의 학습을 면밀히 살펴보고 이에 따라 학생을 가르치는 것이다.

이것은 패트릭 주페가 1960년대 초반 초등 수학 교육에 적용하던 원리보다 훨씬 더 복잡한 응용이다. 당시 컴퓨터가 한 일은 문제를 맞힌 학생에게는 더 어려운 문제를 주고 틀린 학생에게는 더 쉬운 문제를 주는 것이었다. 여러 과목에서 개발되어온 카네기멜론의 '인지 개인 교사' 프로그램은 계속 상호작용을 하는 지식과 이론의 복합적인 인공지능 기반 모델을 사용한다. 여기에는 '무거운 물체는 가벼운 물체보다 더 빠르게 낙하한다'와 같이 학생들이 흔히 잘못 생각하고 있는 이론들도 프로그래밍되어 있다. 이로써 컴퓨터는 잘못된 가정에서 나온 인간의 실수를 인식할 수 있다. 이렇게 강력하게 짜인 신경세포 연결 패턴은 세상에 대한 올바른 이해를 기반으로 조심스럽게 해체되고 재건될 필요가 있다.

인지과학자들이 인간 인지를 설명하는 모형을 발전시키는 동안 다른 연구자들은 인간들이 기계와 상호작용 하는 방식을 바꾸고 있었다. 허버트 사이먼과 그가 과거 크리스마스 때 함께 연구를 했던 앨버트 뉴월은 1967년 카네기멜론에 컴퓨터학과를 개설했다. 컴퓨터의 내부 설계를 연구하던 그곳의 연구원들은 컴퓨터가 그들의 주인인 호모 사피엔스를 위해 어떻게 설계되고 상호작용 해야 하는지에 대해 관심을 가졌다. 오늘날 카네기멜론의 인간-컴퓨터 상호작용 연구소의 과학자들과 대학원생들은 텍스트를 입력하고 읽는 기능을 훨씬 뛰어넘는 도구와 설계 원리를 개발하고 있다.

우리는 이제 컴퓨터를 이용해 디지털 사진과 그래픽을 보고 소리와 지시사항을 들으며 글을 읽고 제스처와 터치로 명령을 한다. 사람들이 글만 읽는 것보다 글, 도표와 소리를 함께 보고 들을 때 더 많이 배울 수 있다는 연구들이 있다. 인간-컴퓨터 상호작용 전문가들은 다양한 인간의 감각을 통해 정보를 수용하고 통합할 수 있도록 신경학적으로 컴퓨터를 설계하는 것이 가장 좋다는 사실을 알게 되었다. 컴퓨터가 사람 간의 소통을 도우며 사람들이 점차 디지털 형식으로 저장하고 있는 자신에 대한 정보와 어떤 관계를 맺는지를 주로 연구하는 이들도 있다.

이 모든 연구들은 컴퓨터를 학습에 이용할 수 있는 잠재성을 확대하고 있다. 그러나 지난 수십 년간의 발전과 함께 학생들이 다양한 기술 지원 환경에서 학습 성과를 거둘 수 있었다는 증거에도 불구하고 통합형 대학의 근본적인 성격은 변하지 않았다.

1990년대까지는 기술 자체의 한계가 그 원인이었다. 컴퓨터는 2차 세계대전 이후로 수십 년간 많은 새로운 일들을 가능하게 해주었다. 그러나 통합형 대학이 희소자원이며 비싼 곳이라는 경제적 논리는 바뀌지 않았다.

텔레비전과 라디오는 방송이 도달할 수 있는 모든 곳으로 대학 강의실을 확장했다. 그러나 그러한 교육에는 개인화와 상호 소통성이 없었다. UHF 채널이나 인디애나 시골의 커뮤니티센터에서 텔레비전 화면으로 대학 강의를 보는 학생들은 손을 들어 질문을 할 수 없었다. 그들은 또한 특정 장소, 특정 시간에 교육을 받기 위해 자신의 일정을 맞춰야 했다.

우편통신 과정은 시간의 유연성을 부여하고 강사에게 학점과 평가를 받을 수 있는 기회를 열어주었다. 그러나 이 방법은 시차의 문제가 있었다. 우편으로 보고서를 보내고 다시 평가를 받으려면 여러 주가 소요되었다. 따라서 학생의 학습에 대한 강사의 이해와 학생의 현재 학습 수준에는 언제나 격차가 존재했다. 원격 수업은 없는 것보다는 나았지만 대학 강의실에서 직접 듣는 수업의 효과를 따라잡을 수는 없었다.

상호작용이 가능한 인터랙티브한 인공지능 기반 학습 환경이 스탠퍼드, 카네기멜론 등에서 개발되고 있긴 하지만 이것도 여전히 특정 장소의 제약을 받았다. 패트릭 주페의 고급 수학 수업을 듣는 학생들은 몇 킬로미터 떨어진 스탠퍼드 컴퓨터와 통신선으로 연결된 단말기를 통해 공부를 했다. 스탠퍼드 캠퍼스에서 철학을 듣던 학생들도 마찬가지였다. 대부분의 경우 방송교육에서는 정보가 공중파를 통해 한 방향으로만 이동했다. 동축 케이블망이 확산되어도 상황은 변하지 않았다. 원격 교육에서 실시간으로 정보를 주고받는 유일한 방법은 구리선 전화망을 이용하여 목소리로 의사소통하는 것이었다. 이것은 컴퓨터가 잘 하지 못했던 부분이다. 전자 음성 인식에 많은 진보가 이루어졌음에도 사람처럼 빠르고 쉽게 듣고 말하는 컴퓨터를 발명한 사람은 아무도 없었다.

1990년대 중반부터 인터넷이 일반 대중에게 보급되자 많은 장벽이 무너지기 시작했다. 성능이 매우 좋은 컴퓨터와 국방 및 연구 부문에 종사하는 소수에게만 국한되던 인터넷은 갑자기 전 세계의 수백만 명, 곧 수십 억 명이 사용하는 기술이 되었다.

언제나 그랬듯이 이러한 변화는 흥분과 탐욕, 다양한 예측이 난무하게 했고, 법률, 문화, 조직의 진화와 완전한 조화를 이루지 못했다. 많은 학자들은 이것이 우리가 알고 있는 고등교육의 진정한 변화를 가져올 것이라고 주장했다. 저명한 경영학자 피터 드러커(Peter Drucker)는 1997년 "지금으로부터 30년 후 대규모 대학 캠퍼스는 유물이 될 것이다. 대학들은 생존하지 못할 것이다. 이는 처음으로 책이 인쇄되었을 때만큼이나 큰 변화다"라고 예측했다. 1999년 시스코시스템즈의 CEO는 「뉴욕타임스」와의 인터뷰에서 "인터넷이 적용되어 가장 획기적인 변화가 일어날 영역은 교육이다. 인터넷을 통한 교육은 광범위하게 확산되어 이메일이 차지하는 비중은 매우 미미해질 것이다"라고 말했다.

당시 시스코는 세계에서 가장 주목받는 기업으로 부상하고 있었다. 언론은 닷컴 붐을 집중적으로 다루었으며 하루아침에 벼락부자가 된 이야기들은 대중을 흥분시켰다. 1998년 컬럼비아 대학은 대학 과정을 월드와이드웹을 통해 판매한다는 '패덤(Fathom)'이라는 야심찬 계획에 착수했다. 2000년에 생겨난 패덤닷컴(Fathom.com)은 곧 수십억 달러 규모가 되리라 예상되는 고등교육 시장을 컬럼비아가 선점하려는 시도였다. 당시 컬럼비아는 미국의 어떤 연구 중심 대학보다 더 많은 특허 로열티 수익을 올리고 있었다. 컬럼비아의 행정가들은 패덤닷컴을 특허와 마찬가지로 컬럼비아의 강력한 브랜드와 지식 재산을 수익화할 수 있는 기회로 보았다.

이와는 다른 접근법으로 MIT는 2001년 MIT 오픈코스웨어(Open-CourseWare)라는 비영리 웹사이트를 열었다. 이 대학은 이곳에 수백 개의 MIT 과정의 계획서, 참고도서 목록, 동영상 강의, 과제 등의 자료를 누구나 이용할 수 있도록 공개했다. 이 소식은 「타임스」의 1면을 장식했고 어떤 이들은 이를 구텐베르크의 인쇄술과 알렉산드리아 도서관에 비유했다. IBM의 CEO는 이것으로 고등교육 체계 전체가 "벌벌 떨" 것이라고 말했다.

다른 대학들은 재학생들에게 제공되는 교육을 개선하는 데 기술을 이용했다. 과학과 공학의 명문으로 알려진 토지허여법 대학인 버지니아 공과대학은 처음으로 모든 학생들에게 인터넷 연결이 가능한 PC와 노트북을 배포한 대학 중 하나였다. 1997년 심각한 자금 부족을 겪고 있던 수학과는 수백 명의 1학년 공대학생들이 수강할 미적분과 선형대수와 같은 입문 과정들을 대규모로 운영해야 하는 상황이었다. 수학과에서는 캠퍼스 내에서 수업을 진행하는 것이 많은 비용이 드는 반면, 캠퍼스 밖에는 저렴하게 이용할 수 있는 공간이 많다는 사실을 생각했다. 그래서 수학과는 캠퍼스에서 몇 블록 떨어진 언덕에 위치한 쇼핑몰 내의 약 6,000제곱미터의 빈 공간을 임대하여 그곳을 수백 대의 아이맥(iMac) 컴퓨터로 채웠다.

버지니아 공과대학 수학 엠포리엄(Virginia Tech Math Emporium)은 1년 365일 24시간 개방되어 7개 과목으로 구성된 대학 정규 과정을 제공했다. 여기에는 전통적인 의미의 강의나 교수가 없었다. 오전 10시부터 오후 10시까지는 조교들이 아이맥을 통해 동영상과 텍스트를 보거나 연습문제를 푸는 학생들에게 개인 지도를 해주었다. 수학과가 수학 시험 점수를 분석한 결과 엠포리엄에서 수업을 들은 학생들은 캠퍼스 내에서 수업을 들은 학생들과 동등한 성적을 기록했으며 비용이 75퍼센트 절감되었다. 수십 개의 대학이 버지니아 공대의 선례를 따라 엠포리엄과 같은 컴퓨터 학습실을 만들었다.

카네기멜론에서는 사이먼, 뉴월, 앤더슨 같은 사람들의 구상이 오픈러닝이니셔티브(OLI)로 실현되었다. 학습에 대한 연구와 이론은 전 세계의 컴퓨터들과 연결된 더욱 강력한 컴퓨터와 만나 발전을 이루었다. OLI는 단지 강의를 방송하거나 교재를 공개하는 것이 아니라 학생 개인의 고유한 행동과 신경세포 연결 패턴에 반응하는 디지털 학습 환경을 구축했다. 먼저 경제학, 통계학, 인과추론, 논리학의 네 과목이 OLI에 개설되었다. 논리학 과목을 개발하기 위해 카네기멜론은 학교 내의 한 저명한 논리학 교수의 도움을 받았다. 그는 1970년대 초 스탠퍼드에서 패트릭 주페의 온라인 강의를 처음으로 들은 이래로 컴퓨터와 교육에 대한 연구를 꾸준히 해온 윌프리드 시그(Wilfried Sieg)였다.

* * *

윌프리드 시그의 연구실의 높은 창을 통해 카네기멜론의 중앙 잔디가 정면으로 보였다. 오래된 벽돌 건물과 현대적인 과학연구센터 건물들 사이를 배낭을 멘 학생들이 오가고 있었다. 책장에 보기 좋게 정리되어 있는 도서 양과 낡은 정도를 보았을 때 저명한 연구자로서 보낸 오랜 시간 동안 그는 그 책을 모두 읽었을 것 같았다. 시그의 책상 뒤에는 그가 영웅으로 생각하는 19세기에서 20세기에 활동한 독일 수학자 다비트 힐베르트(David Hilbert)의 큰 흑백 사진이 액자에 걸려 있었다. 그의 연구실은 명문 연구중심 대학이 낳은 천재가 한 가지 목표에 전념하며 일생 동안 얼마나 많은 지적 업적을 남길 수 있는지 보여주는 일종의 기념비와 같았다.

논리학의 중요한 측면은 증명을 도출하는 것이다. 우리는 논리에 대해 읽고 누군가가 논리를 설명하는 것을 들을 수 있지만 적극적으로 논리적 원칙을 철학에 적용해보지 않으면 논리를 배울 수 없다. 이러한 적극적 학습은 신경세포 연결 패턴을 강화시켜 우리가 철학과 지적 추구의 다른 영역에 논리적 원칙을 적용해볼 수 있도록 한다.

대부분의 대학 논리학 수업에서는 학생들이 증명을 구성하고 이를 성적 평가용으로 제출한다. 보고서는 교수들이 학생들의 사고 과정을 보고 개인적인 조언을 해줄 수 있다는 장점이 있지만 단점은 어느 정도 시간이 걸린다는 것이다. 학생들은 교수의 평가를 확인할 때까지 며칠 또는 몇 주 동안 자신의 잘못에 대해 알지 못하고 더 발전하지 못할 수도 있다. 증명은 여러 단계를 밟아 이루어진다. 따라서 학생이 초기 단계에서 사소한 실수를 한다면 그 이후의 전체 과정이 잘못될 수 있다. 증명을 보고 성적을 매기는 것은 철학 교수들(또는 많은 경우 조교들)에게 힘들고 단조로운 일이기도 하다.

이 문제를 해결하기 위해 시그는 '자동정리증명기(automated theorem prover)'라는 공상과학 소설에나 나올 법한 명칭의 컴퓨터 프로그램을 개발했다. 이 프로그램은 전적으로 인공지능을 이용해 정리를 증명한다. 학생이 컴퓨터에 증명을 해나갈 때 자동정리증명기는 사이버공간에서 학생과 함께 그의 사고를 따라가며 며칠, 몇 주가 아니라 즉시 피드백을 줄 준비를 한다. 이 프로그램은 교수가 학생을 위해 쓴 답안을 그대로 복사하는 대신 컴퓨터만이 줄 수 있는 더 나은 무언가를 줄 수 있다. 그것은 바로 학생 개인의 사고 과정을 보고 그의 논리를 완벽하게 평가하고, 그 결과를 밤이든 낮이든 즉시 제공한다는 것이다.

시그는 자동정리증명기를 이용하여 컴퓨터를 이용할 수 있는 학생이라면 세계 어디서든지 무료로 OLI 웹사이트에서 들을 수 있는 온라인 논리학 과정을 설계했다. 이것은 그가 카네기멜론에서 학생들을 가르치는 방식에도 변화를 주었다. 시그는 학교에서 주로 컴퓨터 전공생을 위한 〈논리적 논증〉이라는 고급 강좌를 가르친다. 그는 한 학기와 그에 상당하는 학비가 드는 〈논리학 입문〉을 〈논리적 논증〉의 사전 이수 과목으로 지정하는 대신 학생들에게 4주가 걸리는 OLI 논리학 강의를 듣도록 한다. 이 학생들은 빠르게 학습을 할 수 있는 지성과 역량이 있다. 자동정리증명기가 없었다면 모든 증명을 신속하게 평가할 방법이 없었을 것이다.

〈논리학 입문〉은 카네기멜론의 다양한 학부생들이 듣는 과정이다. 시그는 〈논리학 입문〉을 여러 해 가르쳐왔고 학생들의 성취도에는 일정한 패턴이 있음을 발견했다. 언제나 상위권과 하위권의 격차가 분명하게 나타났다. 과학 및 수학 전공생들은 높은 학점을 받고 인문학 전공생들은 학점이 낮았던 것이다. 그러나 자동정리증명기를 이용해 과정을 새롭게 설계한 후에는 인문 전공생과 과학 전공생 간의 격차가 사라졌다. 그 이유를 찾기 위해 시그는 학생들의 학습에 대해 컴퓨터가 수집한 데이터를 검토했다. 예전에는 그가 이러한 학습진단 정보를 구할 방법이 없었을 것이다. 그는 인문학 학생들은 과학 전공에 비해 증명과 문제를 푸는 데 훨씬 오랜 시간이 걸리며 어떤 경우에는 그 차이가 열 배나 난다는 것을 알았다. 그러나 그들은 결국 자신이 알아야 할 것을 배우고 과정을 마쳤다.

대학 수업은 통합형 대학의 관료적 이해를 충족하기 위해 시간이 가면서 획일화되는 문제가 있었다. 모든 과목은 총 15주로 이루어진 한 학기 동안 매주 3시간의 강의로 이루어졌다. 학생들은 학습 양식이 서로 다름에도 불구하고 같은 시간 동안 동일한 교육을 경험했다. 자동정리증명기를 도입한 시그는 강의 시간을 학생들의 요구사항을 충족시키는 데 더 할애할 수 있었고 컴퓨터를 이용해 전혀 추가적인 비용을 들이지 않고도 학생에게 열배나 더 많은 관심을 기울일 수 있었다.

OLI 과정 소프트웨어에는 시그가 학생들의 진도 현황을 실시간으로 확인할 수 있는 대시보드도 포함되어 있었다. 이것은 교육이 기술 및 경제적 이유로 일대일 지도 모델에서 멀어지는 방향으로 진화하면서 교수들이 접할 수 없었던 정보였다. 교수들은 시험을 실시하거나 보고서를 받아야 학생들의 학습 상황을 알 수 있었기 때문에 수업을 따라오지 못하는 학생들을 바로 파악하고 도와줄 수 없었다. OLI 대시보드는 개별 학생들이 과정을 처음 시작할 때 어땠는지부터, 시간이 흐르면서 어떤 변화가 생겼는지를 보여주었다. 이것은 마치 그들의 머릿속을 보여주는 창문을 열어주는 수단 같았다.

윌프리드 시그는 평생의 연구 결과와 정보기술을 접목해 더 나은 논리학 및 증명 과정을 만들었다. 이는 대단한 업적이었다. 카네기멜론이 이 과정 개설에 지불한 초기 비용은 수십만 달러였으며 그도 개인적으로 수백 시간을 투자해야 했다. 그러나 과정 설계를 완료한 후에는 큰 업데이트 작업이 필요하지 않았다. 논리학은 아리스토텔레스 시절부터 이어지던 학문이며 2의 제곱근이 무리수라는 것은 변하지 않는 명제다. 한 학생에게 온라인 강좌를 제공할 때 카네기멜론 측에서 들이는 비용은 전기와 정보저장에 드는 얼마 안 되는 비용을 제외하면 0에 가깝다. 뿐만 아니라 OLI는 비영리 기관이다. 따라서 학생들에게는 무료로 온라인 강좌를 제공하고 이를 사용하고자 하는 대학에는 사용료를 청구했다.

시그는 다른 대학들이 대대적으로 그의 과정을 도입할 것이라고 예상했다. 자동정리증명기는 논리학 교육의 큰 진보였고 대학의 학생들은 이 과정을 거의 비용을 들이지 않고 이용할 수 있었기 때문이다. 대학의 비용과 학생들의 부채가 증가하는 시기에 저렴하면서도 질 높은 강의는 고등교육이 정확히 필요로 하던 것이었다. 그는 '어디서나 닿을 수 있는 대학'을 염두에 두고 더 나은 유인책이 될 새로운 논리학 입문을 만들었고 전 세계가 그를 찾아오길 기다렸다.

그러나 그의 예상은 빗나갔다.

시그의 〈논리학 입문〉이 세상에 소개된 지 10년이 흘렀고 지금까지 라스베이거스 네바다 대학, 인디애나퍼듀 대학 인디애나폴리스 캠퍼스, 과테말라시티의 공립대학 등 몇몇 대학의 수천 명의 학생들이 온라인으로 이 과목을 수강했다. 이것은 피츠버그의 강의실에서 시그의 강의를 직접 들은 학생들을 모두 합친 것보다 훨씬 더 많은 숫자였다. 그러나 전 세계에서 논리학과 증명을 공부하는 학생들을 생각했을 때 이는 기대에 못 미치는 성과였다. 대부분의 고등교육은 이러한 온라인 과정이 존재하지 않은 것처럼 변함없이 진행되었다.

고등교육계에 다른 정보기술들이 등장해도 마찬가지였다.

카네기멜론의 다른 교수들도 훌륭한 OLI 과정을 새롭게 개발했다. 2013년 저명한 경제학자이자 프린스턴의 총장이었던 윌리엄 보웬(William G. Bowen)은 무작위로 나눈 두 학생 그룹의 학습 결과를 비교한 연구를 발표했다. 한 그룹은 상호작용이 가능한 OLI 통계학 수업과 함께 한 시간의 면대면 지도를 받았다. 다른 그룹은 캠퍼스에서 전통적인 형태의 통계학 수업을 듣고 서너 시간의 지도를 받았다. 보웬과 그의 공동 저자들이 두 그룹의 '과정 이수율, 공통 시험 점수, 전국 표준 통계소양 시험 결과'를 비교했을 때 통계적으로 유의한 차이는 나타나지 않았다.

과거에 보웬은 기술이 고등교육을 근본적으로 변화시킬 수 있으리라는 생각에 회의적이었다. 그러나 그는 새롭게 실시한 연구 결과를 확인한 후 "나는 오늘로 개종했다. 지금이 '그 시기'라는 것을 믿게 되었다"라는 글을 썼다.

자금 부족을 겪으면서도 등록금을 낮춰야 하는 대학들에 이것은 교육의 질을 희생시키지 않고도 목적을 달성할 수 있는 황금의 기회다. 기술이 주도하는 생산성 증대는 현대 조직의 생명줄과도 같다. 그러나 보웬의 연구가 발표되었음에도 통계학을 가르치는 대부분의 대학은 아무 행동을 취하지 않았다.

버지니아 공과대학에서는 수학 엠포리엄이 활발하게 운영되고 있다. 그러나 여전히 이것은 수학과에 국한되어 있으며 예산 위기를 겪고 있지 않은 물리학과나 컴퓨터학과에서는 아무런 변화가 일어나지 않고 있다. 1997년 수학 엠포리엄이 시작된 후 10년 동안 버지니아 공과대학의 등록금은 두 배로 증가했다. 이 대학은 컴퓨터로 수업을 실시한 후 수백만 달러의 비용을 절감할 수 있었다. 비용 절감분이 등록금 인하의 형태로 학생과 학부모에게 전달되고 있지 않은 것이다.

2003년에는 패덤닷컴이 부도를 맞으면서 컬럼비아가 투자했던 수백만 달러도 함께 사라졌다. 수익에 목말랐던 패덤은 저가시장으로 이동하여 기업의 직원교육용 강의를 제공하고 회사를 살리기 위해 제휴기관을 구하러 다녔지만 돌파구를 찾지 못했다. 초반의 열기와 아이비리그의 명성에도 불구하고 이 벤처 기업은 온라인 과정에 돈을 지불할 고객들을 유치하지 못했다.

2013년 MIT 오픈코스웨어는 누구나 사용할 수 있도록 2,000여 개의 강의 자료를 온라인에 공개했다. 이 서비스가 2001년에 시작된 이래로 전 세계 1억 2,500명 이상의 사람들이 접속했다. 세계에서 명실공히 가장 뛰어난 공과대학이 강의와 관련된 상당한 양의 지적 재산을 무료로 배포한 것이다. 예일 대학도 이와 비슷한 프로젝트를 더 작은 규모로 실시했다. MIT에 비해 과목 수는 적었지만 전문적으로 제작된 강의 동영상도 공개되었으며 역시 무료였다.

그러나 고등교육계는 이러한 움직임에도 전혀 긴장하지 않았다. 대학들은 반복적인 행정 및 통신 업무에는 빠르게 기술을 도입했고 강의계획서, 학점, 참고도서 목록을 웹사이트에 올렸다. 학생들은 교수들에게 이메일을 보내고 기말 보고서를 PDF 또는 워드 문서로 보낼 수 있었다. 도서관은 여전히 조용히 공부하는 장소로 남아 있지만 마이크로필름 기계와 카드로 된 도서목록은 기억 속으로 사라졌다.

일부 교수들과 학과들은 기술을 이용해 학생들을 더 잘 가르칠 가능성을 철저히 조사했다. 그리고 많은 학교들이 같은 교육 내용이지만 이를 더 저렴한 비용으로 더 많은 사람들에게 제공하기 위해 기술을 이용했다. 예를 들어 예산 부족에 시달리는 커뮤니티 칼리지들은 직장과 가정생활로 인해 매일 저녁 캠퍼스에 올 수 없는 학생들에게 온라인 과정을 제공하기 시작했다. 한편 영리 고등교육 기관들은 비교적 매우 짧은 기간에 돈벌이가 될 만한 산업을 형성했다. 비싸지 않으면서도 마진이 높은 온라인 강의를 판매함으로써 영리 대학들은 수백만 달러의 수익을 거두고 이를 다시 마케팅과 학생 모집에 투자했다. 운영 기업들의 주가는 상승했고 투자자들과

CEO들은 수천만 달러를 손에 넣었다.

2012년까지 미국 증시에 상장된 고등교육 관련 기업은 15개였고 시가 총액은 수십억 달러 규모였다. 이 기업들 중 일부는 직장인들에게 편리한 직무교육과 훈련 기회를 제공했다. 대부분은 단순히 전통적인 강의를 동영상으로 만들고 온라인 토론 그룹을 만드는 서비스를 제공했다. 2011년과 2012년 의회에서 몇 차례 수행한 조사에 따르면 어떤 교육기관들은 학생들이 그들에게 거의 도움이 되지 않는 과정을 듣는 데 고액의 대출을 받도록 했고 그들은 취업도 하지 못한 채 대출을 상환할 여력도 없는 상태가 되었다. 당시 미국에서 가장 큰 규모로 온라인 사업을 한 학교는 피닉스 대학으로 미국에서만 30만 명이 등록을 했다.

그러나 대부분의 학교에서 제공하는 대부분의 수업에서, 그리고 대부분의 학생들에게 정보기술 혁명은 대학의 가장 중요한 두 측면인 등록금과 학생의 학습에 아무런 영향을 미치지 않았다. 종이 울리고 강의실의 문이 닫히면 대부분의 교실에서는 볼로냐 대학에서 이루어지던 교육 방식을 그대로 답습했다. 가끔 학생들의 발표가 있을 뿐 교수는 일방적인 형태의 강의를 했고 학생들은 필기에 집중했다.

정보기술에 집중한 다른 모든 산업들과 달리 고등교육계에서는 기술의 파괴와 해방의 힘이 대학 등록금을 하락시키지 못했다. 많은 대학들은 오히려 기존 등록금에 '기술 비용'을 붙였다. 닷컴 시대는 1995년 8월 웹 브라우저 개발 기업인 넷스케이프가 기업공개 첫날 기업 가치가 29억 달러가 되면서 공식적으로 시작되었다. 그해에 태어난 아이들은 2013년 대학에 입학했고 4년제 공립대학의 평균 연간 등록금은 물가상승률 조정 후 금액으로 1995년 대비 80퍼센트가 증가한 1만 8,391달러가 되었다. 4년간의 등록금과 기숙사 비용을 합하면 25만 달러가 드는 사립학교들도 있었다.

같은 기간 동안 학생들의 대출금 잔액은 열 배 이상 불어났다. 대학에 다니기 위해 대출을 받는 것은 예외가 아니라 일상이 되었다.

이것은 부분적으로 초기 기술이 성숙하지 못했던 탓도 있었다. 온라인으로 수업을 듣는 것은 3분 길이의 노래를 MP3 파일로 다운로드하는 것보다 훨씬 복잡한 일이다. 패텀 웹사이트가 생겼을 때 많은 사람들은 느린 모뎀 접속으로 웹을 이용하고 있었다. 온라인 동영상은 용량이 적었고, 끊김이 잦고 화면도 흐렸다. 대학 생활에서 다른 학생들과 함께 공부한다는 점도 중요했던 시절, 온라인 학습은 매우 고독한 일이었다. SNS는 아직 탄생하지 않은 시대였다.

게다가 대학들은 기술도입 곡선보다 더 앞서려고 한 실수 외에도 더 근본적인 잘못을 저지르고 있었다. 패텀의 홍보 문구를 보면 이 기업이 교육에 대해 얼마나 단순하게 생각하고 있었는지 알 수 있다. 패텀의 관리자들은 그들의 목표가 컬럼비아 대학의 지식을 대중들에게 "투사"하여 월드와이드웹에서 "컬럼비아의 모습을 보여줄 것"이라고 밝혔다. 컬럼비아의 교무처장이 밝힌 패텀의 목표는 "가상 공간에서 위대한 대학 또는 위대한 박물관에서만 누릴 수 있는 기회를 재탄생시키는 것"이었다.

그러나 지식과 교육은 같은 것이 아니다. 지식은 기호로 나타낼 수 있고 저장, 복사, 방송할 수 있는 대상이다. 인터넷으로 그러한 활동이 저렴해지긴 했지만 이것은 구텐베르크 시절부터 존재해왔다. 위대한 대학에서 공부하는 것은 위대한 박물관을 방문하는 일과는 완전히 다른 경험이다. 베르메르(Johannes Vermeer)의 「저울을 든 여인」 앞에 서서 이 그림을 직접 감상할 수 있는 곳은 세상에 한 군데밖에 없으며 이 경험은 근본적으로 순간적이고 중간의 매개체 없이 홀로 이루어진다. 그러나 교육은 구조화되어 있고 양방향 소통을 전제로 하며 오랜 시간이 걸린다. 또한 통합형 대학이 오랫동안 자리를 해오긴 했지만 교육은 어디서든 이루어질 수 있다.

인터넷은 학자들이 데이터와 지식을 실시간으로 공유할 수 있도록 하여 대학의 연구 활동과 확산에 즉각적이고 심오한 영향을 주었다. 그러나 교육은 그 이상을 의미한다. 교육은 사람과의 직접적인 대면이든 글과 컴퓨터 코드를 통해서든 전문가의 교육적 설계와 지속적이고 조직화된 상호작용이 필요하다. 패덤은 자신을 "선도적인 교육 및 문화기관과 함께 그곳의 가르침과 연구를 전 세계 학생들에게 전달하는 글로벌 이러닝 기업"이라고 소개했다. 가르침과 연구가 동일한 방식으로 초고속 인터넷을 통해 전달될 수 있다고 간주한 것이다. 통합형 대학은 오랫동안 연구에 집중하면서 가르침을 간과해왔기 때문에 2가지가 서로 다르다는 것을 잊은 것으로 보인다.

그들은 현대 고등교육을 지탱한 경제논리와 규제의 힘에 대해서도 무지했다. 새로운 기술들은 경쟁적으로 기존의 일자리와 조직, 심지어는 특정 직종과 업계 전체를 파괴할 수 있다. 통합형 대학은 가르침, 후에는 기술을 이용한 가르침에 대한 의사 결정을 각 학과와 함께 자신의 고용 상태를 유지하고 싶어 하는 교수들에게 자율적으로 맡겼다. 만약 한 교수가 MIT 또는 예일 대학에서 교육 과정, 교재, 강의를 그대로 가져와 사용한다면 그 교수가 월급을 받을 이유가 있겠는가? 한 학과가 기술을 이용하여 더 적은 수의 교수로 같은 수의 학생들을 가르친다면, 고용하는 교수 수를 줄여도 될 것이다. 그러나 학과에서는 학계에서 통용되는 평가 기준인 연구 실적과 명성을 위해 더 많은 교수를 두기 원한다. 1992년 패트릭 주페는 20년간 자동화된 논리학 과정을 총괄하고 개선하는 업무를 하다가 스탠퍼드 대학의 정교수직에서 은퇴했다. 주페의 자리를 이어받은 교수는 자동화 과정을 폐쇄했다. 강의에 있어서 대학들은 생산성 증대를 원하지 않으며 그러한 운명을 피하기 위해 무엇이든 할 것이다.

그렇다면 신문사, 여행사, 레코드사 등 수많은 다른 산업과 달리 대학이 어떻게 그러한 운명을 피해가며 생존할 수 있었을까? 답은 정부 보조금과 규제에 있다. 고등교육 산업은 직접적인 예산 책정, 세제 혜택(하버드는 330억 달러의 기부금에 대한 세금을 전혀 내지 않는다), 정부 장학금과 학자금 대출 보증과 같은 형태로 받는, 학생들이 직접 받는 보조금 등 매년 수천억 달러를 정부로부터 받는다. 기금을 받는 유일한 방법은 대학 인증을 받는 것이다. 기존 대학들은 어떤 기관이 공공 기금을 받을 자격이 있는지에 대한 기준을 설정하고 인정제도를 관리한다. 이러한 기준에는 기존에 인증을 받은 대학으로부터 학위를 취득한 교수 채용과 도서관 건립 등이 포함된다. 이것은 크레이그 리스트가 온라인 무료 광고를 싣기 위해 지역신문사의 허락을 받거나 혼다가 GM과 똑같이 자동차를 만들어야 하는 기준이 있는 세상과 같다.

대학들은 사람들이 익숙한 관행을 선호하는, 디마지오와 파월이 말한 "제도적 동형화"의 이점을 누려왔다. 우리는 지속적으로 밀려오는 정보를 관리하기 위해 관습과 추정을 이용하여 우리가 해결해야 하는 문제와 선택의 수를 제한한다. 고등교육의 경우 사회는 전통적인 고등교육 기관이 주는 학위와 학위에 필요한 학점의 의미를 정의하는 데 많은 투자를 해왔다. 그 결과 준 학사학위, 학사학위, 석사학위, 박사학위를 중심으로 제도와 학생 관리 구조가 구축되었다. 미국에서는 인증된 대학에서 학사학위를 받지 않으면 공립학교 교사가 될 수 없다. 이것은 법률에서 지정된 사항이다. 여러 기관에서 고등교육에 상응하는 과정을 이수하더라도 인증된 대학에서 취득한 학점만이 학위를 받는 근거로 사용된다.

통합형 대학이 기술에 의한 효율 증대 가능성을 무시하고 가차 없이 등록금을 인상해온 것은 무엇보다도 학점과 학위의 판매를 독점했기 때문이다. 고등교육에 기술을 도입한 1세대 기업들은 이를 전혀 이해하지 못했다. 컬럼비아 대학의 학위는 '나는 컬럼비아의 교과 과정을 이수했다', '나는 4년 동안 모닝사이드 하이츠에서 여러 똑똑한 사람들과 함께 생활했다' '내가 17세였을 때 나는 컬럼비아에 입학할 정도로 성적이 우수했다' 등과 같은 많은 사실을 증명한다. 패텀닷컴은 두 번째 또는 세 번째 기준을 만족시키지 못했기 때문에 수업을 들은 사람들에게 완전한 컬럼비아 학위를 줄 수 없었다. 따라서 온라인으로 제공되는 컬럼비아 과정의 시장 가격은 그 교육적 가치만으로 결정되었다. 따라서 그 가격은 매우 낮을 수밖에 없는 것이다.

대학교 캠퍼스의 정문 말고도 고등교육을 둘러싼 많은 관문들이 있다. 규제, 돈, 관습, 고등교육 산업의 사회적 자본과 같은 벽들은 경쟁자들을 궁지에 빠트린다. 기술이 사회에 심오한 변화를 가져오는 시기에도 통합형 대학은 그 어느 때보다도 더 부유해지고 더 비싸지고 있다.

대단한 실험 6

하버드보다
완벽하고 저렴하게

〈생명의 비밀〉에서 단백질의 구조와 유전자가 어떻게 다음 세대로 전달되는지부터 인간 DNA의 내부적 작용까지 공부하면서 나는 이 모든 것의 아름다움에 감탄하지 않을 수 없었다. 매우 단순한 생물학적 과정 및 화학적 과정에도 분자, 구조, 에너지 상태가 서로 치밀한 계산 아래 상호작용하고 있었다. 어떻게 이 모든 요소들이 서로 정확하게 들어맞을 수 있을까?

랜더는 이 질문에 대해 수학적인 답변을 했다. 셀 수 없이 많은 박테리아와 다른 유기체들은 수억 년 동안 생존과 복제의 경쟁을 펼쳐왔으며 진화의 빈도와 복잡성은 우리의 인식으로 이해할 수 있는 수준을 훨씬 벗어난다고 말이다. 또한 매번 일어난 작은 변화가 쌓이고 쌓여서 기적적인 결과를 낳았으며 생물체는 그것을 작동시키는 체계가 매우 오랫동안 유지되어 왔기 때문에 지금과 같이 기능할 수 있다고도 했다.

인간 게놈 프로젝트와 여러 다른 노력에 의해 개발된 DNA 염기서열 분석기법은 과학자들이 진화의 나무에 대해 새로운 시각을 갖도록 해주었다. 서로 다른 종의 DNA를 비교하고 공통의 유전자를 찾음으로써 과학자들은 역사상 생명의 가지들이 어느 시점에 새로운 방향으로 뻗어나갔는지 알 수 있게 되었다. 진화 경쟁이 일어났던 환경은 가지들이 자라날 방향에 심오한 영향을 미쳤다. 경쟁자가 거의 없이 작고 고립된 계곡에서 수천 년에 걸쳐 살아온 종은 매우 기이하고 놀라운 형태로 진화를 했겠지만 그 대신 포식자에게 매우 취약했을 것이다. 생명체가 감당할 수 없는 환경적 변화도 일어났다. 공룡은 1억 5,000만 년 동안 진화했지만 운석이 지구에 충돌한 뒤 환경이 너무나도 빠르고 급격하게 변하면서 이에 적응하지 못하고 멸종했다.

인간 조직들은 부분적으로 통제된 진화 환경에 존재한다. 사회는 자유 시장을 닮은 어떤 환경에서 조직이 경쟁, 실패, 융성, 변화하도록 두거나 규제의 힘과 정부 보조금을 사용하여 이들을 계곡 속에서 보호할지 결정을 내린다. 전통적인 통합형 대학은 20세기 동안 매우 안전하게 보호를 받았다. 분명 이러한 방식에는 많은 이점이 있다. 예측할 수 없는 기업의 생명 주기, 잘못된 경영, 불운에 대학을 완전히 노출시킨다면 고등학교 졸업생들이 갈 곳이 없어질 수도 있다. 인류를 위해 지식을 창출하는 조직들은 민간 시장이 제공하는 자금에만 의존해 살기 어렵다.

그러나 이러한 편익에는 비용이 따른다. 전통적인 대학들은 경쟁에 의한 도태의 위협을 받지 않기 때문에 새로운 기술의 도입이 일반적으로 수반하는 뼈아픈 조직 변화를 단행하지 않는다. 고등교육 분야와 같이 노동 집약적인 산업에서 효율성을 증대한다면 같은 인력으로 더 많은 일을 하거나 해고 등의 대책을 통해 더 적은 인력으로 같은 양의 일을 할 수 있다. 그러나 비영리조직인 대학에서 해고를 원하는 사람은 아무도 없다. 사람은 명성의 잣대가 되므로 대학은 더 많은 사람을 원한다.

통합형 대학은 안전한 계곡에서 오랜 세월을 살아오는 동안 정체되어 더 기이하고 더 비싼 곳이 되어버렸으며 기존의 구조적 불합리에 취약한 조직이 되었다. 정보기술이 더 낮은 비용으로 더 많은 사람들을 교육시킬 기회를 창출할수록 대학은 기술을 도입하지 않음으로써 기회비용을 높여 갔다. 인터넷 시대를 목전에 둔 1990년대 말, 전통적인 대학들은 자발적인 변화를 전혀 꾀하지 않았다. 새로운 경쟁자가 계곡을 찾아와야만 진화의 행진이 다시 시작되고 '어디서나 닿을 수 있는 대학'이 등장할 수 있다.

그러한 경쟁자들이 어디서 나타날지 추측하기는 어렵지 않다. 바로 실리콘밸리다. 실리콘밸리는 충분한 자금과 똑똑한 인재들, 문화적 자긍심으로 무장한 채 통합형 대학과 정면충돌할 것이다. 이곳은 정보기술로 무엇을 할지, 미래는 어떻게 펼쳐질지에 대해 대학과는 크게 다른 철학을 갖고 있다.

＊ ＊ ＊

장소는 샌프란시스코의 미션 디스트릭트였다. 멋진 봄날, 오후 4시에 나는 마이클 스테이턴(Michael Staton)과 함께 보도에 서서 우버(Uber)를 기다리고 있다.

마이클은 대학 신입생들을 위한 SNS를 개발하는 인터넷 창업 기업을 시작하기 위해 2000년대 초반 샌프란시스코 베이 에어리어로 왔다. 그는 최근 투자를 유치하는 것에서, 직접 투자하는 쪽으로 기업의 방향을 바꾸어 기술과 교육을 전문으로 하는 벤처캐피털의 파트너가 되었다.

나는 기존의 학계가 두려워해야 하는 떠오르는 경쟁 세력에 대해 자세히 알고 싶었고, 그 미래도 엿보고 싶었다. 앞으로는 나 같은 사람들이 적응해야 하고 내 딸과 같은 사람들이 세상의 유일한 진리인 것처럼 당연시하게 될 교육기술에 대한 새로운 접근법이 등장할 것이다. 그래서 나는 마이클에게 그가 생각하는 창업 기업의 흥미로운 면모를 보여달라고 부탁했다. 나는 고등교육을 완전히 바꾸고자 하는 사람들이 무슨 일을 어떻게 할 계획인지 알고 싶었다.

그는 다음 약속 장소로 나와 함께 이동하려던 참이었다. 그는 자신의 아이폰을 잠시 만지더니 차들이 지나가는 거리를 보고 인상을 찌푸렸다. 그는 아이폰의 앱을 이용하여 우리에게 차를 태워줄 사람을 찾으려 했지만 첫 번째 사람이 거절을 하자 대중적인 리무진 호출 서비스인 우버를 이용하기로 했다. 마이클의 전화기에 있는 GPS 칩은 우버 기사의 전화기에 만날 지점을 알려주었고 마이클의 신용카드로 자동 결제가 이루어졌다.

전 세계 대도시에 우버와 리프트(Lyft)와 같은 유사한 서비스들이 시작된 지 1년 정도가 흘렀다. 이미 시간이 늦었기 때문에 나는 마이클에게 일반 택시를 타지 않겠냐고 물었다. 원래 차분한 성격인 그가 얼굴을 찡그리는 것을 보고 나는 순간 놀랐다. 그는 택시를 타지 않는다고 답했다. 이유인즉, 길에 서서 손을 흔들어도 택시 중 절반이 무시하고 그냥 지나쳐 가버리는 것도 그렇고, 택시에 신용카드 단말기가 없으면 택시 기사가 현금을 가지고 다니지 않는 그에게 현금을 내라고 재촉하기 때문이었다. 어떤 경우에는 19세기에나 사용되었을 법한 기계로 신용카드에 양각된 번호를 찍어가기도 하는데, 그는 그런 일을 참을 수 없다고 했다. 그래서 우리는 우버를 이용하기로 했다.

우버는 몇 분 후 우리 앞에 나타났다. 차가 케이블카와 다른 차들을 피해가며 시내를 달리는 동안 나 역시도 마이클이 말한 일반 택시의 모든 면면이 싫어지기 시작했다. 하지만 무언가 달라질 수 있다 생각하지 않은 나는 지금의 택시를 받아들이고 살아온 것이다. 실리콘밸리 사람들은 비상하리만치 독특한 방식으로 생각하는 경향이 강했다. 그들은 불편함, 비효율성, 부당함을 기술로 해결할 수 있는 문제로 보았다.

교육계를 새롭게 만들려는 사람들을 만났을 때 나는 그들에게서 이러한 정신이 다양한 방식으로 표출되고 있음을 알 수 있었다. 또한 그것은 자금, 야망, 이상, 물리학의 철칙을 모두 집약한 그들의 사업 개발과 기술 혁신의 원동력이 되고 있었다. 그들은 2차 세계대전이 끝난 후부터 오래되고 비싼 학교들을 노려왔고 몇 년 전부터 본격적으로 배움의 전당을 공격할 준비가 되어 있었다.

✳ ✳ ✳

더글러스 엥겔바트(Douglas Engelbart)는 대공황 시기에 포틀랜드 외곽의 농촌 지역에서 자랐고 근처의 토지허여법 대학인 오리건 주립대학에 들어갔다. 그는 2차 세계대전 때 해군에 입대하여 필리핀의 작은 섬에서 레이더 기술자로 근무했다. 그곳에서 그는 버니바 부시가 「애틀랜틱」에 쓴 기사 "우리가 생각할 수 있는 것"을 읽은 이후로 부시의 예언을 실현하는 데 전념하기로 했다.

전쟁이 끝난 후 엥겔바트는 미국 서부 연안으로 돌아와 학위를 마치고 UC 버클리에 진학하여 컴퓨터를 전문 분야로 연구하며 1955년에 전기공학 박사학위를 받았다. UC 버클리는 다음 해에 그를 조교수로 채용했다. 엥겔바트는 연구 중심 대학의 교수로서 그의 마음과 정신이 그를 지탱해줄 수 있는 한은 편안하게 집필과 사색과 강의를 하며 모범적인 연구를 할 수 있는 길에 들어서 있었다.

그러나 엥겔바트는 그 길을 걷는 대신 학계를 떠나 어떤 면에서는 유사하고, 다른 면에서는 아주 판이한 삶을 시작했다. 1957년 그는 냉전시대의 이름과 목적을 그대로 간직하고 있지만 19세기의 기이한 특징은 떨쳐버린 스탠퍼드연구소에서 근무하기 시작했다.

미국 정부는 버니바 부시의 권고대로 과학에 막대한 규모의 투자를 시작했다. 엄청난 자금이 캘리포니아로 흘러들어왔다. 그중 일부는 연구 중심 대학들에 주어졌지만 주로 기금을 받은 곳은 군사용 통신 및 항공 네트워크가 샌프란시스코 베이 에어리어에서 관리되면서 성장하고 있던 방위 산업체와 과학시설이었다.

다른 대학들과 마찬가지로 전쟁 후 스탠퍼드의 입학생이 크게 늘어났다. 스탠퍼드 공과대학의 학장은 MIT 대학원에서 버니바 부시의 학생이었던 프레드릭 터먼(Frederick Terman)이었다. 그는 기업, 기술, 대학의 공생에서 기회를 찾았다. 1951년에 터먼은 대학 주변의 땅을 스탠퍼드 산업공단으로 만드는 일에 관여했다. 공단의 입주자 중에는 터먼의 학생이었던 윌리엄 휴렛(William Hewlett)과 데이비드 패커드(David Packard)도 있었다. 그들이 자신들의 이름을 따서 만든 회사는 이후 세계에서 가장 큰 개인용 컴퓨터 제조사가 된다.

당시 컴퓨터 세상의 중심은 뉴저지의 벨 연구소였다. 그러나 윌리엄 샤클리(William Shockley)가 연구소를 떠나 서부로 가서 스탠퍼드에서 몇 킬로미터 북쪽에 위치한 마운틴뷰에 샤클리반도체를 설립하자 상황은 바뀌기 시작했다. 1957년에 샤클리반도체에서 페어차일드반도체가 파생되고, 다시 페어차일드반도체 출신의 기술자들은 인텔을 창업했다. 실리콘밸리에는 21세기 정보기술 혁명을 이끌고 갈 하드웨어를 대량 생산하는 공장들이 들어섰다. 샤클리반도체와 페어차일드반도체가 실리콘으로 만든 집적회로는 점차 뛰어난 성능을 발휘했다. 실리콘밸리라는 이름도 이 시기에 만들어졌다.

천재적인 반도체 연구자들은 작은 표면에 점차 더 성능이 좋고 강력한 회로를 집적했다. 반도체 산업의 중심지에서 살고 그곳에서 근무하는 사람들은 기하급수적으로 증가하는 컴퓨터 처리 능력에 따라 인간과 컴퓨터의 상호작용을 위한 새로운 수단이 나타나리라 직감했다. 1961년 5월, 엥겔바트는 서부 공동 컴퓨터 컨퍼런스(Western Joint Computer Conference)에서 「인간 지능의 증강과 향후 전망의 모색 Augmented Man and a Search for Perspective」이라는 논문을 발표했다. 그는 발표할 내용을 요약하며 컴퓨터를 "한 문화가 복잡한 문제를 해결하는 이들의 지능을 증강시킬 기술, 절차, 산물의 체계 가운데 한 가지 구성요소로 보아야 한다"라는 메모를 작성했다. 반도체는 앞으로 더욱 인간의 신경세포와 닮아갈 것이다.

엥겔바트는 컴퓨터가 점차 높은 수준의 지성이 필요한 인간의 업무 영역까지 대체하면서 인간은 살아남기 위해 이에 적응해야 할 것이라고 생각했다. 그는 "지능형 기계가 인간의 역할을 빼앗는 날이 도래할 때 더욱 지능이 높아지는 기계에 맞춰 인간의 능력을 증강시킬 수 있는 방법을 계속 추구하고 인간의 한계를 확장하려 하지 않는다면 그때는 우리를 인간이라고 부르기 어려울 것이다"라고 전망했다.

또한 그는 인간이 컴퓨터와 더욱 원활하게 소통할 수 있다면 컴퓨터의 역량을 이용하여 인간의 역할을 빼앗기지 않거나 문제를 완화할 수 있을 것이라고 보았다. 그래서 엥겔바트와 그의 동료들은 전 지구의 수십억 명을 위해 인간-컴퓨터 상호작용을 정의할 시스템을 개발했다. 그 결과가 바로 여러 창으로 분리되어 이미지와 문자를 보여주고 화면의 커서로 제어되는 전자 모니터였다. 파일들은 폴더와 하위폴더로 정리되었고 텍스트에 있는 링크를 클릭하면 더 많은 텍스트를 볼 수 있었다. 단어들은 '삭제', '삽입', '바꾸기', '이동', '복사'와 같은 새롭게 개발된 명령어로 처리되었다. 다른 장소에 있는 사람들은 모니터를 이용해 서로 대화를 나눌 수 있었다. 연구팀은 자신들이 개발하고 있는 도구를 동료와의 협업을 위해 사용하기도 했다. 그들이 이용한 시스템의 이름은 NLS/오그먼트(NLS/Augment)였다. 여기서 NL은 당시에는 일반인들에게 아직 알려지지 않은 단어인 '온라인 (oNLine)'을 가리켰다.

온라인에서 지능형 기계를 사용하고 이와 경쟁하기 위해 더 많은 통신 선을 네트워크에 연결할 필요가 있었다. 1968년 엥겔바트는 혁명적인 기 계인 NLS를 샌프란시스코 컨벤션센터에 모인 1천여 명의 동료 컴퓨터 전 문가들에게 선보였다. 그 다음 해에 NLS는 국방부가 개발 중인 새로운 네 트워크에 통합되었다. 구리선으로 연결된 전화망은 2개의 직통 회선을 형 성하여 서로 다른 장소에 있는 사람들이 아날로그 음성 신호를 동시에 전송 하여 대화를 할 수 있도록 해주었다. 이와 달리 컴퓨터가 교환하는 디지털 정보는 0과 1로 되어 있어 더욱 효율적으로 작은 단위, 즉 '패킷'으로 묶어 서 가장 효율적인 경로로 전송되고 다른 컴퓨터에서 재조합될 수 있었다.

1969년 국방부는 4개 지점에 있는 컴퓨터들을 연결하기 위해 아르파넷 (ARPANEET, Advanced Research Project Agency Network)을 구축했다. 그중 한 곳이 엥겔바트와 그의 팀이 근무하는 스탠퍼드연구소였고, 나머지 세 곳은 연구 중심 대학인 UCLA, 유타 대학, 그리고 나의 아버지 버나드가 컴퓨터 박사 과정을 밟고 있던 UC산타바바라 대학이었다.

버나드는 평화봉사단 단원이기도 했던 버뱅크의 교사와 결혼을 했고 부수입을 위해 대학 연구실의 연구 조교로 일했다. 연구실에서는 그에게 새롭게 생긴 아르파넷의 노드에 전기공학/컴퓨터학과의 컴퓨터를 연결하 기 위한 장비를 설계, 제작, 설치하는 일을 맡겼다. 그는 어느 날 일을 하던 중 엥겔바트의 팀원이었던 스탠퍼드 대학원생 몇 명을 소개받았다. 그들은 바퀴가 부착된 작은 나무상자를 만들어 컴퓨터선과 연결했다. 나무상자를 책상 위에서 앞뒤로 움직이면 화면의 커서가 같은 방향으로 움직였다. 버나드는 그런 장치를 난생 처음 보고 이것이 키보드만 사용하는 것보다 훨씬 나은 멋진 상호작용 방법이라고 생각했다. 스탠퍼드연구소의 NLS는 컴퓨터 네트워크의 새로운 세상을 열었고 그 나무상자는 '마우스'로 불리게 되었다.

＊ ＊ ＊

더글러스 엥겔바트는 이 같은 발명으로 많은 돈을 벌지는 못했다. NLS는 제록스(Xerox)의 팰로앨토연구센터로 이전되었는데, 그곳에서는 이것으로 무엇을 해야 할지 갈피를 잡지 못했다. 그러다 NLS를 제대로 아는 두 사람이 나타났다. 빌 게이츠와 스티브 잡스였다. 그들은 윈도우, 워드프로세싱, 마우스를 활용하여 당대 최고의 IT 기업가가 된다. 1980년 애플이 기업공개를 한 후 기업의 시가총액은 10억 달러 이상이 되었다. 수백 명의 직원과 투자자들은 하루아침에 백만장자가 되었으며 실리콘밸리는 혁신뿐만 아니라 엄청난 부를 상징하는 지역이 되었다. 스탠퍼드 대학에서 몇 킬로미터 떨어진 샌드힐로드에서는 또 다른 애플이 나타나길 기다리는 벤처캐피탈사들이 자리 잡기 시작했다.

한편 아르파넷은 확장을 거듭하다가 1995년에 연구소와 더불어, 더 이상 국방에만 국한되지 않는 인터넷으로 발전했다. 1995년은 일리노이 대학교의 어배너-샘페인을 갓 졸업한 마크 앤드리슨(Marc Andreessen)이 자신이 개발에 참여했던 모자이크(Mosaic) 소프트웨어 프로그램을 기반으로 웹브라우저 회사 넷스케이프를 세운 해이기도 하다. 넷스케이프는 기업공개로 29억 달러의 가치를 지닌 기업이 되었으며 그로부터 6년간의 투자붐을 일으킨 닷컴시대를 열었다.

인터넷 빅뱅은 오래전부터 있었던 수십 개의 정보산업 분야의 경제적 기반 아래 묻혀 있던 폭탄의 도화선에 불을 붙였다. 그리고 그 폭탄은 언제 터질지 알 수 없었다. 1995년 사람들은 인터넷으로 인해 종이신문이 사라질 것으로 생각했지만 신문사들은 2000년대 후반 몰락하기 전까지 10년 동안은 많은 이익을 기록했다. 사람들은 전자책과 아마존(Amazon)이 오프라인 서점을 죽일 것이라고 말했지만 서점들은 보더스(Borders)가 파산한 2011년 전까지 15년 동안은 무사히 운영되었다.

그러나 패덤닷컴과 이와 유사한 벤처들이 대실패로 끝나면서 고등교육계에 속한 대부분의 지도자들은 고등교육이 혁신의 파괴적인 힘과는 무관한 곳이라고 믿게 되었다. 소위 심판의 날은 그들이 은퇴한 후에야 올 것이라고 냉소적으로 말하는 이들도 있었다. 이렇게 고등교육 산업은 또다시 10년간의 등록금 인상, 행정조직의 확장을 통해 19세기부터 유지하던 통합형 모델의 영광을 영속화하고자 했다.

2001년 닷컴 붕괴로 많은 사람들이 큰 손실을 겪는 중에도 실리콘밸리의 작동원리는 거의 변하지 않았다. 컴퓨터 반도체는 기하급수적인 속도로 소형화되고 빨라졌으며 저렴해졌다. 선진국은 인터넷 보급이 거의 완료되었으며 개발도상국은 빠르게 인터넷을 도입했다.

닷컴 붕괴 이후 3가지 동향이 두드러지게 나타났다. 우선 이동통신네트워크의 밀도가 높아지고 범위가 늘어나 전 세계는 신경세포망과 같이 빠르게 연결되었다. 지난 20년 동안 데스크톱 컴퓨터의 메모리와 처리 능력은 원격으로 인터넷에 연결된 서버들인 '클라우드'로 이동했다. 퇴근 시간이 되면 두고 떠나는 사무실 데스크톱 외에도 다양한 기기들이 개발되었다. 사람들에게 그러한 기기는 사회관계망을 형성하여 다른 사람들과 일상을 나누기 위한 필수품이 되었다. 이동통신, SNS, 클라우드의 발전은 모두 실리콘밸리에 위치한 벤처 기술 기업에 의해 주도되었다.

수십 년 동안 점차 강력해진 기술은 자본과 결합했고 연구 중심 대학의 최고 두뇌들은 샌프란시스코 마켓스트리트 남쪽의 사무실 건물을 개조해 독특하고 개성 있는 문화를 형성했다. 그들은 실리콘밸리의 연구소와 기업 주변, 가게 공간과 창고에도 자리 잡았다.

이곳은 기술에 의해 인간의 지능이 향상되고 자유로워지는 새로운 신념 체계를 의미한다. 이곳에서 사람들은 더 이상 절충과 인간 생활의 혼란을 버리고 더욱 이성적이고 진실을 추구하는 세상을 구축할 수 있었다.

✳ ✳ ✳

마이크로소프트는 빠르게 넷스케이프를 압도했고 앤드리슨은 기업가에서 샌드힐로드에 자리 잡은 벤처캐피털리스트가 되었다. 그와 다른 벤처캐피털 기업들은 소프트웨어에서 또 한 번 큰 기회를 얻을 것이라는 점이 분명해 보였다. 앤드리슨은 2011년 「월스트리트저널」 기고문에서 "소프트웨어가 세상을 잠식하고 있다"고 밝혔다. 클라우드가 사람들이 값비싼 하드웨어에 투자하는 대신 인터넷을 통해 컴퓨터 프로세싱 및 스토리지 서비스를 구매할 수 있도록 하면서, 매우 적은 자금으로도 소프트웨어 창업을 할 수 있게 되었다. 저렴한 범용 하드웨어를 이용한 모바일 컴퓨팅이 성장하면서 지구상의 모든 남녀와 아이들까지 소프트웨어의 잠재적 이용자가 빠르게 증가하고 있다. 모든 기업들은 이러한 변화를 맞게 될 것이며 물리적인 하드웨어 대신 클라우드를 이용할 것이다.

그러나 돈을 벌려는 투자자들은 이미 실리콘밸리에 깊이 영향을 주고 있는 거시적인 전망 이상을 알고 싶어 한다. 그들은 정확한 시점을 파악해야 한다. 소프트웨어가 장기적으로 모든 영역을 장악할 수도 있겠지만 장기적이라는 것은 우리가 살아 있을 때를 의미하는 것인가? 중요한 질문은

'다음은 무엇인가' 하는 것이다. 어떤 산업의 도화선이 가장 먼저 폭발할 것인가? 어떤 업계가 과거의 사업 모델로 이미 수십억 달러를 거두어들였는가? 나태함, 거품, 비이성, 방종이 깊이 뿌리를 내려 낭떠러지에 얼마나 가까이 와 있는지도 인식하고 있지 못한 곳은 어디인가? 앤드리슨은 이 질문에 해당하는 두 산업, 의료와 교육에 집중했다.

나와 마이클은 플러드게이트(Floodgate)라는 벤처캐피털 기업의 사무실에서 이러한 시각을 더 자세히 확인할 수 있었다. 플러드게이트는 스탠퍼드에서 1킬로미터 정도 떨어진 팰로앨토 다운타운에 있는 건물의 2층에 위치해 있었다. 우리는 그곳에서 플러드게이트의 공동설립자 마이크 메이플스 주니어(Mike Maples Jr.)를 만나 이야기를 나누었다. 마이크는 스탠퍼드에서 공학을 전공한 후 넷스케이프의 공동설립자 짐 클라크(Jim Clark)가 만든 수십억 달러 규모의 고사양 컴퓨터 워크스테이션 제조사인 실리콘그래픽스에서 직장 생활을 시작했다. 트위터(Twitter)의 초기 투자사 중 하나인 플러드게이트는 오늘날의 실리콘밸리를 만든 기업과 학계 사이의 금융, 문화, 지리 및 개인적 관계에 깊이 관여하고 있었다.

리셉션 데스크의 직원은 여백이 있는 세련된 인테리어를 한 회의실로 우리를 안내해주었다. 회의실은 매끄러운 갈색 테이블, 흰색의 가죽으로 덮인 스테인리스 스틸 의자와 현대미술 작품으로 장식되어 있었다. 테이블 중앙에는 실내 분위기와는 조금 다른 15센티미터 높이의 입에 사탕을 문 장난감 고질라가 서 있었다.

마이크가 하버드 경영대학원의 클레이턴 크리스텐슨(Clayton M. Christensen)의 열렬한 팬이라는 사실은 그다지 놀랍지 않았다. 크리스텐슨의 '파괴적 혁신' 이론은 창업 기업들이 기술을 이용해 특정 시장의 주변부에서 저가 제품과 서비스를 판매할 때 변화가 일어난다고 설명한다. 시장을 주도하는 기업들은 이미 비대해지고 부유한 고객들에게 수익성이 높은 제품을 판매하는 데 만족하고 있기 때문에 이 사실을 간과한다. 대표적인 예가 1960년대에 포드와 GM이 링컨과 캐딜락을 개발했을 때 토요타가 저가 자동차를 판매했던 일이다. 시간이 흐를수록 창업 기업은 점차 역량을 강화하며 가치와 이익의 사다리를 오르기 시작한다. 기존의 대기업들이 위기감을 느낄 즈음이면 변화를 시도하기에는 너무 늦은 상태다. 내가 만난 모든 사람들이 지겨울 정도로 크리스텐슨을 언급한 이유는 그의 이론이 실리콘밸리의 문화와 분명히 통했기 때문이다.

메이플스는 파괴적 혁신을 일으킬 기업들을 '천둥도마뱀'이라 부른다고 설명했다. 방사능 알을 낳고 불을 뿜으며 기차를 집어삼키는 천둥도마뱀들이 무서울 정도로 빠른 속도로 성장하고 있다. 실리콘밸리는 천둥도마뱀들의 사육장으로 짧은 기간 동안 기업의 가치가 0에서 수십억 달러로 증가하는 곳이다. 그것이 바로 고질라가 회의실 테이블에 놓여 있는 이유다.

이렇게 실리콘밸리는 은유로 가득 차 있다. 이곳에서는 미래에 대한 감각이 좋아야만 무엇이 큰 성공을 거둘지 알 수 있다. 성공적인 투자자들은 자금의 유입과 유출, 자본소진율, 주가, 핵심 엔지니어와 기술자들의 기업 간 이동, 유사한 아이디어를 가진 다른 기업들, 거시경제 동향 등 엄청난 양의 새로운 정보를 분석해야 한다. 일부 천둥도마뱀들이 반전시키고자 하는 환경에 다른 천둥도마뱀들이 어떤 좋고 나쁜 파괴적 영향을 일으키고 있는지도 살펴보아야 한다. 통합형 대학을 관리하는 것은 대체로 오래전 확립된 규칙과 관념에서 인정한 전략을 실행하는 일이다. 그러나 투자와 기업 활동은 신속하고 유연한 대응을 필요로 한다. 따라서 순식간에 성공을 거둘 수도, 실패의 나락으로 떨어질 수도 있다.

은유와 격언은 중요한 아이디어를 여러 맥락에서 생각할 수 있도록 해준다. 그런 점에서 크리스텐슨의 이론이 각광받는 동시에 실리콘밸리의 수많은 책장에는 『블루오션 전략 *Blue Ocean Strategy*』이 꽂혀 있다. 이 책은 경쟁자가 전혀 없는 곳, 수평선을 향해 뻗어 있는 푸른 바다와 같은 시장을 개척하고 창조하는 데 도움을 주는 지침서다. 팰로앨토에서는 소비자가 기존의 생활과 구매 패턴에서 벗어나려면 강한 동기가 있어야 하며, 신체적 고통을 멈추고자 하는 인간의 충동이 가장 즉각적이고 강력하다는 관점이 보편적인 지혜로 알려져 있다. 따라서 기업들은 고객들이 고통을 느끼는 지점 또는 불만 요인(pain point)을 찾고 "비타민보다는 진통제를 처방하는 것이 더 낫다"는 접근법을 취한다.

고등교육이 파괴 가능한 대상인지에 대한 논쟁에 관해 메이플스는 이에 회의적인 사람들이 자신의 주장을 증명해야 한다고 생각한다. 메이플스는 자신이 "물리학의 법칙에 투자하는 것"을 좋아한다고 말한다. 그와 같은 사람들은 실리콘칩에 들어가는 회로의 수가 2년마다 두 배로 증가한다는 유명한 무어의 법칙을 이용하여 "기존 세력을 무너뜨리고자 한다." 그는 기존의 조직이든 공공 보조금의 체계든 문화적 관습이든 무어의 법칙과 같은 지수 곡선의 힘을 이길 수 없다고 믿는다. "내가 하는 일은 기술의 대변동을 찾고" 미래가 갑자기 현재가 된 순간 "그 기술을 이용해 천둥도마뱀을 무장시키는 것입니다."

마이클도 런캐피탈(Learn Capital)의 사무실에서 여러 그래프와 차트를 보며 비슷한 주장을 했다. 첫 번째 차트에는 4개의 원이 있었다. 왼쪽 상단에는 "기업 소프트웨어, 300억 달러"라는 작은 원이 있었다. 다음으로 더큰 원은 "전자상거래, 800억 달러"였고 그 옆의 원은 "미디어&엔터테인먼트, 1조 6,000억 달러"였다. 그리고 화면의 절반 이상을 차지하는 크고 노란 원에는 "교육, 4조 6,000억 달러"라고 쓰여 있었다. 각 원의 크기는 부문별 전 세계 시장의 규모를 나타냈다. 마이클은 기업 소프트웨어와 전자상거래는 완전히 디지털로 전환된 시장이며 미디어와 엔터테인먼트는 절반 정도가 디지털화되었다고 설명했다. 그러나 교육은 다른 분야에 비해 압도적으로 큰 규모임에도 지출 금액을 기준으로, 아직도 전적으로 아날로그 산업이라 할 수 있다.

이제 실리콘밸리의 자본가들은 이 노란 원을 주시하며 막대한 사업 기회를 노리고 있다. 교육기술 기업에 대한 벤처캐피털 투자는 2008년에 2억 달러에서 2013년에 120억 달러로 증가했다.

물론 4억 6,000만 달러의 크고 노란 원은 매우 복잡하게 구성되어 있다. 여기에는 파이의 일부를 차지하려는 수천 개의 잠재적 비즈니스 모델과 전략들이 있다. 나는 마이클과 실리콘밸리의 여러 기업들을 방문하면서 창업 기업을 크게 몇 가지로 분류할 수 있었다. 우리가 방문한 일부 기업들은 노란 원의 일부분을 공략하고 있었다. 사실상 이들은 세상을 바꿀 만한, 불을 뿜으며 통합형 대학의 '파괴'를 꾀하고 있지는 않았다. 기업들은 단지 일부 시장에서 기회를 찾고 있었다.

넷플릭스가 사업 초기 DVD 대여업을 했듯이 체그(Chegg)는 대학 교과서를 우편으로 대여해주는 기업 중 하나였다. 체그의 사업은 산타클라라에 있는 한 건물의 꼭대기층에 산뜻한 디자인으로 꾸민 한 사무실에서 수백 명의 직원들에게 급여와 식사를 제공할 만큼 순조롭게 운영되었다. 그러나 체그가 교수들이 학생들에게 지정해준 비싼 교과서를 판매하여 높은 이익을 오랫동안 챙겨온 기존의 교과서 출판사들을 앞서려고 애쓰는 동안 다른 기업들은 교과서를 아예 없애 체그를 앞서려고 노력하고 있었다.

그런 기업 중 하나가 래프터(Rafter)다. 래프터는 학생들이 학습에 사용하는 콘텐츠의 유형에 큰 변화를 가져올 하나의 전제를 기반으로 사업을 펼쳐나갔다. 기존의 종이 교과서와는 한층 다른 전자 교과서가 나타나리라는 것이 래프터의 전제였다. 전자 교과서는 유연하고 양방향 소통을 보장하며 개별 학생에 대해 반응하는, 마치 카네기멜론과 MIT에서 개발하고 있는 소프트웨어와 비슷한 모습일 것이다. 크고 오래되었으며 높은 수익을 거두어온 출판사들과 통합형 대학들은 매우 적은 비용으로 복사되고 판매될 수 있는 소프트웨어로 용해될 위험에 직면해 있다.

사업비용 구조의 급격한 변화는 기술이 고등교육에 미치는 경제적 영향을 이해하는 데 중요하다. 새로운 기술 기업들은 기존 시장의 일부를 잠식하는 방식으로 운영되지 않는 경우가 많다. 그들은 기존 시장을 파괴한다. 예를 들어 크레이그리스트는 신문사의 지역 및 개인 광고 수익을 빼앗아가지 않았다. 대신 거의 모든 지역 광고를 무료로 게재함으로써 신문사의 수익이 사라지게 만들었다. 몇 가지 서비스에 요금을 부과하고 비용을 낮추는 것만으로도 크레이그리스트는 수익성을 유지할 수 있었을 뿐만 아니라 신문사들의 도산을 가져왔다. 여기에 마이크 메이플스가 좋아하는 은유가 매우 적절하게 적용될 수 있다. 천둥도마뱀들은 충분히 먹고살기 위해서라면 큰 건물들을 부수고 주변의 모든 것이 불타 없어져도 신경 쓰지 않는다.

온라인 고등교육을 지원하기 위한 구체적인 목적의 서비스를 개발하고 있는 창업 기업들도 있었다. 피아자(Piazza)라는 회사는 학생들이 조교와 다른 학생들에게 숙제와 연구 과제에 대한 질문을 할 수 있는 온라인 공부방을 제공한다. 내가 방문한 피아자의 팰로앨토 본사에는 맥북과 인체공학적으로 설계된 의자가 있는 일반적인 사무 공간 옆에 2층 침대 방이 있었다. 밤을 새워가며 코딩을 할 수 있도록 만들어진 이 사무실은 천둥도마뱀이 서식하고 자라는 세상, 빠르게 변화하는 세상의 전형을 보여주고 있었다.

인사이드트랙(InsideTrack)이라는 기업은 인터넷을 통해 학생들에게 개별 학습 관리를 해주는 코칭 서비스를 제공한다. 이 서비스는 일부 대학의 학생들이 극심한 경쟁을 뚫고 졸업을 할 수 있도록 지원하는 일을 목표로 한다. 4명의 직원으로 이루어진 창업 기업인 유시드(USEED)는 대학의 기금 모금 방식을 바꾸고자 한다. 학부생들이 기금 모금 문구를 읽으며 동문들의 저녁식사를 방해하는 대신 유시드는 동문들이 개별 학생들이 만든 실험학습 프로젝트를 보고 마음에 드는 프로젝트를 지원할 수 있도록 한다. 새로운 만화책이나 트럭 식당을 위한 자금을 모금하는 킥스타터(Kickstarter)나 케냐의 가난한 농부들에게 자금을 빌려주는 키바(Kiva)와 유사한 사업 모델이다. 코스히어로(Course Hero)는 대학생들이 온라인으로 자료를 올리고 공유할 수 있는 장을 마련함으로써 수천 개의 대학 강좌에 사용되는 학습 자료를 담은 7,000만 개의 문서 자료실을 구축했다. 한 고등학생이 자신의 방에서 만든 퀴즐렛(Quizlet)은 수백만 명의 사용자들이 무료로 암기카드와 학습 게임을 만들고 공유할 수 있도록 한다.

통합형 대학에 있던 교과서, 스터디룸, 코칭, 기금 모금, 학습 보조 수단 등은 꾸준히 작은 조각으로 분리되고 '어디서나 닿을 수 있는 대학'에서 다시 결합되고 있다. 이곳은 실리콘밸리 창업 기업들이 사는 가상의 벌집이다. 각 일벌은 과거에 학생들이 자신이 원하든 원하지 않았든 대학에서 한번에 모두 구매해야 했던 다양한 서비스의 특정 부분을 담당하고 있다. 각 창업 기업은 학생들이 지불해야 했던 금액에 비해 크게 낮은 가격으로 다수의 학생들에게 서비스를 제공함으로써 소프트웨어 기업으로서의 경제 효과를 누릴 수 있었다. 어떤 기업들은 "나는 XYZ 대학의 학사학위가 있습니다"라고 말하지 않고도 지식과 기술을 앞세워 노동 시장에 진출할 수 있는 길을 모색함으로써 대학 학위를 위협하고 있었다. 이처럼 전통적으로 고등교육에 지급하는 정부 보조금을 정당화하는 가장 큰 이유인 직무교육에 집중하는 기업들도 있었다. 그러나 여전히 학생을 가르치는 대학의 본질에 집중하는 기업들이 대다수였다. 마이클이 택시의 문제점을 늘어놓은 후 부른 우버를 타고 우리는 그중 한 회사를 방문했다.

이 회사의 이름은 미네르바 프로젝트(Minerva Project)였다. 1년 전 마이클이 샌프란시스코에 있는 그의 친구 집에서 교육 기술 창업 기업 관계자들과 바비큐 파티를 열었을 때 나는 창업자 벤 넬슨(Ben Nelson)을 만난 적이 있었다. 내가 당시 알게 된 회사 중 적어도 절반은 현재 더 이상 존재하지 않았다. 실리콘밸리의 기업 이탈은 매우 빠르게 진행되고, 그것이 실리콘밸리의 본질이기도 하다. 저렴한 컴퓨팅 용량과 어디서든 이용할 수 있는 브로드밴드로 인해 회사 창업 비용은 0에 가깝다. 한번 과감한 아이디어를 시도해본 후 잘되지 않으면 쉽게 회사 문을 닫고 또 다른 일을 시작하는 것이 자연스러운 수순이다. 죽어가던 IT 거물인 AOL이 소유한 팰로앨토의 한 건물에 일단 본사를 둔 회사는 창업 기업을 육성하면서 창업 비용으로 몇 만 달러 정도를 받는다. 이 회사는 장기적으로 몇 개의 창업 기업만 성공하면 된다는 생각으로 각 창업 기업에 대해 몇 퍼센트 정도의 지분을 소유한다.

반면 벤 넬슨은 교육 창업 기업에서는 거의 전례가 없는 금액인 2,500만 달러의 창업 자금을 유치했다. 창업 투자는 투기나 다름이 없다. 내가 처음 넬슨을 만났을 때 미네르바 프로젝트는 창업자가 파워포인트나 노트패드를 이용하거나 바비큐 파티에서 위스키 잔을 앞에 두고 10분간의 대화로 자신 있게 소개할 아이디어가 전부였다. 최초 투자를 받은 후 보통 후속 투자가 따르기 때문에 초기 투자자들이 한 회사에 대해 갖는 지분은 매우 적다. 이는 미네르바 프로젝트가 실질적인 형태로 존재하기도 전에 수억 달러의 가치를 지닌 회사가 되어버렸음을 의미한다.

넬슨은 미국 명문 대학들에 대한 엄청난 수요를 흡수함으로써 충분한 돈을 벌 수 있다고 투자자들을 설득했다. 실리콘밸리 사람들은 '시장 선점 우위(first mover advantage)'에 대해 즐겨 이야기하곤 한다. 새로운 시장에 진입하는 첫 기업이 후발 경쟁사들이 절대 따라올 수 없을 만큼의 고객을 확보할 수 있다는 것이다. 미국 명문 대학들은 오랜 역사 동안 시장 선점 효과를 경험했다. 1790년 최고의 위치에 있었던 하버드, 프린스턴, 예일은 1890년에도, 1990년에도, 지금까지도 그 위치를 지키고 있다. 세월이 흘러 동문들이 부와 권력이 보장되는 지위에 오르자 이 세 학교의 명성과 사회적 자본, 자산은 더욱 증가할 수 있었다. 하버드가 보유한 현금 330억 달러만으로 거둬진 이자 수익이 수십 개의 대학이 받은 기부금 총액을 넘어선 해도 있었다. 동시에 최고의 지위에 있는 학교들은 '평판의 복리 효과'를 누리기도 한다. 누구나 하버드에 가고 싶어 하기 때문에 하버드는 누구나 가고 싶어 하는 대학이 되는 것이다.

그러나 통합형 모델에는 심각한 한계가 있었다. 대학은 물리적 장소에 묶여 있기 때문에 확장을 하는 데 많은 비용이 든다는 것이다. 대도시에 위치한 대학일 경우에는 확장이 더욱 힘들다. 예일은 최근 학부 정원을 15퍼센트 정도 증원하여 800명의 학생을 더 수용하기 위한 확장 계획을 세웠다. 1930년대에 예일은 옥스퍼드와 케임브리지를 모방하여 고딕 양식의 직사각형 돌벽 건물을 짓고 중앙 잔디를 만들었는데, 증원 계획에 따르면 이와 비슷한 단과대 건물을 두 채 더 건설해야 한다. 여기에 드는 비용 6억 달러는 2011년 교육 기술에 대한 벤처캐피털 투자를 합한 금액과 같다.

그런데 이 정도의 소규모 확장도 매우 보기 힘든 경우가 많다. 하버드는 20년 동안 지원자 수가 급격히 늘어났음에도 학부 정원을 한 명도 늘리지 않았다. 하버드의 명성은 배타성과 긴밀한 연관이 있다. 지불할 의향이 있는 다수에게 서비스를 판매하지 않는다면 그 서비스의 가치는 더욱 높아진다.

이런 논리가 사실이 아니면 어떻게 될까? 하버드가 만약 현재의 연간 입학생 정원인 2,000명만 받는 대신 2만 명 또는 20만 명의 똑똑한 학생들에게 서비스를 제공하는 영리 기업이라면 하버드의 가치는 얼마나 될까? 벤 넬슨은 이 질문에 대한 대답으로 미네르바 프로젝트를 설립했다. 그리고 이 프로젝트는 미네르바 스쿨을 설립했다.

그는 나와 샌프란시스코의 한 식당에서 중국요리를 먹으며 미네르바 스쿨에 관해 설명해주었다. 이 학교의 목적은 미국의 엘리트 고등교육에 대한 초과 수요를 흡수하고, 더불어 더 나은 교육을 제공하는 것이다. 입학 사정은 기존 학교의 입학사정 절차를 타락시킨 상류층의 특권과 전혀 상관없이 순수하게 학문적 기준을 통해 이루어진다. 허친스 시대의 시카고 대학의 정신에 따라 학부생들은 필수교과를 반드시 이수해야 한다. 미네르바는 어디서든 배울 수 있는 경제원론과 같은 과목을 개설하지 않는다. 학생들은 이르면 11학년(고 2)을 마치고 입학을 할 수 있다. 등록 전부터 기초 과목을 들을 수도 있다. 학점 평가는 매우 엄격하다. 기준에 못 미치는 학생은 아이비리그에서는 거의 일어나지 않는 일인 낙제를 당하게 된다.

미네르바의 학부생들은 첫해에 샌프란시스코에 모여 함께 공부를 한 후 나머지 6학기는 상하이, 뭄바이, 상파울루, 예루살렘 등 서로 다른 도시에서 생활한다. 전 세계의 서로 다른 도시에 퍼져 있는 학생들은 온라인 세미나를 통해 공통의 학습을 한다. 이것이 의미하는 바는 미네르바에는 이론적으로 입학생 수에 제한이 없으며 그 인원이 늘어나면 한계비용이 하락한다는 것이다. 그렇기 때문에 미네르바의 연간 등록금은 아이비리그 학교들보다 75퍼센트나 저렴한 1만 달러가 될 수 있었다.

넬슨은 기본적으로 통합형 대학이 생겼을 때 존재한 인문학 중심의 교육을 강조했다. 또한 미네르바는 기존의 대학과 매우 다른 조직 형태를 띠고 있다. 이곳에는 많은 운영비용이 드는 미식축구 팀이나 학문 분야별로 운영되는 학과, 책이 가득한 대형 건물들이 없으며 100년 동안 발전한 정보기술의 강점을 활용한다.

이 학교의 초대 학장 스티븐 코슬린(Stephen Kosslyn)은 인지심리학과 신경과학을 연구해온 학자 출신이다. 그는 인공지능의 권위자인 카네기멜론대학의 존 앤더슨 교수보다 1년 늦게 스탠퍼드 대학원에 들어갔고 하버드 대학에서 심리학과 학과장을 역임했다. 그 후 스탠퍼드로 다시 돌아와 세계적으로 저명한 행동과학고등연구센터의 소장을 맡았다.

학계에서 오랜 기간에 걸쳐 학습과학을 연구한 많은 학자들과 마찬가지로 코슬린은 그와 그의 동료들이 밝힌 연구 성과 중 대부분이 연구 중심 대학의 교수법에 어떤 영향도 미치지 못했음을 깨달았다. 그러던 그에게 미네르바의 학장이 되는 것은 충분한 자원을 기반으로, 평생 쌓은 지식을 처음부터 직접 만든 새로운 미국 엘리트 대학이라는 매우 특별한 조직에 적용해볼 수 있는 기회였다.

코슬린은 미네르바는 SAT 점수가 높고 다재다능한 학생들을 선발하지 않는다고 나에게 말했다. 대신 그들은 한 가지에 뛰어난 재능이 있다는 의미로 '고르지 않은' 학생을 원했다. 미네르바 스쿨의 모든 교육은 여러 도시의 학생들이 네트워크를 통해 가상의 공간에서 만나는 온라인 세미나 형태로 진행된다. 코슬린에 따르면 온라인 세미나는 미네르바의 교수들이 한 강의실에 학생들과 앉아서 할 수 없는 일들을 가능하게 해준다. 학생들이 디지털 환경에서 학습하기 때문에 미네르바에서는 다양한 과목에 대한 학생들의 진도와 성취도에 관해 최신 데이터를 확인할 수 있다. 전통적인 대학에서는 자율적으로 운영되는 각 학과만이 이러한 정보를 가지고 있다. 그래서 정보를 종합하거나 이용하지 못해 일관성 있는 교육 프로그램을 설계하기가 어렵다. 코슬린과 동료 교수들은 학생의 구체적인 학습 정보를 활용하여 그들의 상대적 강점과 약점을 고려하면서 서로 도움을 줄 수 있는 구성원으로 맞춤형 세미나 그룹을 만들어줄 수 있다. 한 학기 중에도 주제가 바뀔 때마다 세미나 그룹을 새롭게 구성할 수도 있다.

세미나 중 학생들은 하버드 대학의 물리학자 에릭 마주르(Eric Mazur)가 개발한 '콘셉트 테스트'와 같이 개념을 기반으로 한 문제를 풀게 된다. 콘셉트 테스트는 물리학에서 '힘'의 의미와 같은 기본 개념을 이해했는지를 빠르게 확인할 수 있는 짧은 문항으로 구성되어 있으며 학생들이 서로 협동하고 도울 수 있도록 한다. 학생들은 온라인으로 문제를 풀기 때문에 교수들은 실시간으로 학생들이 무엇을 알고 모르는지, 어떻게 실력이 향상되고 있는지를 파악할 수 있다. 소크라테스의 글에 대한 의구심에서부터 파리 대학에서 있었던 묵독에 대한 논쟁, 우편통신 발전 과정, 그리고 라디오 대학의 강의까지, 역사를 통해 보면 정보기술은 교육에 꾸준히 영향을 미쳤다. 그 결과 교육 비용은 점차 저렴해지고 접근은 용이해졌다. 학생과 교수의 거리감은 더욱 벌어졌지만 이제 기술을 이용해 다시 긴밀히 소통할 수 있게 되었다.

미네르바에서의 강의계획서는 학습 목표의 정의에 따라 설계된다. 이는 당연한 소리처럼 들리겠지만, 대부분의 대학에서는 이루어지지 않는 일이다. 전형적인 강의계획서는 강의 시간과 다루게 될 주제들을 때로는 날짜별로 안내하고 과목을 이수하기 위해 학생들이 해야 할 과제를 설명한다. 그러나 대부분은 학생들이 달성해야 하는 학문적 목표가 상세하게 설명되어 있지 않다. 구체적인 학습 목표를 정의하고 순서를 정하는 일은 부담스러운 업무이기 때문이다. 카네기멜론 대학의 OLI의 과정 설계 담당자들은 인공지능 기반의 '인지 개인 교사' 프로그램에 적용할 학습 목표를 정의하는 데 수개월의 시간과 수십만 달러를 투자했다. 대학 교수 한 명이 학기마다 자신이 담당하는 여러 수업에 대한 학습 목표를 혼자 힘으로 정의하기는 거의 불가능한 일이다. 그리고 교수 입장에서는 그렇게 해야 할 동기도 없다. 이러한 일은 그들의 종신교수직 또는 급여 인상 문제와 아무런 관련이 없다.

미네르바에서 진행하는 강의의 학습 목표는 서로 다른 과목에서 배우는 개념, 지식, 기술이 서로 도움을 주도록 전체적인 관점에서 조율될 것이다. 이러한 상식적인 측면도 역시 찰스 엘리엇의 선택교과제에서는 불가능한 일이다. 선택교과제에서 학생들은 수천 개의 과목에서 자신이 원하는 것을 선택하고, 각 과목은 자율적이며 비협조적인 학과 내의 교수 개인이 관리하기 때문이다.

이와는 반대로 미네르바의 모든 신입생들은 사회과학대, 자연과학대, 컴퓨터공학대, 인문대가 각각 담당하는 4개의 동일한 과목만을 수강한다. 각 과목은 특정 학문 분야의 기본적인 조사 및 분석 방법론에 집중한다. 그렇게 함으로써 미네르바는 전통적인 통합형 대학의 학부 프로그램에서는 거의 할 수 없었던 실험을 실시할 수 있다. 더불어 디지털 학습 환경의 이점을 이용해 여러 교수법을 무작위로 실험하고 점차 이를 개선하고 가다듬을 수 있다.

미네르바의 첫 학생들은 2014년 가을에 입학했다. 2,500명에 가까운 지원자 중 70명을 선발하여 하버드와 스탠퍼드보다 낮은 2.8퍼센트의 입학률을 기록했다. 미네르바에 입학하지 못하고 아이비리그 대학에 들어간 학생들도 상당수 있었다. 모든 측면에서 기존 대학들의 가장 높은 기준을 넘어서기 위해 만들어졌으면서, 그보다 학비가 더 저렴한 이러한 교육기관은 우리를 현혹하던 오래된 대학들의 명성과 특권을 뛰어넘을 수 있을지를 보여주는 대단한 실험이 될 것이다.

＊ ＊ ＊

벤 넬슨과 만나 대화를 나눈 지 며칠 후 마이클과 나는 샌프란시스코의 마켓스트리트를 거닐었다. 이곳은 관광객들이 북적이는 화려한 쇼핑몰 거리에서 스트립 클럽과 술집이 들어선 거리로 바뀌고 있는 곳이었다. 우리는 회색 쇠창살이 드리워진 차고 문을 연상시키는 곳으로 향했다. 마이클은 미소를 지으며 오른쪽에 있는 문을 가리켰다. 아무 표시도 없는 그 문은 마치 매우 비싼 나이트클럽 입구이거나 배우들의 아지트로 들어가는 입구 같아 보였다. 그는 나에게 "이곳이 바로 혁명이 일어나고 있는 곳이에요"라고 말했다. 그가 벨을 누르자 문이 열리고 데브부트캠프(Dev Bootcamp)라는 회사의 창업자 셰리프 비셰이(Shereef Bishay)가 우리를 맞이하러 나왔다.

이집트에서 태어난 비셰이는 23세에 자신의 회사를 마이크로소프트에 매각하고 창업 기업을 몇 개 시작했다가 이제는 웹 개발자 가운데서도 가상 세계를 건설하는 프로그래밍의 기수라 할 수 있는 이들을 위한 강도 높은 9주 교육 과정을 제공하는 회사를 경영하고 있다. 과정이 끝나면 데브부트캠프는 웹 개발자들과 프로그래밍 전문가를 찾는 다양한 기업과의 면접을 알선해준다. 21세기 산업교육을 위한 매우 실용적인 과정인 것이다.

나는 데브부트캠프의 2층을 잠시 둘러보았다. 벽에는 스타워즈의 요다가 한 말이 쓰여 있었다. "한다, 못 한다만 있을 뿐, 시도란 건 없다." 곧 마이클, 비셰이, 데일 스티븐스(Dale Stephens)라는 사람과 나는 소파에 앉아 교육의 미래에 대한 이야기를 나누었다. 나는 처음엔 스티븐스를 못 알아보았지만 그가 「뉴욕타임스」와 주요 방송사에서 앞다투어 보도한 '언칼리지 가이(UnCollege Guy)'라는 것을 곧 깨달았다. 스티븐스는 5학년 때 초등학교를 중퇴하고 독학으로 알칸소의 헨드릭스 칼리지에 입학했다. 그러나 7개월 만에 또다시 학교를 그만두고 현재는 "교육과의 인연을 끊는 데 도움을 주는 사회운동"인 '언칼리지 운동'을 이끌고 있다. 언칼리지 웹사이트에 실린 성명서는 "교실에 발을 들이지 않고도 성공에 필요한 열정, 활기, 남다른 사고방식을 갖출 수 있는 방법을 보여주겠다"라고 선언한다. 스티븐스는 피터 틸(Peter Thiel)의 프로그램이 배출한 가장 잘 알려진 인물 중 한 사람이기도 하다. 실리콘밸리의 거부이자 자유주의를 지지하는 기업가 피터 틸은 몇몇 우수한 젊은 남녀를 선발해 "아무런 조건 없이 10만 달러의 지원금"을 주면서 대학에 가는 대신 기술 기업을 창업하는 등 무언가 유용한 일을 하도록 했다.

나는 당시로부터 1년 내에 스티븐스와 비셰이 모두 기존의 제도에서 완전히 동떨어진 새로운 고등교육 기업들을 순조롭게 성장시키리라 생각했다. 내가 그 다음 해 봄에 샌프란시스코를 다시 찾았을 때 데브부트캠프는 늘어나는 수요에 대응하기 위해 더 크고 멋진 창업 기업 공간으로 이전해 있었다. 나는 데브부트캠프 과정을 마친 지 얼마 되지 않은 웹 개발자들을 만나보았다. 그중에는 금융거래업에 환멸을 느낀 사람, 새로운 진로를 찾아 마드리드에서 먼 길을 온 스페인의 안과의사, 플로리다 대학의 식물학 전공생이 있었다. 듀크 대학을 최근에 졸업한 어떤 사람은 가르침과 강도 높은 학습을 중시하는 학교를 처음으로 2개월간 다녀보았다고 나에게 말했다. 데브부트캠프는 다른 도시에 지점을 열었으며 이들과 같은 모델을 사용하는 유사 기업들도 속속 등장하고 있다.

데브부트캠프의 이론은 사람들에게 일할 준비를 시켜준다는 논리와 직접적으로 연결되어 있다. 일종의 훈련을 받기 전에는 학교를 졸업하고도 바로 일을 시작할 수 없는 직업들이 많다. 그리고 사람들은 일을 하면서 현장에서 대부분의 값진 지식과 기술을 습득한다. 전문적이고 급여가 높은 직업일수록 더욱 그러하다. 따라서 가장 좋은 실무 훈련은 사람들이 좋은 전문가가 되기 위해 알아야 하는 모든 것을 가르치는 것이 아니다. 다시 말해 훈련 프로그램은 사람들이 성공적으로 업무를 시작할 수 있을 정도만 가르치도록 설계되어야 한다.

통합형 대학은 그러한 준비를 할 수 있는 적절한 기간이 분야와 상관없이 누구에게나 4년이라고 간주한다. 이것은 기가 막힐 정도로 비논리적인 사고다. 대표적으로 해병대원은 패리스 아일랜드(신병을 훈련시키는 부대가 있는 곳_옮긴이)에서 4년간이나 교육을 받지 않는다. 대학 졸업생들은 다른 선택을 할 수 없으며 고등교육이 무엇을 가르쳐야 하는지에 대해 다른 방향으로 생각해보지 않았기 때문에, 그리고 통합형 대학은 4년의 교육이 필요하다고 설득해야 할 재정적 동기가 있기 때문에 모든 이들은 대학의 규칙을 따르고 있다. 컴퓨터 프로그래밍과 같은 특정 직무를 위한 단기 프로그램을 제공하고 있는 커뮤니티 칼리지는 그나마 상황이 낫다. 그러나 대부분의 커뮤니티 칼리지 학생들은 직무 기술이 아니라 학교를 다닌 기간에 따라 2년제 준 학사학위 또는 1년 교육 증명서와 같은 학위를 받는다.

데브부트캠프는 필요한 기간 이상으로 사람들을 형식적인 교육 환경에 묶어두지 않기 위해 설계되었고, 그 결과 대학의 여름방학보다도 짧은 9주 과정이 탄생했다. 한편 데일 스티븐스는 피터 틸의 지원금으로 언칼리지 운동에 대한 책을 집필하고 '갭이어(Gap Year)'라는 언칼리지 프로그램을 설립했다. 그는 젊은 사람들이 대학에서 배우는 것의 대부분은 강의실에서 보낸 시간과 전혀 상관이 없다고 말한다. 동료 학생들과 성장의 경험, 생생한 직업 경험을 공유할 수 있는 인턴십, 해외 여행, 크게는 성인이 되어가는 과정이 더 큰 학습을 가져온다. 그런 경험을 하기 위해 대학 도서관과 박사학위 취득자들이 가르치는 수업을 반드시 들을 필요는 없다. 갭이어 학생들은 샌프란시스코에서 함께 살며 세미나와 워크숍을 듣고 자신의 모국어가 사용되지 않는 외국에서 3개월을 생활하고 3개월의 인턴십과 3개월의 독립 프로젝트를 거친다. 2013년 가을에 1기가 등록을 마쳤고 그 다음 모집 기간인 겨울과 봄에는 수백 명의 학생들이 갭이어에 지원했다.

✳ ✳ ✳

데브부트캠프와 언칼리지 갭이어 프로그램에서 나는 실리콘밸리 창업 기업들이 기존 고등교육 시장과 별개의 영역에서 통합형 대학의 해체를 시도하고 있음을 확인했다. 미네르바 스쿨은 기술 및 지적 자원을 갖춘 대학을 설립하여 통합형 모델의 취약점, 그리고 대학이 부와 명성의 보호막 속에서 키우고 있던 불합리와 비효율 문제를 해결하고 있었다. 미네르바는 정보기술이 어떻게 '어디서나 닿을 수 있는 대학'을 탄생시킬 수 있는지에 대한 중요한 무언가를 보여주었다. 그렇다고 고등교육 기관 없이 모든 사람들이 홀로 학습하는 미래가 찾아오지는 않을 것이다. 학생들은 여전히 교육적 전문성을 중심으로 구축된 조직을 필요로 할 것이다. 교과 과정을 설계하고 전문가와 교수를 고용하며 학생들이 무엇을 알고 있는지를 평가할 누군가는 있어야 한다. 다만 정보기술은 앞으로 훨씬 낮은 가격으로 훨씬 나은 교육을 제공하는 색다른 고등교육 기관들을 낳을 것이다.

한편 또 다른 종류의 창업 기업들이 고질라와 같이 고등교육을 대대적으로 파괴할 준비를 하고 있다.

새로운 플랫폼 7

세상의
모든 과목을 담다

          〈생명의 비밀〉을 온라인으로 제공하자는 제안은 에릭 랜더가 하지 않았다. 매사추세츠 케임브리지에 위치한 MIT 뇌인지과학동에서 한 블록 떨어진 에드엑스라는 비영리 기관이 온라인 강좌를 제안했다. 그 비영리 기관과 이름이 같은 에드엑스는 MIT가 시작했으며 2012년 하버드도 발빠르게 이에 동참했다. 전 세계의 여러 명문 대학들도 비슷한 움직임을 보였다. 2014년 에드엑스에서 무료로 제공하는 온라인 강좌는 수백 개가 되었다. 〈월트 휘트먼의 시〉, 〈초기 기독교의 역사〉, 〈컴퓨터 신경과학〉, 〈비행동역학〉, 〈셰익스피어〉, 〈단테의 신곡〉, 〈생명윤리학〉, 〈현대의 인도〉, 〈중국의 역사적 유물과 문화〉, 〈선형대수학〉, 〈자율이동로봇〉, 〈전기와 자기〉, 〈이산시간 신호 및 시스템〉, 〈글로벌 사회학 입문〉, 〈컴퓨팅적 사고와 데이터과학〉, 〈풀리지 않은 우주 최대의 미스터리〉라는 천문학 과정 등이 여기에 포함되어 있다.

    이렇게 하는 것은 가장 부유하고 인기 있는 대학들이 자신의 상품과 서비스에 희소성을 고집하던 500년간의 고등교육 경제학과 상충되는 것처럼 보였다. 부상하고 있던 '어디서나 닿을 수 있는 대학'은 희귀하고 비싼 장소로서의 특권에 의존하던 교육기관들을 위협했다. 그런데도 세계적으로 대단한 대학들은 왜 수백만 달러를 들여 강의를 무료로 배포할 웹사이트를 개발하고 있을까?

이들은 고등교육에서 다음으로 열릴 큰 무대에서 우선적인 지위를 차지하기 위해 경쟁하고 있다 보아야 한다. 또한 든든한 자본을 앞세워 이곳에 먼저 도달하려는 기술 창업 기업들로부터 생존을 위협받고 있는 상황이기 때문에 서둘러 앞으로 나아가는 수밖에 없는 것이다.

* * *

실리콘밸리는 제조업을 기반으로 건설되었다. 애플과 인텔 등 여전히 제조업을 영위하고 있는 기업들도 있다. 그러나 물건을 만들어 판매하는 일은 고된 재무적인 노력이 필요하다. 특허로 보호를 받을 수 있어도 공급망을 최적화하고 저렴한 노동력을 이용하는 데에 앞선 경쟁자들에 의해 몰락할지도 모른다. 대표적으로 평면 텔레비전을 예로 들 수 있다. 평면 텔레비전은 매년 더욱 크고 멋지게 나오지만 더욱 저렴한 가격에 판매되면서 기업들은 엄청난 압박을 받는다. 최고의 자리에 오른 기업은 수만 명의 직원, 공장, 트럭, 장비, 창고 등으로 불어난 거대한 조직을 경영해야 하기 때문이다. 경영자들이 요트를 타며 유유자적할 시간은 없다.

반면 소프트웨어 개발은 성격이 완전히 다른 산업이다. 소프트웨어는 지적 재산이다. 브로드밴드의 보급, 컴퓨터 가격의 하락과 클라우드 덕분에 소프트웨어를 만드는 데 필요한 물리적 요건이라고는 프로그래머들이 앉을 인체공학 디자인의 검은색 의자 그리고 그들의 맥북과 빈 피자 상자를 올려놓을 책상이 전부다. 대단한 소프트웨어를 개발하기 위해 수만 명의 프로그래머가 필요하지도 않다. 배에 사공이 너무 많으면 오히려 이상한 소프트웨어가 나오는 경향이 있다. 마이클 스테이턴과 그의 동료들은

'소프트웨어 엔지니어들의 엘비스'로 알려진 덴마크 출신의 34세 천재 개발자 데이비드 하이네마이어 핸슨(David Heinemeier Hansson)에 대해 경외감을 갖고 이야기한다. 유명한 웹 개발 프레임워크인 루비 온 레일즈(Ruby on Rails)를 개발한 그는 여가 시간에 스포츠카 레이싱을 즐기고 일을 할 때는 일반적인 개발자 100명의 몫을 해낸다고 한다.

소프트웨어를 추가로 하나 더 생산하는 데는 비용이 들지 않는다. 따라서 첫 번째 소프트웨어를 판매한 후부터 추가적으로 판매되는 복사본이나 늘어나는 소비자로 인한 수익 마진이 매우 크다. 유사 제품들과의 경쟁에 취약한 하드웨어와 다르게 소프트웨어는 더 많은 사람들이 사용할수록 시장 선점 효과에 의해 가치가 높아진다. IBM이 마이크로소프트의 운영체제가 설치된 IBM PC로 사무 공간을 탈바꿈시킨 지 10년이 지난 후 PC 사업에서 완전히 손을 뗀 반면, 마이크로소프트의 빌 게이츠가 세계에서 가장 부유한 사람이 된 것도 이러한 이유에서다.

마이크로소프트는 전 세계에 약 10만 명의 직원을 고용하여 지속적으로 운영체제 및 응용 프로그램들을 업데이트하고 개선하고 있으며 수익의 대부분이 이를 이용하는 기업과 정부 기관에서 발생하고 있다. 그런데 현재의 비용조차도 절감하려면 무엇을 해야 할까? 회사의 가치를 높이는 일을 하는 사람이 있어도 회사가 그에게 돈을 지불할 필요가 없다면? 고객에게 다가가기 위해 마케팅과 영업에 비용을 지출하지 않고도 고객이 스스로 회사의 문 앞에 나타나 돈을 쌓아놓고 간다면?

상상 속의 이야기로 들리겠지만 이것은 실리콘밸리에서 가장 각광받는 기업들이 실제로 사용하고 있는 모델이다. 그 비결은 바로 플랫폼에 있다. 플랫폼 개발자는 디지털 세계에 새롭게 군림하는 황제다.

이러한 이야기는 이미 우리에게 익숙하다. 세계에서 직원 수가 가장 많은 비상장 기업인 월마트는 콘크리트 벽과 지붕으로 둘러싸인 물리적인 플랫폼을 구축했다. 이 플랫폼은 운송, 통신, 상거래 네트워크를 기반으로 상품을 제조하는 수만 개의 기업과 그들의 상품을 구매하고자 하는 수억 명의 사람들을 연결해주고 월마트는 발생한 거래에 대한 수수료를 거두어들인다.

인터넷 플랫폼의 원리도 동일하다. 차이가 있다면 수천 개의 플랫폼을 만들 필요 없이 하나의 플랫폼만 만들면 된다는 것이다. 이베이는 개인 간 판매 거래와 경매를 위한 플랫폼이다. 도서 판매 플랫폼으로 시작된 아마존은 사업 확대를 통해 이제 월마트에서 취급하는 모든 제품 영역에 진출했다. 크레이그리스트는 아파트 매매와 임대, 중고 오디오 거래에서 성매매까지 지역적 고유성이 강한 제품과 서비스를 거래하는 플랫폼이다. 넷플릭스는 영화와 텔레비전 프로그램을 위한 플랫폼이다. 페이스북은 친구에게 생일 축하 메시지를 남기고 고양이의 동영상을 공유하는 등 사회적 상호작용을 위한 플랫폼이다.

인터넷 플랫폼의 매력은 사업에서 가장 많은 비용이 드는 부분을 다른 이들이 책임져준다는 것이다. 하드웨어와 소프트웨어는 애플, 인텔, 아파치, 삼성, 마이크로소프트가 개발한다. 통신네트워크는 컴캐스트, 버라이존, AT&T가 담당한다. 페즈(Pez)는 페즈 케이스(캐릭터 머리를 젖혀서 사탕을 빼는 막대 형태의 캔디 케이스-옮긴이)를 만들고 픽사는 귀여운 만화 영화를 제작한다. 펭귄랜덤하우스는 책을 출판하고 전국의 여성들은 고양이 동영상을 찍는다. 플랫폼 기업은 중간에 앉아서 거래에 대한 몇 퍼센트의 수수료를 받거나 마진이 낮은 제품들을 고객에게 판매하는 광고주들로부터 마케팅비를 받으면 된다. 여기서 가장 중요한 점은 구매자와 판매자의 수가 늘어날수록 플랫폼의 가치가 기하급수적으로 상승하기 때문에 시장을 가장 먼저 장악해야 한다는 것이다. 사람들은 이미 많은 사람들이 사용하고 있는 플랫폼에 참여하고 싶어 한다.

이제 통합형 대학이 고등교육 최초의 플랫폼은 아니겠지만 이 플랫폼에 대해 생각해보자. 학생들은 지식, 기술, 학위를 필요로 한다. 학자들은 연구 활동을 하면서 돈을 벌기를 바란다. 선택 교과제하에서 대학은 이러한 거래가 정확히 어떻게 일어나는지, 어떤 강좌가 제공되는지, 그것이 도움이 되는지 관심을 가질 필요가 없다. 모든 것은 구매자와 판매자에 달려 있다. 통합형 대학은 교과서, 냉난방, 마이크가 있는 강의실 등 구할 수 있는 최고의 기술을 사용하여 플랫폼을 구축했고 판매 거래에 대해 일정한 수수료를 챙겼다.

샌드힐로드의 기업가들은 이 모든 것을 이해했다. 그러나 여기서 어려운 부분은 배움의 전당 주변을 둘러싸고 있는 규제와 정부 보조금의 장벽을 피해 가는 것과 우리가 현재 알고 있는 식의 대학들만이 진정한 고등교육을 제공한다는 뿌리 깊은 문화적 신념을 극복하는 것이었다. 그들은 수조 달러 규모의 시장이 될 수 있는 블루오션에 주목했다. 난제는 사람들이 이에 뛰어들게 하는 것이었다.

첫 시도는 이루어졌다. 스탠퍼드의 한 교수가 자신의 컴퓨터공학 강의를 온라인에 올린다는 파격적인 결정을 한 것이다.

* * *

2011년까지 스탠퍼드 대학은 실리콘밸리의 벤처 자본가, 기업가, 기술 대기업들과 완벽한 공생 관계를 이루었다. 10분 거리의 샌드힐로드에는 자금이 가득했고, 직장을 원하는 사람은 101번 도로를 통해 쿠퍼티노의 애플 본사, 산타클라라의 인텔에 쉽게 접근할 수 있었다. 도시 주변의 상점가와 창고에서는 수많은 창업 기업이 새로운 구상을 하고 있었다. 2층 건물이 즐비한 팰로앨토의 가로수 길을 따라 내려가던 마이클 스테이턴은 어느 휴대전화 가게 위층을 가리키면서 이곳이 구글의 첫 사무실이었으며 근처의 다른 건물에서 페이스북이 탄생했다고 알려주었다.

붉은 타일로 지붕이 덮인 노란 벽돌 건물이 흠잡을 데 없는 푸른 잔디와 구름 한 점 없는 하늘과 완벽한 색의 조화를 이루고 있는 아름다운 스탠퍼드 대학에서 몇 블록 떨어진 이곳에서 오늘날의 성공적인 기업들이 만들어진 것이다. 스탠퍼드는 의도적으로 학문 연구와 비즈니스의 경계를 희미하게 유지했다. 교수와 학생들은 수업을 하고 논문을 작성하는 동시에 함께 창업을 하고 IT 대기업에 컨설팅 서비스를 제공하며 돈을 벌기도 한다. 이러한 환경은 스탠퍼드에 도움이 되었다. 스탠퍼드는 명성뿐만 아니라 전 세계의 자금과 명석한 두뇌를 끌어들였다. 길들이기 힘든 천둥도마뱀이 언제나 별 탈 없이 둥지를 떠났기 때문에 스탠퍼드는 이들의 사육지 역할을 하는 일을 즐겼다.

이런 평화로운 상태는 세바스천 스룬(Sebastian Thrun)이라는 컴퓨터공학 교수에게 일종의 영감이 떠오른 2011년 여름까지 계속되었다. 스룬은 독일에서 태어나 본(Bonn) 대학에서 컴퓨터공학과 통계학을 전공했다. 그는 1956년 허버트 사이먼, 클로드 섀넌 등의 학자가 다트머스 콘퍼런스로부터 시작한 프로젝트를 계승하여 인공지능을 연구했다. 카네기멜론 대학은 1995년 그를 교수로 채용했다. 스룬은 약 10년간 그곳에서 컴퓨터공학과 통계학, 기계가 교차하는 영역에서 연구를 수행했다.

지난 몇 년간 인공지능 분야는 부침을 겪었다. 신경과학과 인지심리학이 나란히 발전을 이루면서 인간의 인지가 얼마나 환상적으로 복잡한지 밝혀졌고, 실리콘으로 인간의 지능을 따라잡는다는 초기의 야망은 지나치게 낙관적이었음이 증명되었다. 스룬 세대의 연구자들은 인공지능의 작은 르네상스를 이끌었다. 그들은 점차 늘어나는 컴퓨팅 용량과 고도의 통계적 방법을 결합함으로써 들어오는 데이터를 메모리에 저장된 패턴과 비교했다. 이를 바탕으로 이 2개의 일치 가능성에 대한 통계적 판단을 내려 확률적으로 인지와 반응을 하는 컴퓨터를 개발했다. 스룬과 그의 동료들이 개발한 컴퓨터는 제한된 시간과 정보, 처리 능력 내에서 똑똑한 결정을, 즉 허버트 사이먼의 조직행동론 용어를 빌리자면 '어느 정도 만족할 만한' 결정을 내릴 수 있었다.

2003년 스탠퍼드는 스룬을 팰로앨토로 오도록 설득하여 그에게 학교의 인공지능 실험실을 맡겼다. 그리고 1960년대에 아르파넷(ARPANET)을 개발했던 국방부 산하의 고등연구계획국인 다르파(DARPA: Advanced Research Projects Agency)가 2005년에 누가 인공지능을 이용해 운전자 없이 험한 사막 길을 달리는 차를 만들 수 있는지 알아보기 위한 경진대회를 열었다. 스룬은 이 대회에서 폭스바겐의 SUV 차량으로 출전하여 우승한 팀의 일원이었다. 이후로 그는 스탠퍼드의 종신교수로서 인공지능을 가르치면서 구글 연구소에서도 근무하게 되었다.

2011년 즈음부터 세바스천 스룬은 실리콘밸리의 록스타와 같은 존재였으며 검증된 천재이자 매우 멋진 것들을 만드는 선견지명이 있었다. 청바지에 세련된 티셔츠를 즐기는 스룬은 그가 기술 이상향을 꿈꾼다고 놀리는 것을 즐기는 아름다운 비교문학 교수와 결혼했다. 그해 3월, 스룬은 최신 과학기술 전문가들이 그간의 성과를 자축하는 테드(TED)의 연례 콘퍼런스에 초청되어 열광하는 청중 앞에서 그와 구글의 동료들이 무인자율주행 자동차를 개발한 경험을 소개했다.

그는 자신의 순서가 끝난 후 콘퍼런스에 남아 다른 강연을 들었다. 그해의 강연자 중에는 열정적인 전 헤지펀드 애널리스트 살만 칸(Salman Khan)도 있었다. MIT에서 컴퓨터공학을 전공하고 하버드 MBA를 졸업한 칸은 최근에 초중고 학생들을 위한 여러 강의 동영상을 유튜브에 올려 수백만 건의 조회를 기록해 유명해진 상태였다. 그는 유튜브의 동영상을 기반으로 역시 엄청난 성공을 거둔 교육 웹사이트 칸 아카데미(Khan Academy)를 만들었다. 논리적인 사람인 스룬은 대학이 칸 아카데미와 같은 웹사이트를 만들지 못할 이유가 없다고 생각했다.

스룬은 스탠퍼드로 돌아와 자신과 마찬가지로 구글의 연구를 총괄하는 책임자인 동시에 스탠퍼드에서 곧 개설할 석사 과정 〈CS221: 인공지능 입문: 원리와 기법〉의 공동 담당 교수인 피터 노빅(Peter Norvig)과 이야기를 나눴다. CS221은 대부분의 대학 강좌와 유사하게 구성되어 있었다. 스룬과 노빅이 강의를 하고 지정 텍스트를 읽고 여러 문제를 풀도록 한 후 학습 수준을 확인하기 위한 시험을 실시한다. 스룬과 노빅은 이 모든 것을 한계비용 없이 컴퓨터를 통해 제공할 수 있음을 알았다. 그들은 동영상과 연습 문제를 정리한 후 전 세계의 인공지능 전공생과 연구자들에게 팰로앨토에서 스탠퍼드 학생들이 듣는 CS221 강의를 온라인에서 무료로 들을 수 있다고 이메일을 보냈다. 그들은 수백 명이 등록할 것으로 예상했지만 2주 만에 신청자는 5만 8,000명이 되었다.

저널리스트 스티븐 레칼트(Steven Lekart)는 후에 잡지 『와이어드 Wired』를 통해 그 시점이 바로 스탠퍼드의 행정가들이 현재의 상황을 파악한 순간이었다고 회고했다. 대학이 강의실에서 무슨 일이 일어나는지 전혀 모르고 있었다는 것은 놀라운 일이 아니었다. 통합형 대학은 가르치는 일상적인 일에 대해서는 전적으로 교수들에게 맡겨왔다. 그것이 바로 플랫폼의 존재 이유이기 때문이다. 그 결과 수업은 학생들이 과학을 학습하는 원리를 무시한 채 안일하고 구태의연하게 진행된 것이 사실이었다. 그러나 이 경우에 이러한 운영 방식은 스룬과 노빅이 새로운 시작을 할 수 있는 동기가 되었다. 그들이 대학의 변호사들 및 행정가들과 여러 차례 회의를 갖고 논의를 하는 동안 CS221 강의를 신청하는 등록자들 또한 계속 늘어났다. 뿐만 아니라 「뉴욕타임스」의 한 기자가 CS221 강의에 대한 기사를 내보내면서 이 소식이 순식간에 전 세계로 퍼져나가, 등록자는 수십만 단위로 늘어났고 증가세는 멈출 기미를 보이지 않았다.

세바스천 스룬이 교육이나 기술적인 관점에서 특별히 흥미로운 일을 한 것은 아니었다. 그가 대학에서 한 일은 자율주행 자동차 발명과 비교하면 아무것도 아니었다. 2011년 당시에는 이미 유튜브와 아이튠스에 수천 개의 강의가 공개되고 있었고 인정 기관의 인증을 받은 대학들이 제공하는 온라인 과정을 듣고 있는 학생들도 수백만에 이르렀다. 그러나 CS221 강의는 무료로 다수에게 제공되었기 때문에 이것은 곧 무크(MOOC: Massive Open Online Course) 또는 대중 온라인 공개강좌로 불리기 시작했다. 무크라는 용어는 스룬이 처음 언급하지는 않았다. 무크는 그로부터 3년 전, 조지 시멘스(George Siemens)와 스티븐 다운스(Stephen Downes) 두 교수가 캐나다 매니토바 대학에서 이루어지는 학습의 성격을 설명하며 이미 사용한 용어였다.

그렇다면 CS221 강의를 둘러싼 열풍은 왜 일어났을까? 우선 스룬은 그의 온라인 교육 과정을 '과정(course)'이라고 불렀다. 말 그대로 이것이 '과정'이기 때문이었으니 당연한 표현일 수도 있다. MIT 오픈코스웨어는 교육 과정에 사용되는 '자료'를 제공할 뿐이라고 주장했지만 CS221 강의에서는 그러한 한정적 표현이 사용되지 않았다. 통합형 대학은 언제나 교육 과정이 특정한 장소에서 이루어진다는 점에 대해 특별한 자긍심을 드러내면서 캠퍼스 내에서의 경험이 학습의 어떠한 구성 요소들보다 중요하다는 인상을 주었다. 그러나 스탠퍼드 학생들도 곧 다른 사람들처럼 캠퍼스 내에서가 아닌 컴퓨터로 CS221 강의를 듣기 시작하면서 스룬은 강의실에서 수업을 할 때보다 그들의 성적이 더 좋아졌음을 알게 되었다.

그러나 CS221 강의의 가장 중요한 측면은 강의, 교과 과정, 웹 인터페이스나 시험이 아니었다. 다른 온라인 강의나 그 이전의 무크와 CS221 강의가 다른 이유는 이것이 스탠퍼드 대학과 인공지능의 록스타 세바스천 스룬이 제공하는 교육 과정이었다는 점이다. 그 점이 유명세와 등록의 선순환을 가져온 유일한 차별점이었다. 스탠퍼드는 일반 대중에게 강의를 공개함으로써 이 학교야말로 실리콘밸리와의 건전한 조화에 더해 최상의 교육을 받을 수 있는 곳이라고 전 세계에 선언했다. 스룬은 세계가 그와 스탠퍼드에 갖는 깊은 신뢰를 바탕으로 스탠퍼드 밖의 학생들을 그의 수업에 끌어들였다. 그러나 그는 스탠퍼드 대학으로서는 그 무엇보다도 중요한 그 '이름'을 무너뜨리고 있었다.

CS221 강의는 '교육 과정'이었기 때문에 스룬은 자연스럽게 학생들이 얼마나 배웠는지를 증명하는 시험을 실시하겠다고 말했다. 이 말은 스탠퍼드 행정가들의 머리카락이 쭈뼛 서도록 만들었다. 지식을 전달하고 배우도록 하는 것은 괜찮았다. 누구나 학습의 대의를 도모하고 대중에게 영감을 주는 일은 찬성한다. 그러나 시험은 학점과 관련이 있었고, 더 나아가 스탠퍼드의 비즈니스였다. 스룬은 팰로앨토의 학생들이 매년 5만 달러를 내고 받는 학점을 무료로 나눠주려고 하는 것이었다.

팰로앨토의 풍경을 가득 채우는 기술 기반의 창업 기업들을 연구하는 사람들이 잘 정리해둔 기업생애 주기에 따르면 스탠퍼드는 그 주기의 특정한 지점에 도달해 있었다. 누군가가 대학이 판매하는 것과 기본적으로 동일한(또는 그만큼 좋지는 않은) 상품을 만들어 무료로 배포하고 있다. 클레이턴 크리스텐슨으로부터 영감을 받은 스탠퍼드 경영대학원(기업가 연구센터를 포함한 스탠퍼드 경영대학원은 미국 1위로 평가받았다)이 지금까지 가르쳐온 바에 따르면 이러한 시점이 왔을 때 장기적으로 생존하려면 천둥도마뱀들이 조직 전체를 잡아먹기 전에 고통을 무릅쓰고 수십 년간 성장시켜온 수익성 높은 사업을 접어야 한다. 그러나 대부분의 기업들은 절대로 물러서려고 하지 않다가 더욱 크고 깊은 피해를 입고 시체로 전락한다.

예상했듯이 스탠퍼드는 새로운 도약을 시도하지 않았다. 스탠퍼드의 행정가들은 학교와 강의 동영상이 공존할 수 있다고 판단했지만 스룬에게 더 이상 연습문제 과제를 제공하지 말라고 요청했다. 연습문제는 적극적인 공부를 통해 학습을 체화하도록 하는 부분이기 때문이다. 스룬은 이를 거절했다. 그래서 양측은 이렇게 합의를 보았다. 스룬은 강의와 연습문제를 계속 공개하지만 시험을 통과한 학생에게는 '증명서'나 학교가 절대 용납할 수 없는 '학점'이 아니라 '학업 성취 확인서'만을 주기로 했다. 그리고 학업 성취 확인서에는 스탠퍼드의 강의를 듣고 스탠퍼드의 모든 연습문제를 풀고 스탠퍼드 시험을 통과한 자가 스탠퍼드의 학위를 취득하려 할 때 그가 온라인에서 받았던 '비 스탠퍼드' 학업 성취 확인서를 절대 활용할 수 없음을 확인하는 다양한 단서를 포함해야 했다.

많은 경우 행정가들은 교수와의 협상에서 압도적인 우위에 있다. 어떤 학문 분야든 대학 교수로 있을 때 가장 안정적인 생활을 할 수 있기 때문이다. 특히나 스탠퍼드는 명성의 사다리에서 정상의 위치에 있다. 그러나 스탠퍼드가 전쟁 후부터 성공적으로 펼쳐온, 학계와 기업의 경계를 두지 않도록 하는 정책이 독이 되었다. 실리콘밸리의 중심에 위치한다는 사실도 마찬가지였다. 비교문학 교수와는 달리 세바스천 스룬에게는 또 다른 직장이 있었고 그 직장은 바로 스탠퍼드만큼이나 부유하고 유명하며 명예로운 구글이었다. 또한 비교문학 교수와는 달리 그는 기술과 관련된 여러 활동으로 많은 돈을 벌었다. CS221 강의가 시작되기도 전에 그는 은행계좌에서 30만 달러를 인출해 새로운 온라인 과정을 제작하는 창업 기업을 설립했다. 그는 그해 구글의 연구소인 구글 X를 운영하기 위해 이미 종신교수직을 그만둔 상태였다. 따라서 학교 측에서 학점은 절대 안 된다고 말했을 때 그는 CS221을 중단하고 기존 학생들에게 '비 스탠퍼드' 학업 성취 확인서를 발급한 후 스탠퍼드를 떠나버렸다.

팰로앨토의 모든 사람들은 이제 세바스천 스룬의 행보와 CS221의 미래에 주목하게 되었다. 벤처캐피털 기업의 비즈니스 모델은 여러 기업을 지원하다 보면 그중 몇 개는 엄청난 성공을 거둘 것이라는 희망을 기반으로 한다. 벤처캐피털은 20X 투자를 목표로 한다. 1달러를 투자했을 때 20달러를 벌 수 있다면 그동안 실패로 끝난 다른 투자를 모두 보상하고도 남는다는 것이다. (배수를 X로 표현하는 것은 실리콘밸리의 용어다. 예를 들어 20X는 20-엑스라고 발음하며, 고객을 열 배로 늘린다고 할 때는 10X라고 한다.) 게다가 그러한 투자 회수는 일정한 기간 내에 이루어져야 하며 일반적으로는 최초 투자 후 10년 이내를 그 기간으로 잡는다. 목표에 이르는 방법은 주로 더 큰 기업에 매각을 하거나 기업공개를 하는 것이다.

둘 중 어떤 시나리오에서도 이익률 그 자체가 중요하지는 않다. 매수 기업이 필요로 하는 것은 사용자와 고객이 기하급수적으로 증가하리라는 급격한 상승세 또는 추진력이다. CS221 강의의 등록자 증가 그래프는 정확히 그러한 곡선을 그렸다. 벤처캐피털 회사인 찰스 리버 벤처스(Charles River Ventures)는 스룬이 유다시티(Udacity)라고 이름 붙인 새로운 창업 기업에 150만 달러를 투자했다. 2012년 1월 유다시티는 스룬과 그의 동료들의 주도하에 무료로 온라인에서 공개될 다양한 교육 과정 개발 계획을 발표했다.

다른 벤처캐피털들이 4조 6,000억 달러의 교육 시장을 유다시티와 찰스 리버가 독차지하도록 가만두지 않은 것은 놀라운 일이 아니다. 세바스천 스룬은 스탠퍼드의 인공지능 분야에서 유일한 록스타가 아니었다. 스룬의 뒤를 이어 인공지능 연구소의 소장직을 맡은 교수 앤드루 응(Andrew Ng)은 다른 학자들이 잘 닦아놓은 길을 따라 카네기멜론과 MIT에서 컴퓨터공학 학위를 취득하고 근처의 UC 버클리에서 박사학위를 받은 후 팰로 앨토에 왔다. 그도 역시 구글에 적을 두고 수백 대의 컴퓨터를 연결하여 인공 신경세포 10억 개로 구성된 네트워크를 개발하는 구글 브레인 프로젝트를 총괄하고 있었다. 응도 역시 CS221의 일부 단원을 가르쳤으며 2011년 가을에는 그의 기계학습 과목을 온라인에 공개했다.

유다시티가 자유롭게 세상에 나오기 몇 달 전 구글의 초기 투자자였던 클라이너 퍼킨스 코필드 앤 바이어스(Kleiner Perkins Caufield & Buyers, KPCB)의 존 도어(John Doerr)는 자신이 KPCB가 투자하고 앤드루 응과 그의 스탠퍼드 컴퓨터공학과 동료 다프네 콜러(Daphne Koller)가 경영하는 새로운 회사의 이사진에 합류한다고 발표했다. 이 회사의 이름은 코세라(Coursera)였다. 유다시티가 여러 새로운 강의를 새롭게 제작하느라 분주한 시간을 보낼 동안 코세라는 좀 더 독특한 계획을 세웠다. 코세라는 시장 전체를 지배할 디지털 고등교육 플랫폼을 구축하기로 했다.

다른 하부 문화와 마찬가지로 실리콘밸리의 창업 기업 세계는 까다롭게 정의된 일련의 미학적 가이드라인 속에서 돌아간다. 사람들은 20X 같은 암호를 사용하고 같은 옷을 입으며 같은 스마트폰과 컴퓨터를 구매하고 상당히 흡사하게 생긴 사무실에서 일한다. 그래서 나는 마이클 스테이턴과 함께 코세라의 사무실에 도착했을 때 조금 놀랐다. 사무실은 공장을 개조한 공간에 있지도 않았고 안내 데스크 겸 고정기어 자전거 보관 공간으로 화물 엘리베이터를 타고 올라가지 않아도 되었다. 코세라는 실제로 팰로앨토 외곽 상업 지구의 일반적인 사무용 건물에 있었다. 이 회사는, 그런 모습을 보여주려 의도한 것일 수도 있지만, 사업에 좀 더 진지한 것으로 보였다.

우리는 편안한 소파에 앉아 예쁜 병에 담긴 탄산수를 마시며 기다리다가 몇 분 후 회의실로 안내를 받아 다프네 콜러를 만났다. 머리가 희끗한 중년 여성인 그녀는 티셔츠에 지퍼를 잠그지 않은 푸른색 운동복 상의를 입고 있었으며 편안한 샌들을 신고 있었다. 그녀의 옷차림은 어떤 옷을 입든 신경 쓰지 않는다는 것을 과시하듯 보여주는 실리콘밸리의 하부 문화와 일맥상통했다.

그 당시 운영 1년을 맞은 코세라는 400여 개 강좌에 전 세계 300만 명의 학생을 등록시키고 있었다. 코세라의 웹사이트 대문에는 타임스스퀘어의 국가 부채 숫자판처럼 그들이 제공하는 강좌 개수가 표시되어 있고 이 숫자는 항상 계속해서 바뀌고 있다. 코세라는 어떤 강좌도 직접 만들지 않고 세계 여러 유명 대학의 강좌와 대학명을 무료로 사용한다.

유다시티, 코세라 등 무크 공급 업체들에 대한 뉴스 기사가 풍성해지자 통합형 대학의 행정가들 사이에 공포감이 일었다. 순위 경쟁을 중시하는 조직인 대학들은 다른 대학들에 뒤처지는 것을 두려워한다. 따라서 스탠퍼드의 이름을 올린 '무료 온라인 과정'이 공개되자 스탠퍼드와 같은 학교가 되고 싶은 학교들, 즉 모든 학교가 이 분야에 뛰어들었다. 버지니아 대학의 신탁 이사들은 무크에 대한 「월스트리트저널」 논평을 읽은 후 최근에 선임한 총장을 기업가 정신이 부족하다는 이유로 갑작스럽게 해고하기에 이르렀다. 이런 상황에 대학 지도자들만이 책임이 있는 것은 아닌 경우가 일반적이므로 버지니아 대학은 언론의 비난을 받자 총장을 복귀시켰다. 이제 틀은 만들어졌고 코세라는 통합형 대학들에 "온라인 교육을 어떻게 하면 좋을까"라는 질문의 답을 제시하며 비즈니스 모델을 구축했다.

코세라와 유다시티가 탄생한 순간부터 사람들은 이들이 어떻게 돈을 벌지를 묻기 시작했다. 이것은 어떤 면에서 인터넷 창업 기업에 관해 물을 만한 적절한 질문이 아니다. 전 세계 사람들이 몰려들고 20X가 그 이상의 숫자로 늘어날 정도로 그만큼 대단하고 멋진 무료 서비스를 만든다면 그 관심과 규모의 힘만으로도 수십억 달러는 자연스럽게 쌓이기 때문이다. 구글과 페이스북도 그런 식으로 성공을 거두었다. 따라서 끊임없이 등장하는 '차세대의 주커버그'는 자신들도 그러한 기업들처럼 성공할 것이라 말할 것이다.

나는 여전히 그 질문을 콜러에게 던졌고 그녀는 이미 대답할 준비가 되어 있었다. 그녀는 와튼 경영대학원의 한 교수가 코세라가 왜 '블루오션' 기업인지를 설명하는 유튜브 영상을 추천했다. 콜러는 코세라가 "누구나 이용할 수 있는 큰 시장"으로 성장하고 있다고 말하며 이렇게 설명했다. 전 세계 인구의 2퍼센트만이 74달러 가격의 서비스를 구매할 의향과 능력이 있다면 그것은 1년에 100억 달러를 의미한다. 이것은 팰로앨토에 있는 상업지구의 사무실 건물 한 층, 그것도 한구석에 모든 직원들을 수용할 수 있는 회사로서는 엄청난 수익이다. 그녀가 말하려는 바는 세상은 정말 넓고 교육을 원하는 사람이 정말 많기 때문에 몇 배의 투자 수익에 도달하고 모두가 부유해지기 위해 높은 가격을 매길 필요가 없다는 것이다.

코세라는 강의를 녹화하는 일반적인 모델에 의존하는 유명 대학들에 교육적인 부분을 거의 맡기면서 빠르게 성장하려는 전략을 사용하고 있다.

나는 이와 달리 카네기멜론의 OLI 시스템은 엄청난 돈과 시간을 투자하고 인공지능이 학습 경로를 진단하면서 교육 과정 개발에 매우 집중적인 노력을 기울인다는 점을 지적했다. 콜러는 코세라가 OLI보다 못한 서비스를 제공하고 있다는 것은 아니라는 듯 고개를 저었다. 내가 그 이유를 묻자 그녀는 OLI가 인지과학과 인공지능을 활용하여 만든 개인의 학습 방식에 반응하는 프로그램은 시대를 앞선 것이라고 긍정적인 면을 먼저 언급했다. 그러나 그녀는 OLI 모델이 너무 경직되고 고립되어 있다고 생각했다. 그 이유에 대해서는 초등학교에 다니는 그녀의 딸이 (놀랍게도) 수학을 정말 잘한다는 이야기를 꺼냈다. 콜러의 딸은 스탠퍼드의 영재교육 프로그램(EPGY)에 다닌 적이 있다. EPGY는 1960년대 패트릭 주페가 만들기 시작하여 지금까지 운영되어오고 있으며 그의 유명한 논문 「과학적 미국인 Scientific American」의 기반이 되기도 했다.

콜러는 EPGY가 정교하게 설계되었지만 유연하지 않은 프로그램이어서 그녀와 그녀의 딸은 얼마 지나지 않아 칸 아카데미의 동영상을 보기 시작했다고 말했다. 그들은 칸 아카데미에 만족했다. 그 경험은 다수의 사람들이 협업, 의사소통, 학습, 창조를 함께하는 온라인 환경을 묘사하는 한 방식인 '웹 2.0'에 더 가까운 것이었기 때문이다. 주페가 개발한 단말기를 이용한 수학 교육의 시대가 지나고 더글러스 엥겔바트와 그의 팀은 네트워크를 통한 협업의 미래를 보여주었다. 사람들은 다른 사람들과 모임을 만드는 것을 좋아한다.

나도 콜러가 말한 웹 2.0의 장점에 대해 같은 의견을 가지고 있었다. 그러나 웹 2.0은 "세계 최고의 강좌들을 온라인으로, 무료로 제공"한다고 주장하는 플랫폼 코세라가 시간, 돈, 전문성, 비즈니스 모델이 부족할 때 할 수 있는 선택이기도 하다. 머지않은 미래에 등장할 새로운 교육 과정은 두 세계의 장점을 모두 갖추어 유연성, 공유, 협업의 특성을 최신 인지 및 학습 논리를 기반으로 개발한 고도의 인공지능과 결합할 수 있을 것이다. 스탠퍼드를 중심으로 한 무크 현상에 대해 외부인으로서 생각할 수 있는 바는 인공지능과 컴퓨터공학에 관한 세계 최고의 전문가들이 무크를 이끌고 있다고 할지라도 지금까지의 무크에는 인공지능이 거의 작용하지 않고 있다는 점이다.

나는 콜러에게 5년 후의 코세라에 대해 어떻게 생각하는지 물었다. 그녀는 크게 3가지의 변화가 있을 것이라고 말해주었다. 우선 코세라는 5,000개 강좌를 제공할 계획이며 설립된 지 1년 만에 300개 이상의 강좌가 생겼으므로 실현 가능한 계획이라고 말했다. 또한 코세라는 "누구에게나 어디에서든 모든 분야의 교육"을 제공할 계획을 세웠다. 두 번째로 그녀는 앞으로 일반적인 대학의 학생들에게 개인 지도와 웹을 통한 지도를 함께 받을 수 있는 소위 혼합형 교육이 일상화될 것이라고 생각했다. 그녀는 "강의 노트가 강사가 학생들에게 정보를 전달하면서도 어느 쪽도 두뇌를 사용하지 않아도 되는 방법"이라고 한 에드윈 슬로슨(Edwin Slosson)의 유명한 발언을 인용했다.

세 번째로 인간 학습의 연구가 사례 중심 연구에서 실제 데이터를 기반으로 한 과학으로 변화할 것이라고 했다. 주페는 이에 대해 이미 말한 바 있다. 그는 "컴퓨터가 종합하고 제공하는 데이터가 (교육적) 판단의 근거로 사용된다면 그것은 교육 이론의 발전에 가장 강력한 자극이 될 것이다"라고 주장했다.

이야기를 마치면서 마이클 스테이턴은 콜러에게 런캐피털이 새로운 투자 자금을 조성하고 있다고 언급했다. 그리고 몇 달 후 코세라는 샌드힐로드의 여러 투자자들, 세계은행의 투자 부문, 런캐피털로 구성된 그룹으로부터의 4,300만 달러 신규 투자 유치를 발표했다. 2014년 3월 코세라는 예일 대학에서 20년간의 총장 임기를 막 마친 리처드 레빈(Richard C. Levin)을 CEO로 영입했다.

우리는 로비로 다시 걸어 나오면서 코세라를 통해 강좌를 제공하고 있는 세계 각지의 대학들이 선으로 연결된 세계 지도를 지나쳤다. 이 지도는 코세라가 지구상의 모든 사람들을 목표 시장으로 삼고 있다는 것을 암시하기도 했다. 나는 5,000개 강좌를 만든다는 콜러의 목표가 임의로 설정된 숫자가 아님을 알고 있었다. 미국 교육부에 따르면 미국에서 학사학위를 받기 위해 학생들이 수강한 과목 중 3분의 1은 30개의 주요 과목에서 벗어나지 않는다. 이 30개의 과목은 미분, 적분, 생물학, 물리학, 마케팅, 기업금융, 회계, 통계, 스페인어, 영작문, 경제원론과 같이 취업에 필요한 입문과정들이 많았다. 따라서 5,000개의 강좌라면 사람들이 현재 수강하고 있는 대학 수업의 상당 부문을 다룰 수 있을 것이다.

누구에게나 어디서나 모든 종류의 교육을 제공한다는 것이 무모하게 들릴 수도 있다. 그러나 대부분의 지역에서, 대부분의 사람들에게, 대부분 과목의 교육을 제공하는 것은 머지않은 미래에 기존의 기술을 사용하여 이룰 수 있는 구체적이고 현실적인 목표다. 문제는 이것이 과연 실현될 것인가 하는 것이 아니라 누가 실현할 것인가다.

* * *

몇 달 후 나는 팰로앨토로 돌아와 스탠퍼드 캠퍼스 외곽의 큰 주택을 찾아갔다. 62년 전 패트릭 주페는 갓 취득한 컬럼비아 박사학위증을 가지고 이곳에 도착하여 교직원과 교수에게 배정된 지역에 있는 주택을 구입했다. 그는 93세가 된 지금도 명예 철학 교수 직함을 가지고 이곳에서 살고 있다.

그와 이메일을 짧게 주고받기는 했지만 나는 구체적으로 그와 무슨 대화를 나누게 될지 감을 잡을 수 없었다. 그가 살아온 93년은 어떤 기준으로도 긴 세월이기 때문이다. 그러나 실제로 내가 만난 그에게서는 실제 나이보다 50세는 더 젊은 사람의 에너지가 느껴졌다. 주페는 최근 스탠퍼드에 갓 들어간 대학생 아들을 둔 여성과 재혼을 했다. 그는 학습, 수학, 심리학에 관한 다양한 책과 논문을 왕성하게 집필하는 중이었다.

주페는 콜러, 응, 스룬이 잡지 기사에 등장하고 전 세계 대형 콘퍼런스의 연사로 초청되는 등 무크가 부상하는 과정을 흥미 있게 지켜보고 있었다. 그는 자신에 대해 확신이 있었고 자유롭게 발언할 수 있는 노교수의 특권을 즐기는 것 같았다. 지금 열기가 한창 달아오른 무크들에 대한 주페의 가장 큰 불만은 무크를 운영하는 사람들이 그와 달리 이 분야에 새로운 것을 기여하기 위해 학습 이론에 대한 문헌을 연구하거나 실험을 해보는 노력을 기울이지 않는 듯하다는 것이다.

주페는 다프네 콜러에 대해 "교육에 대해 공부를 전혀 하지 않습니다. 그녀는 지금까지의 역사에 대해 너무 천진난만한 자세를 갖고 있지요"라고 말했다. 또한 "컴퓨터공학에 대한 모든 것은 아닐지라도 일부에 대해서는 똑똑합니다. 하지만 그녀는 교육에 대해 자신이 무슨 말을 하는지도 모르고 자신이 부족하다는 사실도 깨닫지 못하는 것 같습니다"라고도 했다.

스탠퍼드에서 탄생한 무크에 관한 관심이 폭발적으로 증가한 지 2년이 흐르자 어떤 사람들은 비현실적인 주장들에 대해 비판적으로 보기 시작했다. 특히 스룬은 유다시티에서 제공하는 강좌에 등록하는 대부분의 학생들이 이것이 파트타임 학생을 위한 강좌임에도 중도에 이탈했다는 사실에 대해 크게 고심했다.

그러나 크게 보면 이 사실은 아주 작은 문제에 불과했다. 세바스천 스룬의 위대한 혁신은 교수나 학습과는 전혀 관련이 없었다. 그가 한 일은 엘리트 고등교육과 온라인 학습을 분리하던 심리적인 벽에 구멍을 뚫은 것이었다. 결정적으로 그는 통합형 대학이 영원하고 희소하며 비싼 장소에 묶여 있어야 한다는 생각을 파괴하고 있었다. '스탠퍼드의 무료 온라인 과정'이라는 개념이 대중의 마음에 자리 잡자 수백 개의 다른 리버럴 아츠 칼리지와 연구 중심 대학들은 뒤처질 것이 두려워 그 구멍으로 앞다투어 들어왔고 이제는 이 흐름을 되돌릴 수 없게 되었다. 대학들은 좋든 싫든 전문성, 자금, 명성을 투자하여 '어디서나 닿을 수 있는 대학'을 구축하는 대규모 프로젝트에 참여하고 있다.

코세라가 최신 인공지능 기술을 강좌에 통합하고 있지 않을지라도 앞으로는 그럴 수 있다. 코세라가 앞으로 교육 플랫폼 시장의 유일한 제왕은 아닐 것이다. 훌륭한 온라인 학습 환경을 조성하는 데 대한 지식은 이미 새로운 것이 아니며 그동안 다양한 형태로 실현되어왔다. 하지만 그때와 현재의 다른 점은 전통적인 대학들과는 달리 교육 창업 기업들이 학습에 대한 지식을 가능한 한 많은 사람들을 위해 사용하고자 하는 강력한 경제적 동기를 가지고 있다는 점이다.

그렇기 때문에 주페는 새로운 세대들이 선보이는 교육을 완전히 만족스러워하지는 않지만 그의 예상이 지금까지 옳았다고 확신했다. 1960년대에도 그는 앞으로의 양상을 내다볼 수 있었다. "앞으로의 과제를 해결하기 위해 필요한 기술은 그리 어려운 문제가 아닙니다. 기술 이외에 고려해야 할 더 중요한 요소들이 있지요"라고 그가 말했다. 앞으로 해결해야 하는 과제는 신경과학과 인지심리학의 원리를 파헤치고 이를 이용하여 학생들이 필요로 하는 교육을 정확히 제공하는 동시에 현재 통합형 대학들의 타성과 관료주의의 장벽을 허무는 것이다.

그는 그런 날이 필연적으로 찾아오면 "뼈아픈 과정이 될 것"이라고 말했다. "대학에서 컴퓨터로도 잘 가르칠 수 있는 내용을 가르쳐왔다는 것은 곰곰이 생각해보면 매우 무서운 일"이라며, 대학 교육에 대해 "앞으로 혁명을 예상해야 할 것"이라고 말했다.

실리콘밸리의 자본가들과 선견지명이 있는 인물들이 이러한 혁명을 재정적으로 지원하고 부추길 것이 분명하다. 현재의 무크 회사들이 만약 여기서 살아남지 못한다면 또 새로운 기업들이 그 자리를 대신할 것이다. 4조 6,000억달러의 노란 원을 나타내는 교육은 규모가 클 뿐만 아니라 너무나도 수익성이 좋고 정보에 집중하는 산업이기 때문이다.

그러나 지난 100여 년간 글로벌 교육 시장을 주도했던 통합형 대학이 이에 어떻게 대응할 것인가 하는 것은 불확실하다. 그들을 포위하는 세력이 점차 커진다면 대학들은 상아탑의 높은 곳에서 물러날까? 아니면 지금의 탑을 허물고 빈 땅에 새로운 무언가를 지을까?

미대륙의 반대편, 미국 고등교육의 발상지에서는 이 질문에 대한 답변을 어떻게든 제시하는 데 도움을 줄 계획들이 진행되고 있었다.

상상 속에만 존재하는
하버드와 MIT

8

쉬운 판단의 근거:
브랜드

인터넷에는 무료로 볼 수 있는 유전학과 생물학 강의가 많다. 듀크 대학의 한 교수가 가르치는 코세라의 과정도 있다. 그러나 나는 한 가지 이유로 7.00x를 선택했다. 이것이 과학과 공학으로 앞서는 대학인 MIT의 수업이기 때문이었다. MIT는 입학률이 9퍼센트로 학생을 까다롭게 선별하는 대학이기도 하다. 명문 연구 중심 대학 중 입학률이 이보다 더 낮은 학교는 스탠퍼드, 프린스턴, 컬럼비아, 하버드, 예일 정도다. 나는 유전학에 대해 더 배우는 동시에 나에 대해 알고 싶었다. 가장 명석한 학생들을 위해 설계된 과정에서 내가 잘 버틸 수 있을까? 그리고 MIT의 교육이 어떻기에 세계의 천재 학생들이 이곳에 오고 싶어 하는지도 알고 싶었다.

다행히 MIT가 〈생명의 비밀〉을 배우는 경험을 온라인 환경으로 매우 훌륭하게 옮겨놓았기 때문에 나는 나의 성취도를 캠퍼스에서 수업을 듣는 1학년들과 쉽게 비교해볼 수 있었다. 7.00x에는 MIT 학부생들이 보는 동일한 연습문제, 중간고사, 기말고사가 사용된다. 6개의 연습문제 모음은 성적의 20퍼센트, 두 번의 중간고사는 각각 25퍼센트, 기말고사는 30퍼센트를 차지한다. 온라인 연습문제는 지정된 횟수 만에 풀어야 점수를 받을 수 있으며 문제를 푼 후에는 정답과 해설이 제공된다. 반면 중간고사와 기말고사는 한 번에 문제를 풀어야 한다. 시험을 볼 때 답을 입력하는 즉시 점수가 매겨져서 시험을 망칠 경우 이를 바로 알 수 있기 때문에 매우 떨리는 일이었다. 나는 첫 번째 중간고사에서 생화학 부문을 조금 힘겨워했지만 유전학에서 조금 점수를 회복해 어렵게 90점을 받을 수 있었다.

첫 번째 중간고사가 끝나면 강의 내용은 더욱 흥미로운 부분으로 들어간다. 나는 재조합 DNA, 복제의 기본 역학을 배우며 제한 효소를 이용해 DNA의 단편을 자르고 이를 플라스미드에 연결한 후 생물의학적 정제를 위해 페트리플레이트에서 배양하는 실험을 했다. 다음 단원은 DNA 염기서열 분석이었고 1990년대 후반부터 CBS에서 방송된 경찰 드라마를 보기도 했다. 두 번째 중간고사에서 나는 DNA 염기서열을 생화학적으로 읽는 마지막 문제에서 바보 같은 실수를 하여 89퍼센트로 성적이 떨어졌다.

드디어 7.00x의 절정이라 할 수 있는 유전체학과 인간 게놈 프로젝트를 배우기 시작했다. 우리는 1990년대의 프로젝트가 완료된 후 몇 년 동안 과학자들이 수백만 년간 이루어진 진화의 흐름을 따라 다양한 생물이 공통적으로 보이는 특정한 염기서열을 정리함으로써 종의 기원을 지도로 작성한 과정을 배웠다. 우리는 큰 모집단의 유전적 분석을 통해 의학적 발견이 개선되어 정신병과 같은 증상의 성격에 대한 새로운 연구들이 이루어진 사실을 배웠고, 말 그대로 우리가 7.00x를 듣던 중 그러한 새로운 발견이 발표되었다는 소식을 들었다. 새로운 정보는 의학을 점진적으로 혁신하고 있다.

마지막 강의를 듣고 며칠 후 기말고사를 치른 나는 지금까지 기록한 평균 89점을 90점 이상으로 끌어올리고 싶었다. 하지만 마음과 달리 또다시 생화학에서 고전하는 바람에 85점을 기록하고 말았다. 앞선 두 번의 중간고사에 연습문제 성적까지 합한 나의 최종 점수는 87점으로 그리 인상 깊지 않은 B학점을 받았다.

　나는 이로써 1학년 수준이기는 하지만 MIT 수준의 과목을 무사히 이수했다. 그러나 케임브리지에 있는 MIT 캠퍼스와 온라인 경험 사이에 내가 미처 발견하지 못한 중요한 차이가 있을지 여전히 궁금했다. 나는 전화로 대여섯 명의 MIT 학생들에게 물어보았다. 대부분 그들도 내가 경험한 것과 거의 같은 경험을 했다. 그들도 내가 그랬듯이 강의를 듣고 연습문제를 풀고 주변 학생들과 함께 문제를 해결하고 시험을 보았다.

　MIT와 특히 하버드를 포함한 에드엑스 컨소시엄에 속한 제휴 기관들의 브랜드 파워가 여전히 이러한 온라인 과정의 성공과 대중적 인식에 중요한 역할을 했다. 이 대학들이 그렇게 각광받는 이유는 무엇일까? 나는 그 이유를 내 눈으로 직접 확인하기 위해 두 번째 중간고사를 본 후 케임브리지를 찾았다.

＊ ＊ ＊

　케임브리지에는 여느 대학가와 마찬가지로 평범한 술집과 햄버거 집들이 있었다. 하지만 다른 점들도 눈에 들어왔다. 우선 은은한 색상의 바지와 큰 체크 무늬 재킷, 붉은 나비 넥타이 등 뉴잉글랜드 지역의 전통적인 대학생 스타일의 옷을 파는 가게들이 상당히 많았다. 모자만 파는 집도 보였다. J. 프레스(J. Press) 매장의 간판 "워싱턴, 뉴욕, 케임브리지, 뉴헤이븐"은 하버드와 예일 등처럼 권력과 돈이 집중되는 대학이 있는 도시들을 나타내고 있었다. 하버드스퀘어의 기차역 바로 옆에 있는 신문 가판대는 미국의 우수 대학원에 대한 「유에스 뉴스 앤드 월드 리포트」의 안내서 최신호가 판매되고 있었다. 거의 매해 하버드는 이 목록의 가장 위에 자리 잡고 있었다.

　나는 캠퍼스로 들어가며 하버드를 둘러싸는 문이 너무나도 많음에 놀랐다. 이 문들은 열려 있었고 캠퍼스는 누구에게나 개방되었다. 그러나 그것이 여전히 장벽을 상징하는 건축적 메시지라는 것을 이해하기는 어렵지 않았다. 나는 하버드 야드에 발을 딛고 오크나무와 몇 그루의 느릅나무가 드문드문 자라나는 잔디밭을 바라보는 흰색 창문과 굴뚝이 있는 5층 붉은 벽돌 건물들을 잠시 서서 바라보았다. 나는 데자뷔를 보는 듯한 이상한 느낌이 들었다. 사진을 통해 이미 캠퍼스 전경을 본 적이 있는 것도 이유겠지만 수천 개의 대학들이 수백 년간 이곳을 모방하여 캠퍼스를 조성했기 때문이기도 하다. 조지워싱턴 대학의 '앞마당'도 마찬가지였다.

다른 대학 캠퍼스에서와 같이 많은 학생들이 건물들 사이를 오가는 모습이 보였다. 대부분은 휴대전화를 보고 있었다. 그러나 나이 든 일본인 옆에 몸집이 작은 여성이 우산을 받쳐주며 따라 걷고 있는 모습은 다른 학교들과 다른 광경이었다. 근처를 둘러보니 앉아 있는 남성 동상 주변에 30여명의 아이들이 모여 있었고 한 여성이 아이들에게 손짓을 하며 영어가 아닌 언어로 말을 했다. 중앙 도서관으로 가자 매우 건장한 체격을 지닌 금발의 독일 부부도 있었다. 그들이 들고 있는 지퍼 가방에는 많은 사진들로 가득한 표지의, 두꺼운 미국 여행안내서가 꽂혀 있었다. 나는 그들이 모두 관광객이라는 것을 알게 되었다. 나 역시 마찬가지라는 생각이 들었다. 나는 지금 유명 관광지의 중앙에 서 있었던 것이다. 하버드는 미국의 한 대학이기도 하지만 많은 사람들에게는 관광지였다.

그래서 관광객들이 하듯이 나도 가이드를 고용했다.

다시 하버드 스퀘어로 가서 미소를 지으며 '트레이드마크투어, 하버드, 1636년'이라는 스티커를 건넨 젊은 여성에게 몇 달러를 주었다. 마음 한 켠에서는 내가 이 스티커를 옷에 붙이고 싶지 않음을 인정한다는 사실이 불편했다. 내가 하버드에 입학할 만큼 공부를 잘했다면 이런 투어를 할 필요도 없으니 말이다. 이러한 지위에 대한 불안감은 미국 고등교육에서 엄청난 동기가 된다. 사람들은 이러한 감정으로 인해 비이성적인 행동과 지출을 하게 된다.

가이드의 이름은 존이었다. 그는 아이오와시티 대학에서 역사를 전공하는 1학년 학생이었다. 나는 하버드스퀘어의 팻말 앞에 하버드 티셔츠를 입고 있는 2명의 투어 홍보 직원들에게 그들이 하버드 재학생인지 물었다. 그들은 둘 다 고개를 저었다. 그중 보스턴 칼리지에 다니고 있다는 여학생은 "저는 그렇게 멋진 사람이 아니에요"라고 말했다. 남학생은 약간 쑥스러워하며 "서포크카운티 커뮤니티 칼리지에 다녀요"라고 말했다. 그러자그들 옆에 있던 존이 "저는 지난 가을부터 케임브리지에서 지내고 있어요"라고 말했다. 이것은 일종의 암호였다. 나는 워싱턴 D. C.에서 몇 년 동안생활하고 일하면서 하버드 졸업생들이 하버드라는 이름을 직접 언급하지않으면서도 자신의 출신학교를 드러내고자 '하버드'란 말 대신 '케임브리지'라고 말하는 관행을 알게 되었다.

나는 12시 30분 투어의 유일한 손님이었다. 한 시간 동안 존과 단둘이학교를 둘러보게 된 것이다. 우리는 캠퍼스의 가장자리로 간 후 한 문을 통과해 들어갔다. 그는 하버드홀을 가리키면서 이것이 세 번째 지어진 건물로, 첫 번째 건물의 잔해로 만든 두 번째 건물의 재로 만들었다고 설명해주었다. 그는 'Fail'과 끝 운이 같은 '-ㅔ일'로 끝나는 어떤 라이벌 대학과 달리하버드의 건물들이 오래된 것처럼 보이는 이유는 그 건물들이 정말로 오래되었기 때문이라고 말했다. 그는 "여기에 와서 우리가 4세기 만에 돌아온16년에 졸업하게 될 학번이란 말을 듣기 전까지는 이렇게 오래된 건물인줄 몰랐어요"라고 말했다.

우리는 관광객들이 둘러싸고 있는 존 하버드의 동상으로 걸어갔다. 이

동상은 "존 하버드, 설립자, 1638년"이라는 네 단어로 3개의 거짓말을 하는 것으로 유명하다. 하버드의 실제 설립 연도는 1636년이다. 존 하버드는 하버드 대학을 설립한 것이 아니라 31세에 세상을 떠나면서 토지를 기부했으며 이 동상도 그의 실제 모습과는 전혀 다르다. 이 캠퍼스에는 존 하버드의 모습이 전혀 남아 있지 않고 동상은 그가 사망하고 200년이 더 지난 후 세워졌다.

다음으로 우리는 1학년 기숙사로 둘러싸인 하버드 야드를 통과했다. 존은 기숙사를 가리키며 유명한 하버드 동문의 이름을 늘어놓았다. 나탈리 포트만은 이 기숙사에 살았고 토미 리 존스(Tommy Lee Jones)와 앨 고어(Al Gore)는 저 기숙사에서 룸메이트로 함께 지냈다. 또 이곳은 존 F. 케네디와 루스벨트가 살았던 곳이다. 빌 게이츠와 마크 주커버그(Mark Zuckerberg)도 학교를 중퇴하기 전까지 이곳에서 지냈었다. 존은 기숙사마다 시설의 고급스러움이나 캠퍼스의 중심에서 얼마나 멀리 떨어졌는지를 종종 언급했는데, 나는 이러한 사항이 하버드에서 매우 중요하다는 사실을 알 수 있었다. 이러한 점들은 명문 대학들의 에너지를 소모시키는 쓸데없는 겉치레 경쟁을 반영하고 있었다.

존과 나는 멋진 봄 하늘 아래 서 있는 건물들의 주변을 돌거나 내부를 통과했다. 존은 나에게 하버드에 대한 여러 일화를 들려주었다. 와이드너 도서관은 타이타닉호를 탔다가 사망한 졸업생의 어머니가 한 기부로 건립되었고, 이 때문에 여러 해 동안 학생들이 수영 시험에 통과를 해야 졸업을 할 수 있었다. 거트루드 스타인은 기말고사에서 한 줄짜리 멋진 답변으로 A플러스 학점을 받았고, 코넌 오브라이언이 「하버드 크림슨 *Harvard Crimson*」편집자의 의자를 훔치려다가 하버드 경찰과 케임브리지 경찰 간에 싸움이 일어나기도 했다. 내가 오늘 오전에 건넌 찰스 강의 보행자 다리는 소설 『음향과 분노 *The Sound and the Fury*』에서 퀜틴 캄슨(Quentin Compson) 3세가 자살하는 장면의 배경이었다. 프랭클린 루스벨트가 살면서 가장 후회한 것은 하버드 사교 클럽에서 "한 대 맞고" 선택되지 못한 것이었다. 중국 주석의 딸이 작년에 살았던 기숙사에는 왜 밀실이 따로 있는지에 대한 이야기와, 피닉스 사교 클럽의 경쟁 클럽이 건물을 개방해 영화 「소셜네트워크 *The Social Network*」에서 피닉스 사교 클럽을 부정적으로 묘사하도록 했다는 이야기도 들었다.

후에 한 하버드 졸업생은 그런 일화 중 다수는 진위가 불분명하다고 말했다. 그러나 진실은 중요하지 않았다. 존은 관광객인 내가 정말 듣고 싶어하는 이야기를 들려주었기 때문이다. 그것이 상상 속의 하버드이자 대중의 인식 속에 있는 하버드다. 실제 하버드는 1년 중 대부분 날씨가 쌀쌀하다. 대부분의 사람들은 하버드 야드를 둘러싼 철제 문 밖에서 학업과 생활을 이어간다. 그리고 졸업생의 대부분은 우리 모두가 알 만큼 유명하지도 않다.

그러나 현실은 그리 중요치 않았다. 하버드는 상상 속의 모습이 실제보다 훨씬 더 중요한 곳이 되었기 때문이다. 그중 가장 중요한 하버드의 모습은 「굿 윌 헌팅 *Good Will Hunting*」, 「금발이 너무해 *Legally Blonde*」, 「소울맨 *Soul Man*」, 「하우 하이 *How High*」와 같은 영화 속에서의 모습이다. 상상 속의 하버드는 그보다 못한 모든 대학들의 모범이다. 다른 대학들은 하버드를 따라 중앙 잔디를 만들고 설립자의 동상을 세웠으며 모토를 라틴어로 새기고 그 아래에는 추정되는 설립 연도 중 가장 오래된 연도를 둥근 서체로 써놓았다. 상상 속의 하버드는 전 세계의 야심 찬 학생들의 열망을 비추는 대상이 되었다. 그들은 케임브리지에는 와본 적도 없고, 교육의 진정한 의미를 찾는 일에도 무관심하지만 어쨌든 하버드를 엄청나게 영향력 있는 학교로 생각한다.

미국 최초의 대학이자 가장 돈이 많고 훌륭한 학교라는 것은 하버드에게 여러 해, 수십 년, 아니 수백 년 동안 중요한 경쟁력이 되어왔으며 오늘날은 더더욱 그러하다. 그러나 나는 그곳에 있으면서 이 모든 노력에 대해 일종의 불안감을 느꼈다. 지배층의 겉치장 뒤에는 불안한 흔들림이 있었다. 이 문 안으로 들어간다는 것은 그 자체로 큰 성과이지만 진입과 동시에 감당하기 어려운 큰 기대를 안고 살아가기 때문이다. 교육 기관이 돈으로 물들고 관광객의 칭송을 받으며 걷잡을 수 없이 유명해진 브랜드가 되고 소수만이 누릴 수 있는 곳이 되면, 그곳을 왜곡하고 분열시키려는 압력이 가해진다. 초기의 하버드는 의도적으로 부와 명예를 추구하지 않았다. 그러나 하버드는 선점 효과를 누리고 산업화와 세계화, 냉전 중 정부의 집중적인 지원을 받았으며 정보를 기반으로 한 경제의 부상을 경험했고 2차 세계대전 중 폭격을 당하지 않은 등 여러 우연에 의해 누구도 상상하지 못할 정도로 부유하고 유명해졌다.

가상의 하버드가 더욱 비대해지고 이상해지고 영향력이 커질수록 실제의 하버드는 더 많은 부를 축적했다. 통합형 대학은 당신의 이동의 자유를 철저히 제한했고, 실제로 이에 대해 어찌할 방법이 없었기 때문이다. 4세기 만에 돌아온 16년 졸업생이 사회로 나가기 위한 준비를 하고 수만 명의 학생들이 그 집단에 끼고 싶어 하는 상황에서 극적인 변화를 주장하기도 어렵다.

2011년이 되어서야 대학의 패권을 놓고 하버드에 도전장을 내민 한 대학이 그간 갖고 있던 가장 중요한 강점을 골라 어디든 누구에게나 무료로 그것을 공개하기로 했다.

MIT는 하버드에서 약 3킬로미터 정도 브로드웨이를 통해 찰스 강변까지 직진으로 운전해 갈 수 있는 곳이다. 세계적인 명문인 두 대학이 보스턴과 강을 사이에 둔 18제곱킬로미터의 작은 행정구에 위치하게 된 것은 역사적으로 기이한 우연이다. 두 대학 모두 부와 명석한 학생 및 학자들을 둔 이점을 누리고 있지만 서로 다른 면도 매우 많다.

둘 중 MIT는 남북전쟁 중에 설립되었으니 훨씬 더 역사가 짧다. 캠퍼스는 벽으로 둘러싸여 있지 않고 건물들은 오래되지도 않았다. 일부러 오래된 느낌을 주려고 하지도 않았다. "산업 과학의 학교, 적절한 수단들을 통해 인문, 농업, 제조업, 상업과 관련된 과학의 진흥, 발전과 실용적인 이용을 돕는다"라는 1861년 헌장에서도 보듯이 MIT의 문화에는 실용성이 깃들어 있다. 이것이 그로부터 1년 후 발효된 모릴의 토지허여법의 목적과 유사한 것은 우연이 아니다.

실용적인 학문을 추구하는 MIT는 20세기의 위대한 과학 및 공학의 승리에서 선도적인 역할을 수행했다. 버니바 부시는 우주의 비밀을 탐구하고 정보화 시대의 기반을 닦은 동부 케임브리지의 여러 사상가 중 한 명이었다. 돈과 첨단 기술의 생태계가 실리콘밸리에서 발전하는 동안 케임브리지 외곽의 128번 도로에서도 이와 평행선을 달리는 움직임이 있었다. 디지털 이큅먼트 코퍼레이션과 왕래보러토리스(Wang Laboratories)와 같은 기업들은 하버드와 MIT의 엔지니어들을 고용하고 당시로서는 앞선 컴퓨터 기술을 개발하여 1970년대와 1980년대 수십억 가치의 기업으로 성장했다. 이러한 기업들은 결국 파괴의 힘에 굴복했지만 케임브리지는 팰로앨토 외에 가장 큰 창업 기업 지역 중 하나로 남아 있다.

공식적인 MIT 투어를 이용했을 때 유명인은 그다지 많이 언급되지 않았다. 투어 가이드는 학생 식당의 메뉴, 캠퍼스의 안전, 요즘 대학들의 기본이 되기도 한 올림픽 선수촌 수준의 체육 시설을 이야기하지만 그들의 설명은 가벼운 농담이 주를 이룬다. 그리고 학생들 사이에서 기발하고 정교한 장난을 뜻하는 '핵(hack)'이라는 은어는 개성 있는 MIT의 문화를 상징한다는 이야기를 투어를 통해 들을 수 있었다.

MIT는 '핵'을 매우 자랑스러워한다. 이와 관련한 전통에 대한 설명이 가득한 복도가 있는 공과대 건물도 있다. 가령 새로운 총장이 처음 출근한 날 그의 집무실 입구가 보이지 않도록 벽을 세워 둔다든지, 학생들이 행정관 건물의 돔에 캠퍼스 경찰차를 조립하여 올려놓는 기발한 일을 하는 것이다. 흰색 밴을 대포 청소 회사의 로고로 꾸민 후 캘리포니아 공과대학(Caltech)의 대포를 훔쳐 동부까지 가져온 후 커다란 MIT 반지를 끼워놓은 일도 있었다.

어떻게 보면 MIT의 장난들은 외부 세상에 이 학교를 흥미 있고 재미있는 곳으로 보이도록 하여 상상 속의 MIT를 만드는 수단일 뿐이다. 대부분의 학생들은 경찰차를 해체한 후 다시 조립할 재치나 시간이 없다. 연습문제와 씨름하느라 너무 바쁘기 때문이다. 그러나 상상 속의 하버드와 상상속의 MIT를 통해 우리는 두 학교의 차이점을 살펴볼 수 있다. 상상 속의하버드는 부, 지위, 유명세를 중심으로 구축되었다. 반면 상상 속의 MIT에는 현실을 구성하는 심오하고 아름다운 원리들을 이해하려는 탐구심과, 인간 조직이 우리에게 강요하는 인위적인 규칙과 준거 틀이 아닌 객관성에 뿌리를 두고 문제를 해결하는 엔지니어의 실용주의가 결합되어 있다. 가장잘 알려진 '핵'들은 품격이 있다. 실리콘밸리에서 '해커'를 칭송하는 문화가있는 것은 우연이 아니다. 해커는 정보기술이 제시하는 새로운 도구들을이용해 자신이 옳다고 믿는 방향으로 세상을 움직이는 사람이다.

따라서 돌이켜보면 케임브리지에 있는 두 명문 대학 중 고등교육에 대한 해킹을 시도하기로 한 대학이 MIT인 것은 놀라운 일이 아니다.

＊ ＊ ＊

2000년대 컬럼비아의 패덤닷컴 벤처의 실패는 MIT를 명문대 중 인터넷 교육의 실질적인 우두머리로 만들었다. 그 후 10년간 수백만 명의 사람들이 MIT 오픈코스웨어 웹사이트를 방문했고 강의 교재를 다운로드했다. 그러나 온라인 학습의 다음 단계가 시작되었음이 분명해진 때는 무료로 제공되는 스탠퍼드 과정에 언론이 뜨겁게 반응하면서부터다. 클라우드, 모바일 기기, SNS, 그리고 더 저렴하고 성능이 뛰어난 컴퓨터들이 연이어 등장하면서 10년 전에는 아예 불가능했던 가능성들이 열리게 되었다. 2011년 12월 세바스천 스룬이 수만 명이 수강하는 CS221 강의의 기말고사를 관리하느라 바쁜 시간을 보내는 동안 MIT는 '교재'가 아닌 웹 기반 교육 과정을 무료로 제공할 새로운 비영리 기관인 MITx의 설립을 발표했다.

2012년 1월에는 세바스천 스룬과 피터 노빅(Peter Norvig)이 유다시티를 설립하고 그로부터 2개월 후 코세라가 탄생했다. 즉 5개월 동안 자금이 풍부한 투자자들과 세계적인 미국 연구 대학들이 무료로 대학 과정을 제공하는 3개의 새로운 기관을 만든 것이다. 고자세를 유지하던 하버드도 이러한 변화를 의식하지 않을 수 없었다.

그 시기까지 하버드는 인터넷 무료 교육을 꺼려왔다. 하버드는 서머스쿨 프로그램의 일부로 몇 개의 온라인 과정을 수천 달러의 학비를 받으며 제공했을 뿐이었다. 이 프로그램은 "온라인 과정에서 취득한 학점을 많은 학교에서 인정받을 수 있다"고 말했지만 하버드가 하버드 서머스쿨에서 취득한 온라인 학점을 인정하지 않는 학교 중 하나라는 사실은 언급하지 않았다. MIT, 예일 등 다른 명문 대학들이 학교의 자원을 온라인으로 공유하는 실험을 하고 있었지만 하버드는 유독 온라인을 피했다.

그러나 거의 400년간 미국 최고의 자리를 고수해온 대학이라면 다수의 움직임을 따라야만 그 다수를 이끌 수 있다는 것을 알고 있을 것이다. 자금이 가장 많다는 것은 좋은 일이지만 고등교육에서 가장 귀하게 여겨지는 자원은 지위다. 갑자기 학생, 학자, 대중의 인식을 두고 하버드와 겨루던 경쟁자들이 「뉴욕타임스」로부터 고등교육을 디지털 미래로 이끌어 가고 있다는 찬사를 받게 되었다.

2012년 5월 하버드와 MIT가 드물게 공동 기자회견을 열고 에드엑스라는 새로운 벤처회사를 설립했다는 발표를 한 것은 바로 이런 이유 때문이다. MIT는 스탠퍼드와 마찬가지로 인공지능 연구가 앞서 있다. 따라서 스탠퍼드에서 그러했듯이 인공지능연구소의 소장인 아난트 아가왈이 MITx의 대표로 임명되었다. 이제 몇 개월 동안 세계적인 몇몇 대학들의 움직임에 하버드까지 합류하게 되었고 아가왈은 에드엑스의 CEO가 되었다.

아가왈은 자신의 야망을 스스럼없이 드러냈다. 그는 "보스턴과 그 너머로 혁명의 분위기가 익어가고 있다"고 기자회견에서 말했다. 그는 이것이 "단일한 변화로는 인쇄술 이후로 가장 큰 규모"라고 생각했다. 그곳에서는 기자회견에 이어 대학 동영상이 상영되었다. 콜드플레이(Coldplay, 영국 록밴드-옮긴이) 스타일의 배경음악이 깔린 영상에서 학교의 고위 책임자들이 "하버드와 MIT는 기술이 교육에 현재 미치고 있는 놀라운 영향을 인식하고 있다"고 선언한 후 카메라가 키보드와 디지털 스크린을 비춘다. 아가왈에 이어 경직된 목소리의 하버드 총장 드루 길핀 파우스트(Drew Gilpin Faust)가 말을 이었다. 그는 그날까지 컴퓨터나 하버드가 제공하는 교육을 신성시되던 영역 이상으로 확장하는 데 거의 관심을 보이지 않았던 저명한 남북전쟁 및 미국 남부 역사학자였다. 그 다음으로는 미소를 띤 MIT 총장

수전 혹필드(Susan Hockfield)가 발언을 했고 아가왈은 청중이 그 규모와 중요성을 파악하지 못할 가능성을 생각하여, 에드엑스는 "전 세계의 수십 억명을 교육시킬 것"이라고 설명했다.

아가왈은 인도에서 태어나 지구상에서 가장 들어가기 힘든 대학으로 꼽히는 인도 공과대학의 마드라스 캠퍼스를 다녔다. 매년 인도 공과대학시험에 지원하는 인도의 50만 수학 및 과학 천재들 중 2퍼센트만이 입학할수 있는 것에 비하면, SAT에서 우수한 점수를 받고 하버드의 입학률 8퍼센트 안에 들어야 하는 미국의 10대들은 운이 좋다고 생각해야 할 것이다.

대화를 나누면서 아가왈은 내가 다프네 콜러에게 들은 것과 비슷한 견해를 드러냈다. 그는 에드엑스가 "우리의 모든 예상을 뛰어넘는" 등록자수를 기록했고 특히 기술 및 공학, 교육 서비스, 학습 설계, 편집 영상을 공부하는 풀타임 학생이 85명으로 늘어났다고 말했다. 나는 그에게 향후 5년간 몇 개의 에드엑스 과목을 만들 것이냐고 물었고 그는 기하급수적인 증가에 익숙한 컴퓨터 과학자답게 답변을 시작했다. 그들은 5년 또는 그 이내로 5,000개가 될 때까지 몇 개월 단위로 과목 수가 두 배씩 늘어날 것이라고 말했다. 코세라도 목표로 삼고 있는 이 숫자는 현재 미국의 대학생들이 듣는 모든 과목들을 반영한 것이다.

그러나 에드엑스와 코세라의 성격은 서로 다르다. 코세라는 팰로앨토에서 스탠퍼드 대학 교수들에 의해 경영되지만 스탠퍼드와 실리콘밸리 간의 느슨한 경계는 여전히 돈이 가장 중요한 조직과 명예가 가장 중요한 조직을 구분하는 일종의 기준이 된다. 코세라는 단기간에 투자에 대한 20X수익을 원하는 벤처캐피털사들이 지원하고 있는 영리 기관이다. 따라서 코세라는 교육의 질에 대한 사항은 대학에 맡긴 채 고등교육 플랫폼의 제왕이 되려고 한다.

에드엑스도 역시 고등교육 플랫폼을 운영하며 아가왈은 만족스러운 표정으로 스탠퍼드가 최근 무료 교육 학습에 에드엑스 학습관리 시스템을 사용하기로 결정했다고 말했다. 그러나 에드엑스는 하버드와 MIT를 최대 투자자로 둔 비영리 기관이다. 하버드는 5년 내로 20X를 바라면서 3,000만 달러를 투자한 것이 아니다. 하버드는 이미 300억 달러를 보유하고 있고 자산을 불리기 위해 고액 연봉을 주며 투자 운용 전문가들을 고용하고 있다. 하버드가 300억 달러를 투자한 이유는 5년 후에도, 50년 후에도, 다음 세기의 16년 졸업생들이 케임브리지의 문을 나갈 때도 여전히 세계에서 가장 위대한 대학으로 남고 싶기 때문이다.

이것은 에드엑스가 어디서든 누구에게나 무료로 교육을 제공하는 어느 기관보다도 더 과정의 질에 진지하게 집중하고 있는 이유를 설명해준다. 통합형 대학 모델은 전통적으로 대학의 부, 명성, 높은 입학 경쟁률, 교수진의 학문적 업적이 발하는 찬란한 빛으로 개별 과정의 질을 감추어왔다. 교실의 문이 닫힌 후 시작되는 모든 강의가 대학의 드높은 명성에 걸맞지는 않았지만 하버드에 입학하는 학생들의 명석함과 4년 후 그들이 졸업할 때의 명석함을 비교 분석하기란 현실적으로 어려웠다.

이제 그러던 대학들이 전 세계에 가상의 문을 열었다. 만약 수업이 수준 이하라면 사람들은 자신의 마음속에 있던 그 대학이 사실은 상상 속의 대학이었다는 것을 깨닫기 시작할 것이다. 그렇게 된다면 모든 사람들이 원하는 곳이기 때문에 더욱 원하게 되는 선순환 자체가 위험에 빠지게 될 것이다.

대화 중 아가왈이 '철저'라는 말을 반복하는 것도 그런 이유다. MIT는 멋진 장비와 똑똑한 사람들이 가득 찬 장소만 의미하지는 않는다. 이곳은 다소 특이할 정도로 학부생 교육에 대해 진지하게 생각하는 대학이기도 하다.

그래서 MITx에 이어 에드엑스까지 생겼을 때 새로운 무료 온라인 과정이 MIT의 이름에 걸맞도록 철저히 제작되었음을 파악하기는 어렵지 않았다. MIT는 이미 운영하고 있는 양질의, 매우 어려운 교육 과정을 에드엑스 플랫폼에 가능한 한 정확하게 옮겨놓았다.

*　*　*

그날 밤 뇌인지과학동으로 걸어들어감으로써 7.00x에 대해 내가 이해하고 있던 것이 몇 가지 면에서 바뀌었고, 여러 면에선 확고해졌다. 내가 컴퓨터로 몇 달 동안 보던 젊은 남성들과 여성들의 얼굴을 직접 볼 때는 이상한 기분이었다. 랜더는 강의 시작 한 시간 몇 분 전에 강의실에 들어왔고 에드엑스의 홍보 담당자가 우리를 소개했다. 그는 나에게 강의는 어땠는지, 지금까지 잘 버텨오고 있는지 물었다. 나는 바로 어젯밤 네 번째 p-세트를 제출했다고 답했다. 그는 웃으며 하이파이브를 하려고 손을 들었고, "좋아요, 우리는 분자생물학을 배우고 있는 겁니다!"라고 말했다.

동영상 강의의 교육적 가치에 대해 토론할 때 어떤 사람들은 동영상이 재현할 수 없는 강의실의 무언가가 있다고 주장한다. 내가 지금까지의 경험을 통해 말할 수 있는 것은 현장과 동영상은 같지 않다는 것이다. 현장에서 강의를 듣는 것이 더 안 좋기 때문이다.

가장 쉽게 설명할 수 있지만 할 말도 많은 것이 '멈춤' 버튼이다. 7.00x를 듣다 보면 꽤 복잡한 도표를 그리고 잠시 생각을 하며 핵심을 정리하는 방식의 필기를 하게 된다. 랜더는 한 시간 분량에 정말 많은 내용을 압축해놓았고 그중에 쓸모없는 단어는 하나도 없을 정도다. 여러 명의 촬영 기사들이 전문 장비를 사용해 훌륭한 음향과 HD 화면의 동영상을 만들었다.

강의실은 100명밖에 앉지 못하는 데다가 뒤쪽에 앉으면 잘 보이지도, 들리지도 않아서 집에서 동영상을 보는 것보다 집중하기가 더 어렵다. 내 옆에 앉은 분홍머리 남학생이 아이폰을 만지작거리고 있는 것으로 보아 분명 지루해하는 것 같았다. 나는 내가 선택한 시간과 장소에서 헤드폰을 끼고 필기구를 든 채 동영상 강의를 보는 것이 더 좋다.

강의가 끝난 후 10명 정도의 학생들이 강의실 아래쪽에 있는 랜더 주변에 모여 이야기를 나누고 질문을 했다. 랜더는 낙관적인 성향에 말하는 것을 즐기는 사람이었다. 몇몇 학생들은 그의 지적인 면에 반한 듯한 모습이 역력했다. 온라인 커뮤니티의 반응도 이와 비슷하다. 프라하의 한 학생은 "랜더 교수님을 컴퓨터에서 자주 보다 보니 그가 가족처럼 느껴집니다"라고 썼다. 필리핀의 바기오에 사는 어떤 학생은 "랜더 교수님이 평생 매주 한 번씩 저에게 무엇이든 가르쳐주셨으면 좋겠어요"라고 말한다.

나도 그와 비슷한 감정을 느꼈고 마음 한 켠에서는 강의 후 대화에 참여한 학생들을 어느 정도는 부러워하고 있었다. 그러나 그러한 특권을 위해 5,000달러의 수업료를 내고 싶지는 않았다. 조교들 및 교수와 맺게 되는 관계는 나름의 의미가 있겠지만 나는 그들이 없어도 좋은 성적을 받을 수 있었다. 그리고 내가 5,000달러를 지불할 의향이 있더라도 MIT는 까다로운 입학 기준과 기관의 명예 때문만이 아니라 많은 인원을 수용할 시설이 없어서도 나의 돈을 받을 수 없을 것이다. 인간 게놈 프로젝트를 이끈 사람은 단 한 사람이며 수업 후 그의 주변에 모여 이야기를 나눌 수 있는 학생은 10명을 초과할 수 없기 때문이다.

＊ ＊ ＊

다음날 나는 MIT로 다시 돌아와 캠퍼스 투어를 한 후 프랭크 게리

(Frank Gehry)가 설계한 학생센터(MIT는 여러 해 동안 평범한 건물들을 짓다가 최근에 21세기의 위대한 건축적 환상을 실현하는 것으로 방향을 크게 틀었다)에서 평균 이상의 초밥을 점심으로 먹었다. 식사를 하는 동안 나는 6미터 정도 떨어진 곳에 있는 한 여학생을 바라보았다. 그녀는 팔꿈치를 테이블에 대고 맞은편의 다른 두 여학생과 즐겁게 대화를 나누고 있었다.

잠시 후 나는 맞은편의 두 여학생은 실제로 학생센터 내에 있는 것이 아님을 알게 되었다. 그들의 모습은 테이블 끝에 놓인 곡면 고화질 영상 스크린에서 비추는 실제 사람 크기의 이미지였다. 학생센터에 앉아 있는 여학생의 1미터 위로는 작고 투명한 우산이 있어서 스크린 너머에 있는 두 친구들의 목소리를 생생하게 들려주는 스피커 역할을 하면서 주변 사람들은 이 소리를 전혀 들을 수 없도록 했다. 나는 후에 그러한 장치를 '웜홀(wormhole)'이라고 한다는 것과 화면 속의 두 여학생은 MIT 내의 다른 곳에 있는 것이 아니라 5,000킬로미터 떨어진 스탠퍼드 대학에 있었다는 사실을 알게 되었다.

식사를 마치고 나는 나의 사촌이자 나의 아버지 버나드 캐리의 조카를 만나러 화학과 건물로 걸어갔다. 그는 펜실베이니아의 작은 마을에서 태어나 장학금을 받고 보스턴 칼리지에서 공부를 한 후 MIT 화학과에서 행정직원으로 근무하고 있었다. 대부분의 대학 강의실에서 학생은 앉아서 교수의 강의를 듣는 반면 실습이 더 많은 수업도 있었다. 나는 MIT의 실험 실습은 어떻게 이루어지는지 알고 싶었다.

우리는 보호 안경을 쓰고 실험 실습실로 들어갔다. 흰색 실험 가운을 입은 한 여성이 회전농축기를 이용하여 용액에서 용매를 분리하고 있었다. 회전농축기는 내부를 진공 상태로 만들어 용액의 끓는점을 낮춰 실내 온도보다 조금 더 높은 온도의 열만으로도 용매를 분리하여 화합물을 정제할 수 있는 기구다. 그녀는 아프리카 청개구리 수천 마리를 죽이지 않고도 개구리 독을 합성할 방법을 찾고 있었다. 나는 현대의 경이로운 기술로 3D 프린터와 같이 화학 물질을 만드는 만능 기계 같은 것은 없는지 그녀에게 물었다. 예를 들어 필요한 화합물 정보를 입력하고 '엔터'만 누르면 옆에 놓인 탁자에 그 화합물이 나오도록 하는 것이다. 그녀는 최대한 예의 바른 답변을 하고자 애쓰며 그런 것은 존재하지 않는다고 말했다. MIT 같은 곳을 위해 대량으로 화학 물질을 합성하는 기업도 여전히 수작업으로 커다란 통에 든 물질을 다른 물질들이 든 통에 붓고 있었다.

우리는 다른 실험 실습실로 이동했다. 그곳에서는 한 여학생이 새까만 검정 고무장갑을 낀 채 질소가스가 가득한 상자 안에 있는 물체들을 만지고 있었다. 이 물체들은 공기와의 접촉이 차단된 상태였다. 화합물을 분리하고 화학적으로 분석하며 로봇 팔을 통해 줄지어 세워진 멸균 시험관에 넣는 기계도 있었다. 근처의 칠판에는 사람들이 그려놓은 분자 그림들이 있었고 7.00x의 화학 단원 내내 등장해 나에게도 친숙해진 표준 6각형 분자 모형도 있었다.

나와 대화를 나눈 한 대학원생은 자신이 계면 화학을 연구하고 있다고 말했다. 보편적인 계면 결합 과정을 정의하고 싶다는 그의 설명에서 그가 이에 대해 연구를 많이 해왔다는 것을 느낄 수 있었다. 그의 연구는 액체를 유리 비커에 붓고 관을 통해 기계에 주입하는 일보다 훨씬 더 어려운 일이었다. 특히 계면상의 분자 단일층은 매우 작고, 결합시키려는 물질에 비해 질량이 거의 없다. 노벨상을 수상한 물리학자 볼프강 파울리(Wolfgang Pauli)는 "신은 고체를 창조했지만 표면은 악마가 만들어낸 것임에 틀림없다"고 한탄했을 정도다.

그 대학원생의 외국어 억양이 있는 영어를 들으며 나는 그가 세계적인 연구 중심 대학에 이끌려 미국으로 오게 된 매우 우수한 인재일 것으로 짐작했다. 계면 연구는 매우 실용적으로 적용되고 있다. 그는 케첩이 가능한 한 용기 내부에 붙지 않도록 용기 재질을 개선하는 연구자도 있으며 자신은 표면에 분자 크기의 회로를 각인시켜서 면적당 더 많은 회로가 들어가도록 하는 연구를 하고 있다고 말해주었다. MIT에서의 연구는 이렇게 실리콘밸리의 사업 모델과 고등교육 기술 혁명의 근본적인 원동력인 무어의 법칙을 영속화시키는 데 기여하고 있다. MIT 같은 대학들은 이를 가능하게 하는 기술을 쌓을 뿐만 아니라 에드엑스의 등장으로 그 기술을 이용해 자기 조직의 기초 사업 모델을 해킹하고 있다.

그러나 아마 조직 자체는 그렇게 하지 않을 것이다. 통합형 대학의 많은 측면은 교과 과정과 p-세트, 좋은 영상을 담은 HD 영상과 같이 디지털 형태로 쉽게 바꿀 수 있었지만 실험대 앞에 여러 시간 동안 서서 고가의 기계에 용액을 넣는 일은 쉽게 디지털화할 수 없기 때문이다. 나는 유전학을 가르치는 수천 명의 교수들이 7.00x가 그들을 실업자로 만들까 봐 위기감을 느끼지는 않는지 에릭 랜더에게 물었다. 산호세 주립대학(이 대학의 모토는 '실리콘밸리의 동력 역할을 하는 학교'다)의 철학 교수들이 하버드의 철학 교수 마이클 샌델(Michael Sandel)에게 그의 유명한 〈정의란 무엇인가〉라는 강의를 에드엑스 플랫폼에 공개하는 것을 반대하는 공개 서한을 보낸 일이 생각났다. 그들은 서한에서 "공공의 교육에 대해 생각하는 교수들은 교수들을 대체하고 학과를 해체하며 공립대학의 학생에게 제한된 교육을 제공하는 상품을 생산해서는 안 된다"라고 주장했다.

랜더는 싱긋 웃으며 "철학자들의 모임은 그런 말을 할 수 있겠지요. 하지만 저는 분자생물학계에서는 그런 말을 들어본 적이 없습니다. 대부분의 분자생물학 교수들은 연구 활동을 하고 있는 현직 과학자이기 때문에 자신의 생계가 위협받는다는 생각은 하지 않습니다"라고 말했다.

그는 이어서 말했다. "고용에 대한 걱정 대신 분자생물학자들은 정말 좋은 생물학 교육 과정을 만들어야 한다고 생각하고 있습니다. 가령 인간의 시각 체계에 대해서는 그 분야의 전문가가 2~3개의 강의를 하고 신경과학 전문가가 2개 정도 또 다른 강의를 담당하는 과정을 만드는 식으로 말입니다." 랜더가 인간 게놈 프로젝트를 이끈 경험이 이런 시각을 뒷받침했다. 전 세계의 수천 명의 과학자들은 수십 억 달러에 달하는 정부 연구 기금을 기반으로 공동 연구를 수행했고 결국 이것은 인류를 위해 값진 지식을 남길 수 있었다. 이것은 모두의 단기적 이해를 추구한 것이 아니었다. 2000년 당시 대통령이었던 클린턴이 인간 게놈에 대해서는 특허를 출원할 수 없다고 발표하자 나스닥 시장의 영리 바이오 기업들의 시가총액은 며칠 만에 수십억 달러씩 하락했다.

"저는 생물학 교육에서도 같은 접근법을 취하고 싶습니다. '오픈 소스' 교재로 정말 훌륭한 과정을 만드는 것이지요"라고 그는 말했다. 산호세 주립대학 교수들은 전국의 여러 철학과에서 사회 정의에 대한 동일한 생각을 가르친다는 것은 디스토피아의 세계를 그린 소설을 보는 것과 같은 무시무시한 일이라고 주장했다. 나는 랜더에게 이에 대한 생각을 물었다. 그는 "물론 여러 개의 생물학 입문 강좌가 있어야겠지요. 아마 대여섯 또는 일곱 종류 정도? 그러나 수천 가지일 필요는 없습니다"라고 답했다.

＊ ＊ ＊

하버드의 분자세포생물학과 건물은 인디애나 존스가 가르칠 법한 모습을 하고 있었다. 붉은 벽돌로 된 3면의 벽 위에는 여러 동물 문양이 띠 모양으로 장식되어 있었고 앞문의 양측에는 실제 크기의 코뿔소 상이 서 있었다. 나는 건물 안으로 들어가 하버드 측의 에드엑스 활동을 총괄하고 있는 교수를 만났다. 그의 이름은 로버트 루(Robert Lue)다.

루는 자메이카 출신으로 수많은 직함과 업적에 비해 젊어 보이는 인물이었다. 그는 교육 기술의 혁명을 이끄는 다른 기업가나 컴퓨터과학자들에 비해 인상적일 정도로 심도 있게 학습의 과학에 대해 이야기했다. 그는 "저는 언제나 원격 교육에 대한 관심이 상당히 많았습니다"라고 말하며 구체적으로 '과학의 시각화'에 집중했다고 덧붙였다. 그는 「세포 내부의 세계 *Inner Life of the Cell*」의 사진을 향해 손짓을 했다. 「세포 내부의 세계」는 그가 제작한 짧은 애니메이션으로 전 세계의 학생들이 이를 시청하고 수백만 건의 조회 수를 기록했다. 그는 이것이 역사상 가장 많은 사람들이 시청한 과학 애니메이션이라 말했다.

하버드의 생물학 입문 과정을 가르치고 있는 루는 교육 설계를 진지하게 바라보기 시작하면 얼마나 복잡하게 발전할 수 있는지에 매료되었다. 그는 '잘못된 개념의 반전'을 통해 학습을 향상시킬 수 있다고 나에게 말했다. 그 예로 나에게 다음과 같은 질문을 했다. 공기, 물, 토양, 햇빛 중 나무의 질량에 가장 큰 영향을 주는 요소는 무엇인가? 나는 에너지가 질량으로 전환될 수 있기 때문에 햇빛이라고 대답했다. 그는 그것이 일반적으로 사람들이 하는 답변이며 토양이라고 답하는 사람도 많다고 말했다. 그러나 정답은 이 2가지 다 아닌, 공기다. 공기는 탄소가 있고 인간과 마찬가지로 사람은 탄소를 기반으로 하는 생명체다. 우리 인간은 MIT 화학과의 학생들이 칠판에 그려놓은 작은 탄소 6각형으로 이루어져 있다.

사람들은 공기가 가볍고 토양이 무겁기 때문에 토양이 더 그럴듯한 답이라고 생각한다. 하지만 그들은 잘못 생각하고 있다. 공기 중에는 많은 탄소가 있다. 사람들은 자신이 알고 있던 것이 틀렸다는 것을 알게 되면 놀라면서 그 사실을 기억하게 된다. "우리의 뇌는 변화에 반응하도록 진화해왔습니다"라고 루가 말했다. "변화와 놀라움은 무언가의 동기가 되지요." 즉 기존에 잘 조직된 신경세포 연결 패턴에 접근하여 이를 부정했을 때의 충격이 새로운 학습을 촉진한다는 의미다.

내가 MIT 학생센터에서 점심을 먹고 몇 시간이 지난 후 한 여학생과 앉아 있던 다른 두 여학생이 실제로 테이블 맞은편에 앉아 있던 것이 아니었다는 사실이 기억나며 나머지는 그다지 기억나지 않았던 점도 같은 방식으로 설명될 수 있다. 나는 그 장면의 윤곽, 그림자, 색상과 같은 사소한 사항까지 떠올릴 수 있었다.

하버드는 세계적인 과학자들을 고용하고 있기는 하지만 하버드, 특히 상상 속의 하버드는 인문학으로 더 잘 알려져 있다. 세포의 내부 구조를 컴퓨터로 시각화하는 것도 쉽지 않지만 인간의 내면을 다양하게 조명하는 것은 만만한 일이 아니다. 나는 온라인으로 인문학을 가르치는 것에 대한 루의 생각을 물었고 그는 교수가 학생에게 묻듯 "인문학이란 무엇인가요"라고 말하더니 이렇게 답을 해주었다. 인문학은 음악, 문학, 영화와 같이 서로 매우 다른 요소들에 대한 노출을 병치하여 융합과 깨달음을 일으키는 학문이다. 기술은 표현되는 생각을 대조시키고 학생들이 공부하고 사고하는 맥락을 심화시키며, 자료에 주석을 달고 떠오르는 생각과 의견을 공유할 수 있는 기회를 줌으로써 융합과 깨달음의 순간을 이룰 수 있는 다양한 수단을 제공한다.

루는 효과적인 온라인 교육 설계의 기본적인 원칙 중 하나를 언급했다. 바로 학생의 배움의 속도와 발전을 꾸준히 평가하는 것이다. 카네기멜론의 OLI 과정은 이를 위해 정보를 인공지능 기반의 '인지 개인 교사'에게 전달하여 그 정보에 따라 학생들이 풀 문제와 교재를 개인에 맞게 제공하고 있다. 루는 이것을 자신의 학습에 대한 학생들의 의식, 즉 그들의 '초인지(超認知)'에 접근하는 방법이라고 본다. 학생들이 과정의 교육론적 형태를 더 잘 알수록, 즉 큰 학습의 그림에서 패턴을 볼수록 학습 효과는 더 커진다.

에드엑스를 위한 하버드의 하버드엑스(HarvardX)는 교내에서 논란을 피해갈 수 없었고 루는 이에 대해 잘 알고 있었다. 한 교수 회의에서 누군 가가 일어나 "우리가 종말의 기계를 만들고 있는 것은 아닙니까"라고 말했다. 그는 에드엑스는 미래이고 이미 우리에게 다가오고 있기 때문에 하버드는 그 일부가 되거나 최고가 되는 수밖에 없다고 답했다. "교수가 교과서를 읽는 학생보다 더 낫지 않다면 가르쳐서는 안 되겠지요. 마찬가지로 교수가 동영상보다 더 낫지 않다면 가르쳐서는 안 될 것입니다."

통합형 대학 내에서 고등교육의 미래에 대해 진지하게 생각하고 있는 모든 사람과 마찬가지로 루는 원-윈 시나리오를 제시한다. 교수들은 무료로 온라인 교육의 신세계를 이용하여 더 잘 가르치는 교수가 될 수 있다. 그러나 어두운 미래를 그리는 사람들도 있다. 실리콘밸리의 성경인 파괴적 혁신 이론의 선구자인 하버드 경영대학원 교수 클레이턴 크리스텐슨은 최근 교수의 수업과 컴퓨터가 결합된 소위 '혼합형 과정'을 닻이 있는 증기선에 비유했다. 증기선이 처음 발명되었을 때는 만일을 대비해 배에 닻을 달아두었다. 증기기관 기술이 점차 강력해지고 신뢰성이 높아질 때까지는 하루아침에 동력 수단을 바꿀 수 없기 때문이다. 그러나 오늘날 닻을 달고 있는 화물선은 존재하지 않는다.

루는 웃으며 말했다. "저는 클레이의 주장을 공개적으로 반박했지요. 클레이는 경제학자이고 저는 생물학자입니다. 그는 고등교육이 체계라고 생각하지만 저는 이것을 생명체 조직이라고 생각합니다. 우리는 제약을 풀고 개별 요소들이 서로 어떤 관계를 맺는지 재정의할 필요가 있습니다. 생명체가 돌연변이를 못하면 멸종하고 맙니다." 랜더가 나에게 가르쳐 주었듯이 최초의 세포들은 지난 30억 년 동안 진화를 거듭했다.

루는 정보기술이 대학의 다음 진화 단계에서 큰 부분을 차지할 것이라는 사실에 대해 전혀 의심하지 않았다. 그는 "하버드엑스는 여전히 하버드입니다. 그것은 우리입니다"라고 확신에 찬 음성으로 말했다.

루는 케임브리지에서 내가 만난 마지막 사람이었다. 나는 잘못 알고 있었던 개념의 반전과 통합형 대학의 진화가 무엇을 의미하는지에 대해 생각하기 시작했다.

뇌가 놀라움에 반응한다는 것을 설명하며 루는 "모든 것은 리스크 및 기회와 비례한다"고 말했다. 제한적인 인지 능력으로 생존하고 번영하기 위해 인간은 끊임없이 들어오는 감각 정보의 물결을 신경세포 연결 패턴을 통해 걸러낸다. 이 경험적이고 정신적인 지름길은 우리의 마음이 과거의 경험을 근거로 우리가 감각하는 것이 익숙하고 범주화 가능할 확률을 따지는 데 이용하는 것이다. 세바스천 스룬의 자율주행차는 베이지안 통계 이론을 실리콘과 코드에 넣음으로써 작동하지만 인간의 지능은 우리가 완전히 이해하지 못한 전기화학적 원리를 사용한다. 그러나 기본 원리는 동일하다. 선, 모양 테두리의 패턴에 따라 그것이 바위일 가능성이 있기 때문에 그것을 피해 운전하기로 판단하는 것이다.

휴리스틱스(Heuristics, 어림셈법, 모든 경험이나 정보를 세밀하게 고려하지 않고 쉬운 기준에 따라 문제를 해결하는 방법-옮긴이)는 고등교육 시장에 매우 중요하다. 하버드와 스탠퍼드 같은 브랜드가 중요하고 벤 넬슨과 같은 사람들이 가치 있는 브랜드만으로 2,500만 달러의 창업 투자를 받을 수 있는 이유도 바로 휴리스틱스에 있다. 배움의 전당 내부를 들여다보고 그 공간들과 그곳에 사는 사람들을 정확히 이해하거나 그들의 삶이 어떠할지 파악하기는 힘들다. 이럴 때 쉬운 판단의 근거로서 역할을 하는 브랜드를 통해 우리는 케임브리지에서 4년을 보내는 일은 멋진 일이 될 것이라고 생각하게 된다.

그래서 우리는 재고할 필요도 없을 만큼 당연시하던 익숙한 것들이 놀라운 반전을 보여줄 때 이를 머릿속에 강렬하게 기억해둔다. 그리고 삶의 기준점이 되어온 폭넓고 강력한 휴리스틱스를 다시 평가할 필요를 느끼게 된다. 우리가 이에 대해 매우 놀란다면 다른 것에 대해 잘못 알고 있을 수도 있다는 깨달음을 얻게 된다. 그리고 지금까지 해왔던 리스크 및 기회를 가늠해온 방법도 크게 바꿀 것이다. 하버드와 MIT를 대신할 대안이 있다는 사실을 알게 되면 우리는 어떤 반응을 보일 것인가?

통합형 대학이 기술을 활용하여 학부생 교육을 새롭고 흥미로운 형태로 진화시키면 그 대학은 살아남을 수 있을까? 사람들은 새롭게 진화하는 생명체에 대해 놀라움을 느끼고 고등교육이 얼마에 제공되어야 하며 그것이 어떤 의미여야 하는지 다시 생각해보게 될까? 진화한 생명체의 어떤 점이 대중으로 하여금 의식을 확장하여 '어디서나 닿을 수 있는 대학'을 받아들이게 만들까?

나는 그 답이 가르침과는 거의 관계가 없는 부분이면서 대학이 돈을 벌수 있는 원천인 대학 학위에 있음을 깨달았다.

대학 졸업장이
말해주는 것

9

충실함, 온순함,
기억력

          나는 1992년 정치학 학사학위를 받고 대학을 졸업했다. 뉴욕 빙엄턴 시내에 있는 하키 경기장에서 열린 졸업식에서 나는 숙취에서 아직 벗어나지 못한 상태로 싸구려 폴리에스터 졸업생 가운을 입은 수천 명의 남녀와 함께 한 번도 만난 적 없는 학교의 고위 관계자로부터 학위증을 받았다. 나는 학위증을 봉투에 넣고 그 봉투를 상자 안에 넣은 후 20여 년 동안 이 집에서 저 집으로 이사를 다닐 때마다 그 상자를 함께 옮겼다. 학위를 받은 이후로 내 학위증을 직접 본 사람은 나 말고는 아무도 없다.

    그러나 그 후 내 삶에서 일어난 모든 중요한 일은 그 종이 한 장에 달려 있었다. 그것이 없었다면 나는 대학원에 들어가지 못했고 아내를 만나지 못했을 것이다. 내가 원하는 모든 직장에서는 대학 학위를 요구했다. 나의 생활, 업무, 사교 생활은 거의 모두 대졸자들과의 관계 가운데 이루어졌다. 개인적으로는 학위를 받으러 연단에 올라가기 전과 후가 다르게 느껴지지 않았다. 그러나 세상의 시각에서는 연단에서 학위증을 받아 손에 쥔 순간 나는 완전히 다른 사람이 된 것이다.

    이것은 내가 며칠 후 빙엄턴을 떠나면서 내가 받은 대학 교육의 흔적을 모두 들고 올 때도 마찬가지였다. 나의 시험, 필기, 보고서들은 더 이상 중요하지 않았다. 대학에서는 내가 들은 수업에 사용되었던 강의계획서 기록을 보관하지 않았다. 원래 없는 경우도 있었겠지만 나의 성적을 결정하는 데 사용한 기준에 대한 기록도 없었다. 나의 대학 생활 4년에 대한 공식적인 기록은 성적증명서와 학위증이지만 그것도 해독할 수 있는 내용이 아니다. 거기에 쓰여 있는 "PLSCWE 484A"가 무엇을 의미하는지는 나도 알 수가 없다.

반대로 7.00x에 대한 모든 정보는 누구나 볼 수 있도록 되어 있다. 이 과정은 디지털 학습 환경에 존재하기 때문에 강의계획서, 강의, 연습문제, 시험, 토론 포럼이 거의 비용을 들이지 않고 영원히 보관될 수 있다. 내가 손으로 필기한 노트를 스캔하여 디지털 파일로 만들어 인터넷에 업로드 하는 데는 5분밖에 걸리지 않았다. 누구나 내가 무엇을 배웠는지, 그리고 시험 기록을 통해 내가 얼마나 배웠는지 찾아볼 수 있다.

그러나 세상에서는 20년 전 작성된 종이 한 장이 나의 정체성을 확립하고 가장 중요한 측면에서 나를 정의하는 데 훨씬 더 중요한 역할을 한다.

왜 이럴 수밖에 없는지를 알아가는 중에 나는 요트를 타게 되었다.

* * *

늦은 밤이거나 거의 새벽에 가까운 시간이었을 것이다. 나는 마이클 스테이턴과 함께 크고 비싼 요트 위에 서 있었다. 우리는 몇 시간 동안 칵테일을 마신 후 워싱턴의 멋진 동네 조지타운에 있는 포토맥 강 부두에 도착했다. 요트는 고급 레스토랑들이 모여 있는 지역에 정박해 있었다. 우리가 배의 사다리에 오르자 선원 스타일의 미니스커트 차림을 한 매력적인 젊은 여성이 우리의 이름을 명단에서 확인하고 음료와 애피타이저를 전해주었다. 그녀는 이것이 배 주인이 가진 3척의 요트 중 '중형'이라고 설명했다. 요트는 주인이 그날 밤의 NHL 하키 경기에서 돌아와 워싱턴 캐피털스의 몇몇 선수들과 그들의 여자 친구들을 태울 경우에 대비해 저녁 내내 개방되어 있었다. 20미터 길이의 이 배는 '요트 세계의 람보르기니'라고 부르는 이탈리아에서 제작한 경주용 브랜드였다. 갑판 및 선실은 붉은 호두나무, 크롬, 대리석, 흰 리넨으로 장식되어 있었다. 몇 시간 후 비가 내리기 시작했고 우리는 지붕 아래 있었지만 사람들은 종종걸음으로 지붕 아래에 가비를 피했다. 계속 술이 나왔고 직원들은 줄곧 긴장을 늦추지 않고 대기했지만 배 주인과 하키 선수들은 나타나지 않았다.

나는 대학 학위의 미래에 대해 생각하다가 늦은 밤이 되어서야 배에서 내려왔다. MIT의 오픈코스웨어는 무료 온라인 교재에 대한 엄청난 수요를 건드렸지만 고등교육의 경제학에는 전혀 영향을 주지 않았다. 대학 학위를 받는 데 사용할 학점을 주지 않았기 때문이다. 패덤닷컴은 학점이 없는 강좌는 개방 시장에서 거의 가치가 없다는 것을 깨달았다. 대학 학점과 학위를 주지 않는다면 벤처캐피털이 투자하는 창업 기업 또는 비영리 무크는 고등교육을 변혁시키겠다는 꿈을 꿀 수 없다.

그것은 사람들이 단지 대학에서 가르치는 지식과 기술을 습득하기 위해 수만 달러를 대출받는 것은 아니기 때문이다. 그들은 평생의 교육 기회와 재정적 보상의 문을 열어줄 열쇠에 높은 금액을 지불하는 것이다. 대학 학위가 없는 사람들은 노동 시장에서 가장 높은 임금을 주는 영역에서 철저히 배제된다. 그러한 영역에서 사람들은 처음부터 더 많은 돈을 벌 뿐만 아니라 현장에서는 추가적인 지식과 기술을 습득할 기회를 제공한다. 또한 대학 학위가 없다면 더 좋은 학위를 취득할 수가 없다. 학교들은 대학원 입학을 위해서는 학사학위가 있어야 한다는 찰스 엘리엇의 전통을 따르고 있기 때문이다. 학위는 안정성을 보장하기도 한다. 대학 졸업생은 경제 불황이 찾아왔을 때 다른 사람보다 직장을 잃을 위험이 낮다. 이는 대공황 때도 증명되었다. 또한 실업자 중에서도 대학을 졸업한 사람이 경제가 회복되었을 때 재취업할 확률이 훨씬 더 높다.

한 세기 이상 통합형 대학은 정부의 지원을 받았고 명문 대학 학위의 가치는 더욱 높아져 이들은 대중의 인식을 독점해왔다. 그 무엇보다도 대학 학위는 대학들이 매년 등록금을 인상할 수 있었던 요인이 되었다. 물가 상승률 조정을 거친 4년제 사립대학의 연평균 등록금 및 기숙사 비용은 1983년 1만 8,143달러에서 2013년 4만 917달러로 두 배 이상 뛰어올랐다. 공립대학의 등록금은 더 빠른 속도로 상승했다. 누구나 교과서를 집필하거나 교육에 관련된 기업을 설립하거나 일주일에 두 번 90분 수업을 제공하고 수업료를 받을 수 있다. 그러나 대학 학위를 판매하고 그것도 점차 가격을 높이는 것은 대학만이 할 수 있는 일이다.

그러나 학위증은 정보에 불과하다. 현대의 금융 통화와 마찬가지로 이 정보의 가치는 사람들이 함께 결정할 뿐이다. 미국 정부에서 전면에 조지 워싱턴의 초상을 인쇄한 가로 15센티미터 세로 6센티미터의 종이로 1달러어치의 제품과 서비스를 살 수 있다고 합의한다면 그렇게 되는 것이다. 통합형 대학의 이름이 전면에 인쇄된 가로 22센티미터 세로 28센티미터의 종이가 있어야 어떤 가치의 직장에 들어갈 수 있다고 합의한다면 사람들은 사정을 하든 빌리든 훔치든 그 종이를 가지려고 할 것이다. 학사학위증이 기업에 교육 배경을 알릴 수 있는 유일한 방법이라는 자연 법칙은 전혀 없다. 우리는 집단적으로 다른 방법을 선택할 수도 있었다. 정보기술이 사람들의 학습을 돕는 새로운 방법을 만들어내는 데 사용되고 있지만 이것은 동시에 조직과 다른 사람들에게 학습의 본질을 알려주는 새로운 방법을 발전시키기도 한다. 실리콘밸리에서 세상에 널리 퍼지고 있는 소프트웨어를 개발하는 데 사용되던 개방과 협업의 철학은 대학 학위에도 적용될 수 있다. 워싱턴 D. C.에서 온라인 과정을 공개하는 데 선구자 역할을 했던 사람 중 한 명은 이 등식의 학위 부분에 대해 생각하기 시작했다.

※ ※ ※

그 사람은 바로 그 요트의 소유자인 마이클 세일러(Michael Saylor)였다. 세일러는 1965년 오하이오 데이턴에서 태어났고 공군 원사였던 아버지를 따라 세계 각지의 군 기지에서 어린 시절을 보냈다. 세일러가 11세였을 때 그의 가족은 다시 데이턴 근처에 정착하였고 그는 자전거를 타고 신문 배달을 했으며 록밴드인 러시와 핑크 플로이드에 대한 열정을 키우는 여러 모로 전형적인 중서부 지역 소년으로 자랐다. 세일러는 그리스와 로마의 철인 왕들에 대한 이야기에 심취했고 만화책과 공상 과학 소설을 좋아했다. 특히 그가 좋아한 작가는 남성적이고 애국적인 자유주의를 로켓 우주선과 우주로부터 온 괴물과의 전쟁 이야기에 녹여 넣은 로버트 하인라인(Robert Heinlein)이었다. 하인라인의 책 중 『은하를 넘어서 *Have Space Suit—Will Travel*』는 고등학교 3학년 학생이 우주선을 타고 외계인 우주 해적으로부터 인류를 구한 후 MIT에 장학금을 받고 들어간다는 이야기다. 이 소설에서도 MIT는 분명 우주를 날고 우주선을 만들고 싶은 학생이 가고 싶어 할 대학이다. 세일러는 수석으로 고등학교를 졸업한 후 짐을 싸서 케임브리지로 이사를 갔다.

그로부터 4년 후 그는 항공공학과 과학/기술/사회사 전공으로 졸업을 하고 공군에 입대할 계획을 세웠다. 하지만 신체검사에서 원인을 알 수 없는 심장잡음 진단을 받아 그는 땅에 발을 붙이기로 진로를 바꾸었다. 그는 빠르게 1980년대의 기업들에 있어 가장 큰 난제로 다가온 디지털 정보의 부상에 집중했다.

컴퓨터가 점차 저렴해지고 더욱 강력해지는 동시에 네트워크와 연결되자 기업들은 사무 시스템을 서류철에서 전자 데이터베이스로 전환했다. 이를 통해 이론적으로는 기업들이 고객에 대해 더 많은 것을 빠르게 파악할 수 있어야 했다. 그러나 허브 사이먼과 버니바 부시를 비롯한 정보와 현대 사회에 대해 고민해온 똑똑한 사람들은 데이터에 접근하는 것으로는 전혀 충분조건을 만족할 수 없음을 깨달았다. 여기서 어려운 것은 정보를 가지고 무엇을 하는가, 정보를 거르고 가공하고 이해하는가였다. 1989년 세일러가 24세였을 때 그와 그의 MIT 동창은 그 문제를 해결하는 기업을 설립했다. 그들은 이 기업을 마이크로스트래티지(MicroStrategy)라고 불렀다.

마이크로스트래티지는 기업들이 의도적으로 또는 우연한 기회에 축적한 데이터베이스를 살펴보고 그들의 비즈니스에 대한 유용한 정보를 제시한다. 예를 들어 빅토리아시크릿은 매장마다 같은 수의 브래지어를 보관해둔다. 그러나 미국 내 여러 지역의 여성은 브래지어 색상이나 사이즈에 대한 선호도가 다르다. 마이크로스트래티지는 재고 데이터를 분석하여 이에 따라 재고를 달리함으로써 빅토리아시크릿의 매출을 올릴 수 있다고 알려주었다.

이러한 서비스로 마이크로스트래티지는 성공적인 IT 기업이 되었다. 세일러는 회사 지분의 가장 큰 몫을 차지하며 면밀하게 벤처캐피털의 게임을 주도했다. 그에게는 비즈니스인텔리전스 기업을 넘어서는 더 거대한 야망이 있었다. MIT에서 그는 과학 혁명의 구조, 인쇄술과 같은 발명이 학습뿐만 아니라 정치와 철학의 전체적인 시스템에 심오한 변화를 가져오는지에 대해 배웠다. 세일러는 세상은 또 다른 변화를 맞이할 것이라고 생각했으며 마이크로스트래티지 소프트웨어는 기업뿐만 아니라 지구상의 모든 사람을 위해 새로운 정보를 이해하도록 하는 핵심적인 수단이 될 것이다.

거의 구세주의 계시처럼 이 같은 거창한 발언은 당시 큰 파장을 일으켰다. 마이크로스트래티지는 1998년 MSTR이라는 기호로 상장되어 하늘로 치솟는 나스닥 지수에서 마이크로소프트 옆자리를 차지하게 되었다. 2000년 중반 그 기업의 가치는 150억 달러였으며 그중 대부분은 마이클 세일러의 소유였다. 미래는 한계가 없어 보였고 그는 인텔리전트 소프트웨어의 물결이 변화시킬 우선적인 대상이 교육이라고 생각했다. 2000년 3월 그는 자신의 1억 달러를 투자하여 세계에서 가장 명석한 사람들의 강의 동영상을 바탕으로 무료 인터넷 대학을 설립하겠다고 발표했다. 그는 "봄베이의 택시 기사도 아이비리그 교육의 95퍼센트를 이용할 수 있을 것이다. 대학은 '모든 사람이 어디서든 닿을 수 있는' 교육을 해야 한다"고 말했다.

그로부터 1주일 후 증권거래위원회의 지침에 따라 마이크로스트래티지는 1999년 이익에 대한 하향 조정을 한다고 발표했다. 2주 후 나스닥이 정점을 찍고 닷컴 거품이 빠르게 가라앉은 만큼 시기가 매우 좋지 않았다. 마이크로스트래티지의 주가는 폭락했고 세일러의 이론적 순자산 가치는 하루 만에 60억 달러가 감소했다. 이는 어떤 면에서 역사상 가장 큰 손실이었으며 '트리비얼 퍼수트(보드퀴즈 게임 – 옮긴이)'의 퀴즈 문제가 되어 영원히 기억되는 사건이 되었다. 잘못을 인정하지 않았지만 세일러는 부정확한 재무 보고에 대해 수백만 달러의 벌금을 내는 것으로 증권거래위원회와 합의했다. 그의 자산과 함께 무료 대학을 위한 1억 달러도 함께 사라졌다. 봄베이의 택시 기사는 일단 기다려야 했다.

그러나 거품의 붕괴와 함께 증발한 많은 닷컴 시대의 벤처 기업들과는 달리 마이크로스트래티지는 언제나 실제 고객들이 서비스에 실제로 돈을 지불하는 경쟁력 있는 사업을 영위했다. 세일러는 차근차근히 무너진 회사를 일으켜 세웠으며 더 이상 그에게 60억 달러는 없지만 요트를 살 돈은 충분했다. 마이크로스트래티지는 워싱턴 D. C. 근교의 타이슨스코너 비즈니스 지구의 사무실 건물로 이사했다.

내가 그곳을 찾았을 때 로비에 있던 세일러의 비서가 우리를 최상층으로 안내했다. 우리가 엘리베이터를 타자 그녀는 아이폰을 꺼내 화면의 아이콘을 터치했다. 그녀는 이 앱은 개인 신원을 확인하고 보관하는 마이크로스트래티지에서 개발한 앱이라고 설명했다. 그녀가 다른 버튼을 누르자 엘리베이터는 그녀를 알아보고 우리가 꼭대기 층으로 올라갈 수 있도록 허락해주었다. 우리는 엘리베이터를 나와 왼쪽에 있는 천으로 덮인 창문 없는 문들이 늘어선 복도로 향했다. 비서가 잠시 아이폰을 조작하자 벽에 있던 작은 등이 녹색으로 바뀌며 임원 공간의 문이 열렸다.

몇 분 후 나는 세일러의 사무실로 들어갔다. 나는 그에게 지난 13년 동안 무료 온라인 대학을 만들겠다는 생각이나 실현 가능성에 대한 생각이 바뀔 일이 있었는지 물어보았다.

"아닙니다. 저의 생각은 바뀌지 않았어요"라고 그가 말했다. 세일러는 인간의 확신에 대한 통계 분포가 있다면 그 그래프의 가장자리 정도에 위치한 사람이다. 훤칠하고 멋진 외모와 함께 그가 가진 수천 억 달러 덕분에 그는 사교성이 부족한 공대생과는 다르게 보였다. 그는 현재의 세상과 이상적인 세상을 생각하며 현실과 이상이 가까운 시일 내에 하나가 될 수 없다는 끊임없는 좌절감을 마음속에 담아두고 고민하는 사람이다. 자신의 회사를 소유하고 경영하는 것은 요트와 별장과 아름다운 여자를 얻기 위한 좋은 방법이었고 세일러는 이를 충분히 즐겨왔다. 그러나 나는 세일러의 가장 큰 장점이 자신이 살고 일하는 환경에 대한 충분한 통제권을 가지고 세상의 비합리성을 어느 정도 관리할 만한 수준으로 유지하는 태도라고 생각한다.

그는 "제가 1983년 MIT에 입학할 당시 MIT는 세상에서 가장 비싼 대학이었습니다. 저의 할머니가 은행에 저축한 돈은 첫 4주 동안의 학비를 낼 수 있을 정도였으니 그대로 학교를 다니다가는 우리 가족이 파산했을 겁니다. 그래서 저는 미국 정부의 지원금을 받기로 하고 공군 ROTC에 들어갔습니다. 사실 그 외에는 방법이 없었으니까요."

다른 MIT 신입생과 마찬가지로 세일러는 일반 이수 과목의 일부로서 〈물리학 입문〉을 수강해야 했다. 그 과정의 담당 교수는 월터 르윈(Walter Lewin)이라는 네덜란드인 물리학자였다. 그는 여러 해 개선을 반복해온 도구와 실습 활동을 통해 고전 역학의 원리를 시연했다. 어떤 수업에서는 오렌지 크기의 철제공이 줄에 달려 강의실 내를 돌아다니다 물리학의 법칙에 의해 르윈의 얼굴 바로 앞에서 멈추었다. 또 다른 수업에서는 르윈 자신이 줄에 매달리기도 했다. 그 강의는 유명해졌고, 그는 뉴턴 역학을 전파하는 아벨라르와 같았다.

뉴턴의 법칙은 세월이 흐르며 바뀌는 것이 아니다. 1학년 역학 수준에서는 『프린키피아 Principia』가 출판된 1687년 이래로 바뀐 내용은 없다고 볼 수 있다. 이런 논리에 따라 자연스럽게 MIT는 르윈의 강의를 녹화하고 이를 1983년 당시 가장 손쉽게 사용할 수 있는 기술인 케이블 텔레비전으로 하루 24시간 방송을 내보냈다.

이것은 세일러에게 매우 인상 깊은 일이었다. "고등교육에 대한 많은 사람들의 관념은 자신을 개인적으로 지도해주는 교사에게 도움을 받을 수 있다는 것이었습니다"라고 그가 말했다. "그러나 제 경험은 그렇지 않았습니다. 한 명의 강의를 400명이 듣는 수업에서 어떻게 원활한 의사소통이 양방향으로 이루어지겠습니까?"

1999년 MIT는 르윈의 강의를 새롭게 제작했다. 세일러는 일을 해서 번 돈으로 본 1983년의 강의와 1999년의 강의가 완전히 동일하다고 느낄 수밖에 없었다. '이런 영상을 인터넷에 올리고 누구나 이를 자유롭게 사용할 수 있으면 좋지 않을까?'라고 그는 생각했다. '학생에게 1년에 5만 달러 대신 50달러를 받을 수 있지 않을까?' 사실 역학, 전기, 자기, 진동에 대한 르윈의 강의는 MIT 오픈코스웨어에서 가장 인기 많은 과목 중 하나이며 이제는 에드엑스가 제공하는 다른 과목들의 기반이 되었다.

마이크로스트래티지는 위기에서 벗어났고 세일러는 자신의 부가 다시 증가하자 기존의 계획을 이행하기로 했다. 기술과 관련된 모든 요소의 가격이 하락하고 있으므로 그는 더 이상 1억 달러를 쓸 필요가 없었다. 오늘날 세일러 대학(Salyor.org)은 어디에서든 누구나 이용할 수 있는 300여 개에 이르는 과목을 인터넷에서 제공하고 있다.

세일러는 13년 전에 이미 분명하고 합리적이라고 생각하던 일을 했다. 그가 책을 읽고 강의를 보고 교재를 공부하고 시험을 보았던 학부 시절의 경험을 온라인에 그대로 옮겨놓은 것이다. 그는 이것이 이미 해결된 문제이므로 흥미롭게 이야기할 거리도 못된다고 생각했다. 그래서 그는 대학 학위와 사람과 기계가 정보를 처리하는 방식과 같이 더욱 복잡하고 중요한 주제에 대해 이야기하고 싶어 했다.

인간의 두뇌는 복잡하게 얽혀 있는 자극들로부터 패턴을 찾아내고 이를 두뇌에 이미 저장되어 있는 다른 패턴에 적용하는 등 많은 일에 능숙하다. 세바스천 스룬은 운전면허증이 있는 사람이라면 누구나 할 수 있는 일인 주변 사물에 부딪히거나 낭떠러지에서 떨어지거나 다른 차와 충돌하는 것을 피할 수 있는 능력을 컴퓨터에 가르치는 것으로 유명해졌다.

그러나 사람들이 잘 못하는 일들도 있다. 그중 하나는 크기의 차이를 제대로 파악하지 못한다는 것이다. 우리는 주변의 세상과 상호작용하면서 자신을 세상의 중심에 두어온 경험으로부터 탈피하지 못한다. 그렇기 때문에 우리보다 훨씬 작거나 큰 것들을 이해하는 데 어려움을 겪는다. 사람의 키는 보통 150센티미터에서 200센티미터 사이다. 우리는 4미터, 8미터, 50센티미터, 10센티미터가 어느 정도의 길이인지 대강 알고 있다. 그러나 그 수치가 10만, 100만 또는 10억 미터가 되면 이 모든 것이 인지적으로 '매우 멀다'라는 개념으로 합쳐진다. 쿼크와 원자의 크기는 골프공과 달만큼이나 서로 다르지만 대부분의 사람들에게 원자와 쿼크는 차이 없이 '매우 작다'로 다가온다.

이것은 실리콘 웨이퍼에 들어가는 회로의 수와 같이 규모가 빠르게 증가하는 경우에는 특히 문제가 된다. 이러한 경향에 대해 일반 사람들은 실제 세상의 변화를 즉시 실감하지 못하는 경우가 많다. 그렇기 때문에 사람들은 규모와 관련된 변화에 대해 이성적인 예측을 하는 데 매우 서툴다. 우리는 미래의 삶이 현재의 삶과 유사할 것으로 잘못 간주한다.

케임브리지와 실리콘밸리에 이끌리는 다른 합리주의자들과 세일러에게는 모두 규모의 변화를 민감하게 받아들이는 특징이 있었다. 이러한 점과 더불어 개인의 정체성과 대학 학위의 심각한 문제와 이의 관련성을 설명하던 세일러는 "금문교를 지나오셨죠? 금문교에 대한 이야기와 이것을 짓는 데 든 비용을 알고 계시리라 생각합니다. 건설은 100년 전에 이루어졌습니다. 당시 이 다리를 설계할 만한 자격을 갖춘 사람은 몇 명이었을까요? 대충 5명 정도? 몇 명 정도가 있었을까요?"

1920년에 금문교를 설계하고 지을 수 있는 사람은 먼저 대학 교육을 받을 수 있는 부유한 가정 출신이어야 하고 타고난 지적 능력이 있어야 한다고 세일러는 말했다. 그리고 처음으로 지어본 다리가 있어야 하며 두 번째로 지어본 다리 등 경력이 필요했다. "평생 5개의 다리, 아니 하나라도 지어본 사람이 몇 명이나 됐겠습니까?"라고 그가 물었다. "이것이 금문교 건설을 맡을 사람에게 요구되던 자격입니다. 지구상에서 그런 사람은 5명 정도 있었을 겁니다."

"그런데 그런 사람이 50명이 되면 어떻게 되지요? 아니면 500명, 5,000명이 되면 어떻게 될까요? 앞으로는 200달러짜리 태블릿 컴퓨터로 다리를 설계하고 건설할 프로그램만 주면 다리를 지을 수 있는 사람이 10억 명이 될 것입니다. 중국 서부에 사는 8세 소녀가 세계 최고의 다리 건축가가 될 수도 있습니다."

그것도 맞는 말이겠지만 누가 중국 서부의 8세 소녀를 고용하여 현수교를 짓게 하겠냐고 내가 물었다. 대학은 사람들에게 무언가를 하는 방법을 가르치는 것 외에도 많은 일을 한다. 대학은 졸업생이 다리 설계와 같은 기술이 있음을 증명하는 신뢰할 수 있는 증명서를 준다. 대학 학위는 노동 시장에서 핵심적인 부분이다. 그것도 중요하지 않겠는가?

마이클 세일러는 학위에 대한 답도 이미 가지고 있었다. 그 답은 소프트웨어와 관련이 있었고 그것은 그리 놀랍지 않았다. 그러나 이를 위해 사용될 소프트웨어가 우리가 탄 엘리베이터를 사무실까지 올라가게 한 소프트웨어와 비슷하다는 점은 놀라웠다.

※ ※ ※

미국 대학들은 매년 400만 개 이상의 학위를 수여한다. 대충 반올림을 해서 보자면 준 학사학위 100만 개, 학사학위 200만 개, 석사학위 100만 개, 박사학위 20만 개(많은 의사와 변호사도 여기에 포함된다)로 나눌 수 있다.

석사학위와 박사학위는 파리와 볼로냐의 기술자와 학자들의 길드 시절까지 수세기의 역사를 지니고 있다.

대학들이 모두 같은 모습이 되기 전까지는 학위 수여의 방식도 다양했다. 토머스 제퍼슨의 버지니아 대학교가 1820년대 문을 열었을 때는 대학 공통으로 적용되는 학위 수여 체계가 없었다. 대신 자율적으로 운영되던 해부학, 고대 언어, 법률, 수학, 의학, 현대 언어, 자연사, 자연철학의 8개의 단과대에서 학생들이 특정 영역의 학문을 배웠다는 증명을 독립적으로 발급했다. 학생들은 1학년, 2학년과 같이 얼마의 기간 동안 공부를 했는지로 구분되지 않았다. 학교에서 주는 증명은 그들이 무엇을, 얼마만큼 배웠는가와 비례했다.

그러나 19세기 말 대학들이 오늘날의 형태로 굳어가자 미국 대학의 학위 구조도 함께 자리를 잡았다. 학교의 영광과 안녕을 위해 헌신하는 운영자들이 이를 주도하여 학위에 대한 규칙과 규정을 수립했다. 학위의 기준은 시간이었다. 15주 학기 동안 주당 3시간의 수업을 들으면 3학점이 되며 4년제 대학 학위를 받으려면 120학점을 취득해야 한다.

시간을 기반으로 한 학위는 희소하고 비싼 대학의 권력을 강화했다. 학위는 학생이 무엇을 배웠는가에 대해 거의 말해주지 않는다. 물론 증서에는 성적이 있지만 통합형 대학은 연구와 함께 가르침에 대해 교수들에게 학문적 자유를 주었다. 그렇기 때문에 외부인은 성적증명서의 A, B, C를 통해 성적 평가의 기준이나 방법, 교수의 강의 운영 방식을 전혀 알 길이 없다. 게다가 학점 인플레이션은 그나마 있던 성적의 의미마저 점차 지워 버렸다. 하버드 학부 졸업생이 받은 학점의 평균은 A마이너스이며 학생들이 가장 많이 받은 학점은 A다. 그렇기 때문에 학위증은 학생이 어디서, 얼마 동안 공부를 했는지만 알려줄 뿐이었다.

다시 한 번 통합형 대학은 시기적인 혜택을 엄청나게 누렸다. 통합형 대학 모델이 주류가 되는 동안 세계는 더 넓어지고 부유해졌으며 인구는 늘어나고 전문성과 복잡성이 더해져 갔다. 학교의 행정가들은 고등교육 외에도 여러 분야에서 권력을 잡게 되었다. 그들은 자신의 지위를 정의하고 보호할 방법을 필요로 했으며 대학 학위는 이러한 조건을 충족했다. 위대한 독일의 사회학자 막스 베버(Max Weber)는 1922년 "경영 및 공학 단과대 등 대학의 학위들이 정교해지고 모든 영역에서 교육 증서에 대한 요구가 보편적으로 증가한 것이 관료층과 기업의 특권 계층의 형성에 기여했으며" 그러한 증서는 "이미 증서를 가진 자들이 사회적으로나 경제적으로 유리한 위치를 독점할 권리를 주장하는 데 사용되었다"고 지적했다.

대학은 특정한 종류의 학위를 가치 있는 교육을 위한 전제 조건으로 지정하면서 학위의 필요성을 강조했다. 법학대학원, 의학대학원, 경영대학원에 가거나 박사 과정을 시작하려면 먼저 학사 학위를 취득해야 했다. 전문직 종사자들과 대학은 한통속이었다.

공식적으로 학위는 소지자가 지정된 학습 과정을 이수했다는 것을 상징한다. 그러나 이것이 전부라면 학위가 그렇게 중요한 것은 아닐 것이다. 현실에서 학위는 더 많은 의미를 지니며 특히 어느 학교의 학위인가에 따라 더욱 그러하다. 어떤 학위는 근원적인 인지 능력의 수준을 암시한다. 엘리트 대학들은 SAT와 같은 표준화 시험 성적을 중점적으로 보고 손에 꼽히는 명문 사립 및 공립 고등학교에서 받은 학업 성취도를 반영한 치열한 입학전형을 통해 매년 명석한 학생들을 선발한다. 하버드 학위가 전하는 가장 중요한 메시지는 이 사람이 하버드를 졸업했다는 것이 아니다. 더 중요한 것은 하버드에 입학했다는 것이다. 그렇기 때문에 사람들은 '하버드 중퇴'와 '하버드 졸업'을 거의 같은 의미에서 이야기한다.

학위는 그 소지자가 일종의 문화적 적응기를 거쳤으며 중상층으로 진입하기 위한 통과의례를 거쳤음을 의미한다. 여기에 대학 학위는 들어야 할 과목을 듣고 (추정컨대) 많은 수업에 출석했고 기말고사를 통과하기 위한 요건을 점검하고 기말고사를 보는 등의 기존에 확립된 길고 긴 조직적 과정을 성공적으로 걸어왔음을, 허친스의 표현에 따르면 "충실함, 온순함, 기억력"을 나타낸다.

노동 시장에서 이러한 정보의 가치는 눈에 띄게 상승해왔다. 1977년에서 2005년까지 학사학위 소지자의 수가 크게 증가했음에도 학사학위 소지자와 고등학교 졸업생의 평균 임금 격차는 두 배로 증가했다. 숙련 편향적인 기술 변화와 미숙련 근로자의 실질 임금 하락이 부분적으로 낳은 결과였다. 대학 학위는 많은 직종에서 필수로 요구되며 확고히 자리를 잡았다. 미국에는 초, 중, 고등학교를 통틀어 370만 명의 교사가 있다. 이들 중 거의 모두는 학사학위를, 거의 절반은 석사학위를 소지하고 있다. 좋은 교사가 되려면 먼저 통합형 대학에서 4년을 보내야 한다고 수만 명의 교장들이 개인적으로 결정한 것은 아니다. 주법은 공립학교 교사의 조건으로 학사학위를 요구하며 노조 계약에서는 석사학위 없이는 최대 가능 급여를 받을 수 없다고 명시하고 있다.

고용주들도 제한된 자원으로 제한된 시간 동안 많은 정보를 파악해야 하는 어려움에 봉착했다. 브래지어 재고 관리에 필요한 정보는 인간을 파악하는 것에 비하면 매우 부분적이다. 정보기술은 자동차 부품 도장이나 파일 정리와 같은 단순하고 반복적인 업무를 없앴으며 글로벌화는 저숙련 일자리를 해외로 보내버렸다. 그 결과 미국에서 직업은 크게 몇 가지의 업종으로 분류하게 되었다. 어떤 직업은 창의성, 판단력, 패턴 인식 능력을 요구했다. 여러 종류의 서비스를 하는 대인 능력이 중요한 직업도 있다.

개인적으로 잘 알지 못하는 사람이 특정한 일에 적합한지를 판단하기는 어렵다. 현대의 특이한 조건상 대규모 공동체 속에서 살아가는 경우는 더욱 그렇다. 수송과 통신이 더 저렴해지고 사람들이 도시와 그 주변 지역에서 다른 곳으로 옮겨 가면서 직원을 채용하는 기업들은 수많은 낯선 사람들 중 일부를 선발해야 하는 어려운 업무를 맡게 되었다.

기업은 이러한 상황에서 누구나 생각할 수 있는 방법을 사용했다. 처리해야 하는 정보의 양을 제한하는 핵심 지표와 신호를 통해 합리적인 기간 내에 충분한 결정을 내리는 것이다. 그들은 만족 모형에서 말하는 '어느 정도 만족할 만한' 선택을 한다. 대학 학위는 이러한 요구를 꽤 잘 충족시켜 왔다. 오늘날의 대기업들은 규정, 구조, 절차를 중심으로 구축되었다. 이러한 환경에서 성공을 거두려면 조직 문화에 맞는 사람이 필요하다. 그들은 아침에 정시에 출근하고 하루가 끝날 때까지 자리를 지키고 있을 필요가 있다. 여기에 그들은 조직의 문화를 내재화해야 한다. 사람들은 경험과 사고방식이 비슷한 사람들을 고용하고 싶어 한다.

분명 간호학이나 회계학 같은 일부 대학 프로그램들은 특정 직종과 긴밀히 연결되어 있고 검증할 수 있는 기술을 갖추는 데 도움을 준다. 준 학사학위 프로그램 중 44퍼센트는 특정 업무와 관련된 지식을 가르치고 있다. 또한 특정한 학문적 프로그램은 전문적인 학자가 되도록 학생을 가르친다. 사람들은 중세사 박사학위를 받기 위해 먼저 중세사 또는 사학 학사학위를 취득한다. 이런 점에서 중세사 학위는 용접 자격증만큼이나 '직업 훈련'적인 의미가 있다.

그러나 많은 사람들에게 대학 학위는 다른 정보 없이 일반적인 인지 능력, 기본 소양, 큰 조직에서 근무할 수 있는 능력만을 알려주는 수단이다. 학위 그 자체는 전쟁 포로가 제네바협약에 의해 공개해야 하는 정보만큼이나 성명, 계급, 일련번호(또는 전공)와 같은 많은 정보를 담고 있다. 함께 따라오는 대학 성적표와 고등학교 성적표는 마지못해 참고하는 정보로 남을 뿐만 아니라, 보려고 해도 약자로 표시된 학과 정보, 학년별로 이수한 과목, 어떻게 산정했는지 알 수 없는 성적이 있을 뿐이다.

통합형 대학이 선택 교과제를 중심으로 조직되자 대학은 졸업생이 공통의, 식별 가능한 학문적 특성을 지니고 있다는 그럴듯한 주장을 할 수 없게 되었다. 대학들은 인문교육이 실질적으로 무엇인지를 정의하는 책임을 유기했으며, 이제 컬럼비아와 시카고 대학과 같은 몇몇 예외적인 학교들만이 인문교육을 강조하고 있을 뿐이다.

막스 베버가 경고한 자격 편중주의는 블루칼라 노동 시장의 쇠락과 화이트칼라 중산층의 부상으로 더욱 강화되었다. 대학의 프로그램과 과정들은 시간과 캠퍼스를 기준으로 하는 교육적 틀에 짜 맞추어졌다. 객관적으로 말해서 농업, 건축, 생물, 경영, 통신, 컴퓨터공학, 교육, 공학, 영어, 체육, 프랑스어, 역사, 국토방위, 도서관, 언어학, 수학, 철학, 공공행정, 신학, 미술과 공연예술을 위한 직업에 필요한 교육 프로그램을 마치는 데 3년, 1년이나 5년 3개월 등이 아니라 모두 똑같이 오직 4년을 필요로 할 가능성은 낮다.

스티븐 조엘 트락텐버그는 이에 관련해 사실이 아닐 수도 있지만 상당히 의미 있는 지적을 한 바 있다. 헨리 던스터가 1640년 잉글랜드의 케임브리지 대학을 떠나 미국 케임브리지에 와서 하버드 대학의 초대 총장이 되었을 때 케임브리지 대학에는 4년제 학사학위 제도가 있었다. 그래서 하버드도 같은 표준을 채택했다. 몇 년 후 잉글랜드의 케임브리지 대학은 3년제 학위 제도로 바뀌었고 지금도 그 제도가 유지되고 있다. 던스터의 전임자 너대니얼 이턴(Nathaniel Eaton)은 '교장' 직함을 가지고 있었다. 그는 학생들을 구타하고 아내를 시켜 학생들의 푸딩에 염소 똥을 넣은 혐의로 축출된 인물이다. 이턴 부인이 1630년대 식민지 시대에 몇 년간만 푸딩에 염소 똥을 안 넣었더라면 하버드는 케임브리지 대학의 3년제 학위 제도를 그대로 가져왔을 수도 있고 오늘날 미국 학생들은 매년 수억 달러의 등록금과 시간을 절약할 수 있었을 것이다.

대학 학위는 사람들에 대한 많은 정보를 빠뜨렸다. 특히 그들이 대학에서 실제로 무엇을 배웠는지에 대한 정보가 없었다. 그러나 학위는 일부 유용한 단서를 제공했고 보편적으로 통용되었으며 기업은 학위 수여 제도를 유지하는 데 전혀 비용 부담을 할 필요가 없었다. 게다가 더 적은 비용으로 용이하게 같은 기능을 하는 대안이 떠오르지 않았다. 어떤 기업들은 지원자들을 대상으로 추가적인 시험을 실시하기 위해 투자할 필요성을 느꼈다. 그러나 입사 시험이 별도로 있다고 해도 모두가 시험을 보는 것은 비용이 많이 들기 때문에 일차적으로 학위를 통해 지원자를 추렸다. 기업들은 대학을 나오지 않고도 훌륭한 직원이 될 사람이 있을 수 있다는 것을 알고 있었다. 그러나 그런 사람을 찾기 위해 추가 비용까지 들일 필요성을 느끼지는 못했다.

이로 인해 많은 사람들이 피해를 입었다. 미국은 그 어떤 나라보다도 학사학위 소지자 비율이 높음에도 25세 이상 미국인 중 대학을 졸업한 사람은 3분의 1밖에 되지 않는다. 2년제 대학의 준 학사학위 소지자를 포함하면 10퍼센트가 늘어나지만 이 중 대부분의 학위는 4년제 대학으로 편입을 하거나 그들이 아직 받지 못한 학사학위를 받기에는 부족하므로 '학교를 마쳤다는 증서' 이상의 기능을 하지 못한다.

학위가 없는 대다수의 미국인들 중 학식이 풍부한 사람도 많다. 그들은 책을 읽고 일을 하며, 그리고 인생을 살아가면서 많은 지식과 기술을 쌓았다. 그러나 학위가 없으면 불리한 위치에 놓인다. 보수가 높은 직업을 갖고, 추가 교육을 받을 기회에 대한 접근을 승인하거나 거부하기 위해 우리가 만든 제도는 통합형 대학에서 수여하는 학위를 중심으로 짜여 있기 때문이다. 학위가 없는 사람들은 학위 소지자와 동일한 기술을 보유하고 있어도 더 낮은 급여를 받고 발전할 기회를 누리지 못한다. 더 많이 학습할수록 학습 능력이 생기기 때문에 교육은 선순환의 특징을 가진다. 학사학위를 요구하는 직업의 좋은 점은 높은 초봉뿐만이 아니다. 이것은 향후 전망과 수입이 비슷한 사람들과 함께 직장 생활을 시작하고 일을 하면서 계속 유용한 지식과 기술을 습득할 수 있는 기회를 열어준다.

현재의 대학 입학 제도와 노동 시장에서 대졸자가 혜택을 누리는 상황은 요트에 초대받아 승선하는 것과도 같다. 요트에 타면 사람들을 만날 수 있다. 돈이 있다면 인맥을 쌓는 데 더욱 도움이 된다. 공짜로 마실 수 있는 술도 많고 그곳에 머무는 데 반드시 많은 돈이 필요한 것은 아니다. 경제 상황이 좋지 않을 때 요트에 탄 사람들은 적어도 잠시 폭풍우를 피할 수 있다. 밖에 있는 모든 사람들이 몸을 숨길 곳을 찾아 달릴 때 그들은 매력적인 젊은 여성들이 제공하는 칵테일을 홀짝이게 된다.

대부분의 사람들이 필요로 하는 것은 엘리베이터를 타고 건물 꼭대기에 있는 마이클 세일러의 사무실에 가는 것과 같은 편리한 기술이다. 이를 위해서는 '어셔'라는 마이크로스트래티지의 프로그램이 필요하다. 기관들은 이 프로그램을 이용하여 휴대전화에 저장할 수 있는 디지털 인증서를 발급할 수 있다. 인증서가 있으면 건물의 특정 층과 같은 물리적 공간이나 네트워크와 연결된 컴퓨터 시스템 내 일부 영역에 접근할 수 있다. 전자 서명이 있는 문서로 인증을 하고 그 결과를 다른 사람에게도 보낼 수 있다. 인증서는 영구적으로 사용되거나 일정 기간 후에 만료되도록 만들 수도 있다.

세일러는 이것을 '심층 신원 정보'라고 부른다. 페이스북과 같은 서비스는 당신이 어디서 일하고 살며, 어떻게 생겼고, 어떤 친구들이 있는지 피상적인 사회적 신원 정보를 만들도록 한다. 이러한 신분은 그럴 필요도 없겠지만 강력하게 보호되지 않는다. 노출 시 따르는 위험도가 낮기 때문이다.

다른 종류의 신원 정보는 더욱 중요하다. 정부는 당신의 정치적 신원 정보를 관리한다. 이러한 정보는 통과할 수 있는 국경과 이용할 수 있는 서비스, 투표할 수 있는 장소를 결정해준다. 이러한 정보를 바탕으로 당신의 수감과 석방 여부가 결정된다. 당신의 정치적 신원 정보는 정부가 재판 없이 당신을 죽일 수 있을지를 결정해준다. 이는 말 그대로 당신의 생사가 걸린 문제다.

대기업들은 당신의 금융 신원 정보를 관리하고 있다. 당신이 소유하고 있는 돈의 액수는 컴퓨터 어딘가에 있는 디지털 정보일 뿐이다. 당신의 신용 거래 이용은 3개의 민간 신용 평가 기관인 이퀴팩스, 엑스퍼리언, 트랜스유니언이 통제하고 있다. 당신의 신용 보고서와 엉망으로 매겨진 신용 점수에는 문제가 많지만 돈은 중요하기 때문에 적어도 거기에는 시스템 비슷한 것이 있다. 당신의 금융 신원 정보는 다소 심층적인 것이다.

일단 당신에게 시민권이 주어지고 금융 거래를 할 자격이 생겼을 때 당신에 대한 가장 중요한 정보는 무엇일까? 당신의 교육 신원 정보다. 이것은 당신이 무엇을 알고 무엇을 할 수 있는지를 보여준다. 글로벌 경제가 계속 통합되고 더 많은 기업들이 사이버 공간에서 활동함에 따라 당신의 교육 신원 정보는 더욱 중요해질 것이다. 교육 신원 정보는 특히 배움의 전당에서 멀리 떨어진 곳에 거주하는 사람들에게 특히 중요한 것이 된다.

교육 신원 정보는 누가 통제하는가? 그것은 당신이 다닌 대학이다. 당신이 대학에 다녔다면 말이다. 그러나 모교에서 발급하는 학위 증서와 성적표는 빈약하고 위조하기 쉬우며 당신이 받은 교육에 대한 실질적인 정보는 대학의 내부 기록으로 별도로 보관되고 있다. 그러나 이 문서들은 적어도 의미하는 바가 있으며 때때로 정말 큰 차이를 만들어낸다.

당신이 대학을 다니지 않았다면 당신의 교육 신원 정보는 누가 통제하는가? 아무도 없다. 그런 정보가 존재하지 않기 때문이다. 살면서 읽고, 말하고, 생각하고, 일하면서 배운 모든 것들, 애써서 얻은 머릿속의 모든 패턴들의 대부분은 직장을 구하거나 더 교육을 받고자 할 때는 중요하지 않다. 당신이 국경을 통과할 때나 대출을 받을 때 사람들이 당신의 말을 곧이곧대로 믿지 않으려 하는 것처럼, 많은 것이 달려 있는 직장에 대한 결정을 내릴 때는 증거가 필요하다. 고루한 교육 기관들의 이기적 이해를 중심으로 만들어진 우리의 교육 증명서 발급 시스템으로 인해 인간 개인지식의 영역 전체는 우리 경제 현장에서 찾아낼 수가 없고 불분명한 상태로 배제되고 있다.

노동 시장에 뿌리박혀 있는 대학 학위에 대한 의존을 극복하기 위해서는 전통적인 학위보다 훨씬 뛰어난 증명서를 만들어낼 필요가 있을 것이다. 앞으로는 기존 대학 증명서의 명백한 결점들을 참고하는 것이 그러한 목표에 이르는 데 어느 정도 도움이 될 것이다. 나머지는 정보기술의 새로운 가능성이 이끌어 갈 것이다.

마이클 세일러와 같은 사람들은 정보기술을 통해 기업에 재고 데이터베이스를 분석할 수 있는 능력을 부여하는 일은 매우 사소한 성과라는 것을 깨달았다. 정보기술이 변화시킬 이보다 더 중요한 영역은 사람들에게 자신이 가진 폭넓은 지식, 기술, 능력을 기업들과 다른 사람들에게 알릴 수 있는 능력을 부여하는 일이다. 사람들이 자신의 역량을 효과적으로 알리고 고용주들이 그러한 정보의 가치를 인정하기 시작한다면 통합형 대학 경제의 기초가 무너지기 시작하고 '어디서나 닿을 수 있는 대학'이 그 자리를 차지할 것이다.

10

오픈 배지가
말해주는 것

신뢰할 만한
학습 기록

케임브리지에서 돌아온 지 한 달 후 나는 에드엑스에서 이메일을 받았다. 이메일의 링크를 열어보니 내가 예전에 받았던 대학 학위증을 매우 닮은 이미지 파일이 있었다. 사각형에 다른 색의 테두리가 있는 이미지였다. 가장 위에는 발급 기관인 MITx의 이름이 찍혀 있었다. 이 문서에는 케빈 캐리가 매사추세츠 공과대학교의 온라인학습 사이트 MITx에서 에드엑스를 통해 제공한 학습 과정 〈7.00x: 생물학 입문 – 생명의 비밀〉을 이수했다는 내용이 있었다. 문서 위에는 발급 일자, 아래에는 매사추세츠 공과대학교 생물학과 교수 겸 하버드 대학교 시스템 생물학과 교수 에릭 랜더의 서명이 있었다. "본 증서의 진위는 https://verify.edX.org/cert/ffda1bd75 cd947ccae0c205b50724270에서 확인할 수 있습니다"라는 주석도 있었다. 이 주소를 클릭하니 에드엑스 공식 웹사이트가 열리고 "케빈 캐리의 에드엑스 증서는 유효한 번호입니다"라는 내용을 확인할 수 있었다.

지금까지 전 세계 수십 만 명이 원했지만 그중에서도 치열한 입학 경쟁을 치르고 엄청난 돈을 지불하고 매사추세츠 케임브리지로 온 이들만이 할 수 있었던 일을 이제 다수가 할 수 있게 되었다. 내가 세계에서 가장 위대한 대학 중 하나인 MIT의 공식적인 학습 증서를 받은 것이다.

물론 나뿐만이 아니었다. 2014년까지 수만 명의 사람들이 코세라, 유다시티, 에드엑스 등을 통해 이러한 증서를 받았다. 에드엑스 컨소시엄은 점차 커져서 UC 버클리, 라이스, 조지타운, 텍사스, 웰슬리, 다트머스, 코넬, 칼텍, 워싱턴 대학뿐만 아니라 호주 국립대학, 교토 대학, IIT 봄베이, 맥길, 서울대, 홍콩대 등 해외 유수의 대학들도 참여하게 되었다.

무크를 넘어 더 급진적이며 분산적인 일들이 일어나고 있다. 실리콘밸리의 역동적인 문화를 통해 새로운 교육인증 시스템이 생겨나 고등교육의 혁명을 가져오는 여러 기술적 도구들이 생겨나고 있다.

1995년 30억 달러에 이르는 넷스케이프의 기업공개는 지난 50년간 기업에 일어난 가장 중요한 사건 중 하나로 남아 있다. 그 이후로 지금까지도 경제와 일상을 바꾸고 있는 인터넷 벤처의 물결이 일어났기 때문이다. 그러나 웹브라우저 기업으로서 넷스케이프는 마이크로소프트에 빠르게 밀려났다. 창업 후 10년도 채 되지 않아 인터넷 인구 중 단 2퍼센트만이 사용하는 AOL의 잊혀진 자회사가 되었다.

넷스케이프에서 일했던 많은 사람들은 그 경험의 상처를 안고 있다. 해커 문화는 정보의 '개방' 철학에 엄청난 가치를 두고 있다. 지식은 권력이며 독재 정권과 대기업이 부와 지위를 유지하고 있는 것도 정보에 대한 접근을 통제하고 있기 때문이다. 그러한 사람들로부터 권력을 쟁취하는 것은 우리가 생각하는 올바른 세상의 모습을 만드는 방법이다. 웹 브라우저는 인간사에서 지식으로 가는 큰 관문이 되었다. 결국 거대한 기업이 이를 소유하고 독점하는 것은 많은 사람들의 가슴을 아프게 했다.

넷스케이프가 이렇게 사람들의 기억에서 잊혀질 때 예전 직원들은 붉고 큰 천둥도마뱀 로고를 담아 모질라(Mozilla)라는 비영리 조직을 창설했다. 모질라재단은 파이어폭스(Firefox)라는 새로운 웹브라우저를 만들었다. 파이어폭스는 '오픈 소스' 소프트웨어로 누구나 다운로드, 복사, 개선할 수 있는 코드를 제공한다.

오픈 소스의 정신은 도덕성과 실용성을 모두 담고 있다. 점차 복잡한 소프트웨어가 가득해지는 세상에서 이제는 한 사람이 홀로 처음부터 훌륭한 소프트웨어를 개발하는 것은 불가능한 일이 됐다. 컴퓨터 프로그래머들은 가상의 집단을 만들어 서로 코드의 일부를 공유하고 변경, 개선하여 모두가 사용할 수 있도록 하고 있다. 마크 앤드리슨의 벤처캐피털 기업이 깃허브(GitHub)에 1억 달러를 투자한 것도 이러한 이유다. 깃허브는 프로그래머들이 오픈 소스 코드를 저장하고 공유하며 함께 협력할 수 있도록 하는 웹사이트다. 프로그래머들은 다른 사람들의 작업을 보고 개선된 대용량 버전을 만들며 더 큰 커뮤니티에 그들의 작업을 공유한다. 2014년 현재 깃허브는 전 세계 400만 명의 가입자들이 1천만 개 종류의 코드 작업을 하는 곳이 되었다. 여기에 참여하는 사람의 수는 미국 대학 교수들의 두 배 이상이다.

개방성은 또한 여러 다른 종류의 소프트웨어들이 서로 상호작용하도록 만들었다. 1960년대 아르파넷은 팰로앨토, 산타바버라, 로스앤젤레스, 솔트레이크시티 간에 전자 신호가 오갈 수 있도록 물리적 하드웨어를 연결했다. 한 곳에서 여러 조각으로 나눈 정보를 다른 곳에서 100만분의 1초 내에 완벽하게 재조합할 수 있는 공통의 소프트웨어 프로토콜을 만드는 것이 아르파넷의 목표였다. 웹사이트 주소 앞의 'http://'에서 tp는 '전송 프로토콜(transfer protocol)'을 의미한다. 개방성은 일부 히피들만이 추구하는 이상이 아니다. 이는 실질적으로 현대의 세상을 기능하게 하는 핵심적인 요소다.

파이어폭스의 첫 무료 버전은 2004년에 공개되었다. 1년 동안 1억 명이 첫 버전을 다운로드했다. 그해부터 인터넷익스플로러의 시장이 쇠퇴하기 시작했다. 구글은 자사의 무료 브라우저 크롬을 2000년에 발표했다. 동시에 사람들은 익스플로러가 사전에 설치된 데스크톱이 아닌 스마트폰과 태블릿을 이용하여 인터넷에 접속하기 시작했다. 오늘날 인터넷을 사용하는 사람들의 절반이 무료 오픈 소스 브라우저를 이용한다.

그러나 모질라재단은 사람들에게 인류의 모든 정보를 제공한다고 해서 그들이 바라는 세상을 만들 수 있다고 생각지 않았다. 사람들은 정보의 접근에 이어 자신에 대한 정보를 직접 통제하고 싶어 한다. 현재 사람들의 교류는 사이버공간에서 더욱 활발하게 이루어지고 있다. 소셜 네트워킹은 사람들이 가족과 친구들에게 공개할 자신의 개인정보를 통제할 수 있도록 해주었다. 비디오 게임 등의 어떤 가상 환경에서 사람들은 완전히 새로운 자아를 만들기도 한다. 월드 오브 워크래프트(World of Warcraft)에서 사용자는 엘븐 메이지(Elven mage)가 되어 자신의 스킬, 경험, 성과를 다른 사람들에게 공개한다.

그러나 실생활에서 일을 시작하거나 연봉을 더 받는 데 가장 중요한 스킬, 경험, 성과는 여전히 19세기 말의 세상에 묶여 있다. 여전히 우리는 어렵게 들어간 기관에서 발급한 알 수 없는 기호가 쓰인 가로 22센티미터, 세로 28센티미터의 종이 몇 장을 받는다. 수표를 발행하거나 밀린 주차 요금을 낼 때도 심지어 이런 종이 몇 장을 사용하기도 한다.

정보를 전송하는 이러한 방법은 너무나도 고루하고 불분명하여 대학에서도 학위증과 성적표의 내용을 신뢰하지 못하는 경우도 있다. 통합형 대학에서 운영하는 법학, 경영, 의학 대학원들은 학사학위 소지자들이 표준화 다지선다형 시험을 보도록 한 후 입학을 허락한다. 성적표에 그렇게 많은 A가 있는 것으로는 충분히 검증하기가 어렵기 때문이다. 그렇다면 그 문서들의 의미는 누가 알고 있을까? 대학들은 다른 학교에서 취득한 학점에 대해 '유죄 추정의 법칙'을 적용하고 있다. 미국에서는 학사학위를 가진 사람들 중 많은 수가 2개 이상의 학교에서 수업을 듣고 학위를 취득한다. 그러나 편입한 학교에서는 예전 학교에서 취득한 학점 중 대부분을 인정해 주지 않는 경우가 많다.

영리 웹브라우저를 넘어선 모질라재단은 다음 프로젝트에 착수했다. 개방성의 원칙을 대학 학위에 적용하기 시작한 것이다.

＊ ＊ ＊

'오픈 배지(Open Badges)'라고 불리는 모질라의 프로젝트는 중앙에서 통제되지 않는 대안적 학위 발급 시스템을 만드는 것을 목표로 한다. 파이어폭스는 강력한 기업들을 물리치고 세상의 디지털 정보에 대한 접근권을 가져온 후 이것을 사람들에게 돌려주었다. 오픈 배지는 사람들의 개인정보에 대해서도 같은 일을 하기 위해 시작되었다.

누구나 오픈 배지를 만들 수 있다. 모질라에서는 오픈 배지를 직접 공급하지 않는다. 대신 모질라는 다른 조직들이 오픈 배지를 생성하고 사람들은 여러 방법으로 모은 배지를 한 곳에서 보여줄 수 있도록 하는 일련의 공통 프로토콜을 개발했다. 다른 말로 이것은 개인정보에 대한 전송 프로토콜이다. 배지는 둥근 모양을 하고 있으며 흔히 배지 소유자가 지금까지 쌓아온 스킬과 지식을 상징하는 문양을 담고 있다.

그러나 배지의 진정한 힘은 그 문양 뒤에 숨어 있다. 모질라는 디지털 배지가 추가적인 정보를 담은 저장고로 들어가는 관문이 되도록 설계했다. 이것은 바로 '정보에 대한 정보'를 말하는 '메타 데이터'다. 우리가 스마트폰으로 사진을 찍으면 우리가 화면에서 보는 것은 사진뿐이다. 그러나 그 이미지를 보관하고 있는 디지털 파일에는 다양한 추가 정보가 함께 들어 있다. 스마트폰에 GPS 칩이 있다면 그 파일에는 그 사진이 찍힌 정확한 지리적 좌표가 저장되어 있을 것이다. 사진을 찍은 날짜와 시간, 파일의 크기, 그 이미지와 관련된 다양한 색상 및 초점 설정도 포함되어 있다.

디지털 배지도 같은 원리로 구성되어 있다. 배지를 클릭하면 발급 기관과 발급 시기를 확인할 수 있다. 배지의 유효 기간과 배지의 소유자가 이 배지를 받기 위해 무엇을 했는지, 그가 과제, 여러 시험과 평가에서 받은 점수 등의 정보를 제공하는 웹사이트 링크도 있다. 전통적인 대학 학위증에는 그렇게 즉시 확인할 수 있는 정보가 없으며 이는 학위 위조 시장이 형성되어 있는 이유이기도 하다. 예를 들어 한 회사가 받은 이력서에 미주리의 컬럼비아 칼리지, 컬럼비아에 있는 미주리 대학, 컬럼비아 대학, 컬럼비아 주립 커뮤니티 칼리지 등 다양한 학교가 기재되어 있다고 하자. 이 중 한 곳(컬럼비아 주립대학)은 청부 살인업자를 고용하여 라이벌 최면술사를 살해한 사기꾼이자 라나 터너의 일곱 번째 남편이기도 한 '닥터 단테'라는 사기꾼이 만든 가짜 학교일 수도 있기 때문에 우리가 보는 학위의 진위 여부는 명확하지 않다.

기본 프로토콜을 만든 후 모질라는 누가 가장 멋진 배지를 만드는지 경연 대회를 열었다. 대학들도 이 경연 대회에 참가했다. 퍼듀 대학은 누구에게나 무료로 제공하는 온라인 과정과 함께 '원자력 간력 현미경' 등과 같은 과목들의 배지를 만들었다. 이 배지는 직경 약 2.5센티미터의 흰색과 파란색의 원으로 이루어져 있고, 원 안에는 과학자들이 매우 작은 (나노 크기의) 입자의 크기를 측정하기 위해 사진을 찍는 도구인 원자력 간력 현미경이 캔틸레버에서 포토다이오드로 광선을 반사시키는 이미지가 새겨져 있다. UC 데이비스는 '지역사회 영양 교육'과 '캘리포니아의 농업 병충해'와 같은 영역의 스킬, 역량 경험을 나타내는 지속 가능한 농업 프로그램의 배지 여러 개를 선보였다.

그러나 대부분의 경연 대회 참가자는 대학이 아니었다. 디즈니-픽사, 인텔, 스미스소니언, 나사, 국립해양대기청, 미국 공영방송국(CPB)도 참여했다. 걸스카우트는 대원들이 사용하는 제복 띠를 휴대전화용 디지털 띠로 만들었다. 한 퇴역군인 단체는 군인들이 군에서 받았던 훈련을 시각적으로 나타내는 배지들을 만들었다. 국립제조연구소는 한 청소년 육성조직과 함께 학교 외 기관에서 배운, 그러나 "제조업에서 반드시 필요로 하는 핵심적인 스킬을 인정하기 위해" 'M 배지' 시스템을 만들었다. 많은 크고 작은 조직들이 사람들의 학습을 돕고 있다. 대학은 그중 일부일 뿐이다.

오픈 배지는 자격 증명, 학습, 인간과 컴퓨터의 상호작용, 컴퓨터 기술의 교차 지점에 자리 잡고 있다. 카네기멜론이 이런 새로운 첨단 증명 수단을 개발한 것은 놀라운 일이 아니다. 카네기멜론은 이미 정식 학생이 아니지만 본교에서 컴퓨터공학을 배우는 고등학생, 일반인, 교사, 다른 학교의 학생들을 위한 프로그램을 운영하고 있었다. 그리고 학습에 대해 연구하는 교수와 연구진은 증명 체계가 학생의 동기에 미치는 긍정적 영향과 부정적 영향에 관심이 있었다.

카네기멜론은 컴퓨터공학의 다양한 영역을 반영하여 일련의 배지 체계를 구축했다. 대학에서 발급하는 증명은 취득한 학점과 학위를 중심으로 관리된다. 그 어떤 것도 학습 그 자체와는 관련이 없다. 취득한 학점은 원래 농번기를 기준으로 정한 학기 중 학생이 학교에서 보낸 시간을 나타낸다. 학위는 400년 전 유럽의 어린 학생들이 몇 년 후 결혼 적령기의 청년이 되었다는 의미에서 시작되었다.

반면 카네기멜론의 컴퓨터공학 전공 배지는 컴퓨터공학과 관련된 실질적인 지식과 스킬의 습득과 관련해 설계되었다. 많은 배지는 일반적인 대학에서 한 과목을 들었을 때 받는 3학점보다 작은 1학점 단위로 이루어져 있다. 둥근 배지의 일부분만을 취득할 수도 있기 때문에 학생은 학습을 하면서 여러 조각을 모을 수 있다. 교사들은 실시간 통계를 통해 학생들의 현재 성취도를 알 수 있다.

작은 배지는 인간 행동을 이해할 수 있는 또 다른 유용한 근거인 비디오게임을 바탕으로 만들어졌다. 월드 오브 워크래프트의 이용자들이 마법사, 괴물, 용과 열심히 싸우도록 하는 효과적인 방법 중 하나는 '레벨 업'과 함께 더 나은 스킬을 제공하여 더 강한 적과 싸울 기회를 주는 것이다. 이 게임은 사람들이 다음 레벨로 올라가려면 무엇을 해야 하는지를 정확하게 보여주며 화면에 성취도를 보여준다. 게임 이용자들은 주변에 자신의 레벨을 뽐내며 온라인 커뮤니티 내에서의 지위를 나타낸다. 이 게임이 가장 인기 있던 2010년에 전 세계의 월드 오브 워크래프트 이용자는 1,200만 명에 이르렀다.

카네기멜론의 연구자들은 컴퓨터공학을 배우는 학생들에게 이와 같은 방식으로 동기부여를 할 수 있을지에 대해 관심이 있었다. 그들은 카네기멜론의 인공지능에 기반한 '인지 개인 교사' 프로그램을 변형하여 학습과 관련된 특정 스킬 및 프로그램에 접속하여 학습한 시간을 기준으로 디지털 배지를 수여했다. 그 프로그램에서 인지 개인 교사는 학생들이 수학적 원리를 이용하여 먼 곳의 소행성에 있는 가상의 로봇을 작동시킬 수 있도록 도와주고 있었다. 연구자들은 그 원리가 흥미로우면서도 복잡하긴 하지만 배지들이 동기를 부여하는 데 도움을 준다는 사실을 밝혀냈다.

동기와 학습은 서로 긴밀하게 연결되어 있지만 그 특성은 분명히 구분된다. 높은 수준의 전문성을 습득하기 위해 일종의 연습을 통해 깊고 어려운 수준까지 신경세포의 패턴을 구축하고 강화하는 것은 엄청난 노력을 필요로 한다. 먹고 놀고 수다 떨고 싶어 하는 동기와 공부를 하겠다는 동기는 서로 다르다. 따라서 학습에서 큰 차이를 만들어내는 요소이기도 한, 꾸준히 어려운 과제를 해내는 데 필요한 근성과 자기조절 능력이 왜 어떤 사람들은 더 뛰어난가를 알기 위해서는 심리학과 인간 행동에 대한 폭넓은 연구가 필요하다.

연구자들은 동기에는 여러 가지가 있음을 깨달았다. 먼저 사람들은 더 똑똑해지고 더 뛰어난 능력을 습득하기 위해 학습을 한다. 한편으로는 일정 수준의 지식과 스킬을 갖추기 위해, 특히 주변 동료보다 앞서고자 하는 '성과'에 대한 동기 때문에 학습을 하기도 한다. 이러한 '성과 동기'는 긍정적일 수도, 부정적일 수도 있다. 누구나 좋은 실력을 뽐내고 싶어 하지만 취약한 면은 드러내고 싶어 하지 않기 때문이다. 미국의 거의 모든 대학이 채택하고 있는 A, B, C, D, F의 성적 평가 시스템은 암묵적으로 성과 동기를 자극하기 위해 설계되었다. 평균 학점 4.0을 받은 사람은 그가 다른 수강생들보다 더 공부를 잘했다는 것을 말해준다.

카네기멜론 연구자들은 다양한 배지들이 학생들이 연습문제를 푸는 데 사용할 수 있는 지식과 스킬의 수준에 따라 다양한 학습 동기를 자극한다는 사실을 발견했다. 연습문제를 시작하기 전 비교적 성적이 낮았던 학생들에게는 실력 없는 학생으로 비춰지고 싶어 하지 않는 동기가 생겼다. 그들은 학습을 하면서 자신이 다른 학생들과 같은 학습 성취도에 이르지 못한다는 사실을 깨달았다. 그들에게 배지는 다른 사람들에게 성과의 가시적 증거를 보여주기 위해 열심히 공부하도록 동기를 부여해주었다. 반면 기존에 성적이 좋던 학생들은 새로운 스킬을 습득하고자 하는 동기가 컸다. 그들은 끈기에 대해 주어지는 배지에는 그다지 관심을 보이지 않고 새로운 것을 배웠다는 증거를 얻고 싶어 했다.

카네기멜론의 배지 개발팀은 학생들이 교육의 성격에 대해 알 수 있도록 배지의 순서를 조정했다. 이것은 자신의 학습에 대한 인지, 즉 학생들의 초인지에 개입할 필요가 있다고 하버드의 로버트 루가 말한 맥락과 같았다. 메타 데이터가 정보에 대한 정보인 것처럼 초인지는 사고에 대한 사고다. 배지가 벽을 타고 올라갈 수 있도록 돕는 비계처럼 사람들이 기존의 개념 위에 새로운 개념을 배우도록 돕는다면 그들의 이해도는 더욱 높은 수준에 오를 가능성이 높다.

카네기멜론의 배지들은 '기계 인식'을 염두에 두고 설계되기도 했다. '기계 인식'은 인간 상호작용의 성격에 심오한 영향을 주는 기술적인 변화다. 모든 컴퓨터와 모바일 기기들이 서로 연결되기 전까지 사람들은 자신에 대한 정보를 어느 정도 통제하고 다른 사람들에 대한 정보를 일정한 방식을 이용해 찾을 수 있었다. 다른 사람의 대학 성적표를 볼 수 있는 방법은 그 사람에게 성적표를 보여달라고 부탁하는 것이었다. 사람에 대한 다른 중요한 정보도 마찬가지였다. 다른 사람이 나의 정보를 보려면 나의 허락을 받고 보아야 했다.

사생활 보호의 관점에서 이것은 매우 합리적인 방법이다. 반면 정보 시대에는 다르다. 현 시대의 큰 불안 요인 중 하나는 우리의 개인정보가 우리의 손을 떠나 디지털 정보의 바다에 떠다니고 있다는 것이다.

그러나 우리는 특정 종류의 정보에 대해서는 사생활의 영역 밖으로 공개하고 싶어 한다. 예를 들어 '나는 로봇 프로그래밍에 매우 뛰어나다'고 하자. 이 상황에서 옛 시스템은 그다지 적절하지가 않다. 사람들이 나에게 로봇 프로그래밍 스킬에 대한 증거를 요청하는 것은 문제될 게 없을 것이다. 그러나 사람들이 일부러 나에게 물어보지 않으면 나의 실력에 대해 아는 사람은 많지 않을 것이다. 앞으로 수만 개의 로봇 프로그래머 일자리가 생길지도 모르지만 나에 대한 정보를 어디에 공개해야 할지 모른다면 일자리를 구하기가 힘들어질 것이다.

이 문제에 대한 답은 '검색'에 있다. 컴퓨터 또는 휴대전화를 이용해 검색창에 단어나 어구를 입력하면 1초도 안 되어 무료로 인터넷 전체를 뒤질 수 있다. 우리에게 '검색'은 이제 당연시되는 일상이 되었으며 구글과 빙(Bing) 이상으로 다양한 검색 엔진이 있다. 고도의 자동화 프로그램도 있다. 로봇 검색을 통해 '로봇 프로그래밍에 매우 뛰어난 사람'과 같이 매우 구체적인 정보를 찾을 수도 있다. 그래서 카네기멜론의 배지는 특정 분야에 매우 뛰어난 사람들을 위해서뿐만 아니라 끊임없이 정보를 검색하는 기계를 위해서도 존재한다.

기계 인식의 개념은 전통적인 대학 학위의 한 측면에만 국한되어 적용되지 않는다. 하버드, 스탠퍼드, MIT와 같은 명문대에서 학위를 수여하기까지 가장 중요한 절차는 학생 선발일 것이다. 그러나 담쟁이로 덮인 벽 너머로 어떤 일이 일어나고 있는지는 아무도 모른다. 다만 그다지 유쾌하지 못한 일이 일어나기도 한다. 명문가 또는 부유한 기부자의 자제에게 주어지는 부당한 입학 혜택이 바로 그것이다. 그럼에도 불구하고 명문대의 학위는 소지자가 인지 능력, 동기, 사회적 자본 등을 다투는 치열한 경쟁에서 승리했다는 인식을 심어준다. 이것이 실질적으로 남는 정보다. 그렇지 않다면 아이비리그의 학위가 그렇듯 가치가 높지는 않을 것이다.

이제는 학생 선발 절차도 훨씬 더 개선될 수 있다. 대학의 학생 선발은 구시대의 정보 교류 과정에 의존한다. 엘리트 대학들은 훌륭한 학생을 선발하고 싶어 하며 최고 중에서도 최고의 학생을 유치하기 위해 서로 경쟁을 벌인다. 그러나 이러한 경쟁을 하는 동안에도 그들은 결국 학교에 정보를 보내기로 한 지원자들에게만 손을 뻗을 수밖에 없다. 물론 일부 학교에는 많은 학생들이 앞다투어 몰려들지만 그 외에도 좋은 학생들은 많이 있을 것이다. 2013년 하버드 대학에는 3만 5,000명이 입학 지원서를 제출했다. 이는 매우 기록적인 수치이지만 그해 미국 고등학교를 졸업하는 학생 수는 340만 명이었으며 이 외에도 다른 해에 졸업을 한 수천만 명의 학생들도 하버드의 좋은 후보일 수 있다. 아이비리그에 집착하는 학부모와 학생들은 믿기 힘들겠지만 미국에는 그 지원자 수를 훨씬 넘어설 정도로 명석한 학생들이 많이 있다. 심지어 세계 각지에는 자신이 미국의 명문대에 진학할 수 있다는 사실을 깨닫지 못하는 학생들도 많다.

책상에 앉아 높이 쌓인 서류나 문서의 복사본을 읽는 것은 전통적인 지원자 심사 과정이었다. 그 서류 중에는 이해하기 어려운 정보도 많이 있었다. 입학 담당관도 기업의 채용 담당자와 비슷한 고민을 했다. 이 많은 정보를 어떻게 할 것인가? 고등학교 성적표는 대학 성적표만큼이나 모호하고 편차가 심했다. SAT와 ACT 점수는 학생들의 실력을 매우 부분적으로 반영한 정보였다. 인간은 복잡한 존재이므로 그러한 정보만으로 학생들을 이해하기는 힘들다.

따라서 입학 담당관들은 지원자들이 실제로 지원 자격이 되는 학생들 중 극히 일부임에도 불구하고 이들이 제출한 방대하면서도 불완전한 정보를 감당하지 못하고 있다. 선발 절차의 혼란과 주관적 성향은 특정 가문의 자녀가 입학 혜택을 누리는 부패가 만연하도록 하는 일종의 모호함을 낳는다. 또한 많은 돈과 사회 자본이 있는 이들이 눈에 띄지 않는 비도덕적인 방법으로 이 제도를 좌지우지하게 하기도 한다. 학비가 비싼 몇몇 공립 및 사립학교들은 상당히 많은 학생들을 명문대로 보낸다. 진학 컨설턴트, 입시 학원 교사, 지원서 대필자들은 수천 달러를 받고 서비스를 제공한다.

이것은 정보에 대한 문제다. 다른 경우와 마찬가지로 이 문제를 해결할 수 있는 가능성은 정보기술에서 찾을 수 있다.

✳ ✳ ✳

팰로앨토에서 나는 시카고대학을 중퇴한 2명이 공동으로 운영하는 브릴리언트(Brilliant)라는 기업의 본사를 방문했다. 브릴리언트의 목표는 똑똑하긴 하지만 과학과 수학에는 자신 없어 하는 11세에서 18세의 학생들을 유치하는 것이다. 이 회사는 학생들에게 무료 수학 게임과 연습문제를 제공하여 이용자들이 점수를 올리고 다른 이들과 성취도를 비교하며 상을 타고 전 세계의 수학을 사랑하는 사람들과 소통할 수 있도록 하는 장을 마련해준다. 우리가 만났을 시점에 135개국의 6만 5,000명의 학생들이 브릴리언트를 이용하고 있었다. 그중 미국과 캐나다 학생은 10퍼센트밖에 되지 않았다.

무크의 초창기 이용자들도 이와 비슷하게 지적 도전에 대한 갈망이 있었다. 내가 에릭 랜더에게 7.00x를 가르치면서 무엇이 가장 놀라웠냐고 물었을 때 그는 "나는 세상에 얼마나 뛰어난 13세 학생들이 많은지를 보고 놀랐습니다"라고 답했다. 세상에는 정말 많은 사람들이 있고 그들은 각자 다양한 방식으로 학습을 하고 싶어 한다. 아난트 아가왈은 에드엑스 최초로 회로와 전자에 관한 과목을 개설했을 때 기말고사를 "MIT 학생 수준"으로 매우 어렵게 만들었다고 말했다. 수만 명의 수강생 중 이 시험에서 만점을 받은 학생은 단 몇 백 명뿐이었다. 그와 에드엑스의 설계자들은 그들이 누구인지 찾고 싶었다.

회로와 전자 분야의 영재는 중국 서부의 8세 소녀가 아니라 바투시그미안간바이야르라는 몽골에 사는 15세 소년이었다. 울란바토르는 미국의 배움의 전당으로부터 단순히 멀리 떨어져 있다는 말로는 부족할 정도로 정말 먼 곳이다. 그러나 바투시그는 운이 좋았다. 그가 청소년이 될 즈음 몽골 정부는 새로운 정보 네트워크를 구축하고 있었다. 인구의 3분의 1이 유목민이며 세계에서 인구 밀도가 가장 낮은 몽골에서 전선을 기반으로 한 네트워크를 만든다는 목표는 비현실적인 일이었다. 따라서 몽골 정부는 무선 네트워크 기술에 투자하였고 이에 따라 몽골에서 에드엑스 과정을 볼 수 있을 수준의 기반이 구축되었다. 또 한 가지 바투시그가 운이 좋았던 점은 그가 몽골의 첫 MIT 졸업생이 운영하는 고등학교에 다녔다는 것이다. 그의 학교장은 학교에서 가장 공부를 잘하는 학생들에게 회로와 전자 과목을 듣도록 했다. 에드엑스 과정에서 만점을 받은 지 오래 지나지 않아 16세가 된 바투시그는 MIT에 합격했다.

자신을 '컴퓨터광'이라고 소개한 아몰 바브라는 인도 자발푸르의 16세 학생도 회로와 전자에 관한 시험에서 최고점을 기록했다. 더 많은 것을 배우고 자신과 같은 다른 사람들과 교류하고 싶었던 그는 오픈 소스 비디오와 온라인 자료를 이용해 신호와 시스템을 다루는 무크를 직접 만들었다. 그도 역시 그 다음 해에 MIT의 신입생이 되었다.

명문 대학들은 뇌물과 기득권을 중심으로 한 입학 제도를 통해 부와 지위를 누리고 있다. 그러나 이들은 흥미롭고 개성 있는 학생들도 유치하고자 한다. 대학들은 좋은 진학 컨설턴트를 고용한 부모를 둔 학생들을 정말 원해서 그들을 입학시킨 것이 아니다. 지금까지는 바투시그 같은 학생을 찾기가 어려웠기 때문이다. 이제는 명문 대학들이 만든 무크를 통하거나 최고의 학생들을 찾는 브릴리언트와 같은 기업들을 통해 그러한 일이 가능해졌다. 기계 인식을 통해 명석한 고등학생들에 대한 정보를 찾을 수 있는 것도 한몫했다. 따라서 대학들은 지원서가 도착하기만을 기다리는 대신 학생과 학부모들이 선택적으로 공개한 데이터를 집중적으로 검색할 수 있게 되었다. 그리고 책상, 커피 한 잔, 서류 더미를 통해 '종합적으로' 지원자들을 평가하겠다는 입학 담당관들에게 선발 과정을 전적으로 맡기지 않아도 대학들은 데이터를 분석하여 어떤 학생이 대학 생활과 그 이후의 삶에서 성공적으로 살 가능성이 높은지 합리적인 판단을 내릴 수 있게 되었다.

학생 선발 방식의 변화를 통해 MIT에 더욱 실력 있는 학생들이 들어오는 것이 전부라면 이것이 그리 중대한 변화는 아닐 것이다. 엘리트 대학들이 물리적인 공간에 묶여 있는 한 이들은 전 세계 인구의 극히 일부만을 접한다. 그러나 대학 학위에서 '치열한 입학 전쟁에서의 승리'를 나타내는 부분은 실제 대학 생활과 전혀 관계가 없다. 더 많은 사람들이 철저하게 설계된 과정을 무료로 쉽게 이용할수록 더 많은 사람들이 '내가 하버드에 갈 수 있는 실력이 되겠구나'라는 판단을 내릴 수 있다. 이와 같은 맥락에서 미네르바 프로젝트는 새로운 학습 조직의 학생 선발 과정은 매우 까다롭고 청렴한 방식으로 운영되고 선발된 학생들에게 세계적 수준의 교육 경험을 제공해야 함을 강조한다.

＊ ＊ ＊

카네기멜론 배지 시스템의 마지막 구성 요소는 업무 현장에 집중한다. 카네기멜론 컴퓨터공학 과정에서 동기부여를 위해 자동으로 발급되는 모든 작은 배지들은 후에 '고급 프로그래밍'과 같은 스킬들을 종합적으로 나타내는 더 큰 배지로 바꿀 수 있다. 결국 여러 조각들이 인증 역할을 하는 배지로 탄생하는 것이다. 작은 배지들은 사람들이 학습 동기를 높이는 역할을 한다. 그리고 인증은 사람들이 무엇을 배웠는지를 다른 사람들에게 보여주는 역할을 한다. 더 구체적으로는, 이를테면 로봇 프로그래머를 채용하고자 하는 기업 담당자들이 이 정보를 활용할 수 있다. 카네기멜론의 로봇 프로그래밍 인증 배지는 미국 내셔널인스트루먼트의 CLAD(Certified LabVIEW Associate Developer) 국제인증 자격증의 요건과 부합하도록 설계되어 있다. 내셔널인스트루먼트는 1970년대에 오스틴의 텍사스 대학 졸업생들이 설립하여 고급 컴퓨터 하드웨어 및 소프트웨어 판매로 연간 수억 달러의 매출을 기록하고 있는 기업이다. 이 자격증은 자율주행 자동차와 같은 사물을 제어하는 데 사용되는 비주얼 프로그래밍 언어에 대해 산업에서 통용되는 초급 기술을 증명한다.

시간을 기준으로 한 전통적인 대학 학위와 성적표는 소지자에 대한 구체적이고 관련성 높은 정보를 알려주는 데 매우 취약하다. 고용주들이 학위에 의존하여 직원을 선발하는 이유로는 우선 관습 또는 정부 규제가 있을 것이다. 그리고 성실함, 유순함, 기억력과 같은 특성을 볼 수 있는 포괄적인 수단으로서 학위를 이용하면 채용에 큰 비용이 들지 않는 것도 주된 이유가 된다. 그러나 학위만으로는 지원자에 대한 많은 정보를 놓칠 수밖에 없으므로 노동 시장이 최적으로 운영되기가 어렵다. 그 결과 고용주는 최고의 직원을 찾지 못하고 사람들은 최고의 직업을 찾지 못한다.

실리콘밸리의 젊은 기업가 대니 킹(Danny King)은 나에게 이런 문제를 지적한 사람 중 하나였다. 영국 출신인 킹은 그의 대학 친구와 함께 어크레더블(Accredible)이라는 창업 기업을 경영하고 있다. 어크레더블은 개인에 대한 정보를 보여주는 도구로, 이용자는 자신이 무엇을 배웠는지 그 증거를 업로드하여 '증명서'를 생성할 수 있다. 자신이 직접 만드는 일종의 디지털 배지인 셈이다. 어크레더블은 이용자의 다양한 온라인 계정(트위터, 페이스북, 링크드인, 구글 등)과 연결되어 정보에 대한 신뢰성을 더욱 높일 수 있다. 어크레더블에 교육 경험에 대한 신뢰성을 강화하기 위해 운전면허증이나 이용자의 정치적 신분을 알려주는 주민증을 보여줄 수도 있다.

사람들은 자신이 실제로 시험에 응했다는 것을 증명하기 위해 시험을 보고 있는 모습을 영상으로 올릴 수도 있다. 신원을 속이는 일은 온라인 교육에서 큰 도전이 되고 있다. 이것은 기존의 교육에서도 마찬가지다. 인터넷이 생겨나기 전에 이미 수백만 달러 규모의 시장으로 발전해 있던 보고서 대필 시장을 보면 전통적인 대학에서 학생이 보고서를 스스로 썼는지 확인하기는 매우 어렵다. 학생이 원격지에서 시험을 보는 모습을 비디오카메라로 확인하고 키보드 입력 정보를 기록하는 방법은 학생이 큰 강의실에 와서 시험에 응하는 방법보다 훨씬 더 많은 사항을 고려해야 하는 일이다.

어크레더블에서는 동료의 증언도 증명 정보가 될 수 있다. 때때로 다른 사람들의 추천은 자신의 능력을 드러내는 가장 강력한 증거가 된다. PBS 드라마 「다운턴 애비 *Downton Abby*」를 본 사람은 고용인이 일하던 집을 떠날 때 집사 또는 안주인에게 추천서를 받아 떠나는 장면을 기억할 것이다. 다수를 대상으로 한 고등교육이 실시되기 전에는 이러한 방식이 자격을 증명해주었다. 여기에서 추천서를 써줄 권한을 지닌 사람은 추천서를 받을 사람보다 사회적으로 더 높은 지위나 계급에 있었다. 통합형 대학의 등장과 사회 전반의 관료주의화로 이러한 권한은 대규모 조직과 그 조직을 운영하는 사람들에게 넘어갔다. 이로써 행정가들은 사회적으로나 경제적으로 매우 유리한 자리들을 독점하게 되었다.

사람들이 서로 소통하고 정보를 공유하도록 하는 인터넷은 집단 지성에 자격증을 검증할 수 있는 권한을 부여했다. 프로그래머들은 깃허브에서 코드를 공유하고 스택 오버플로(Stack Overflow)라는 웹사이트에서는 조언을 공유한다. 이 사이트를 이용하는 200만 명의 사람들은 프로그래머들이 제기한 질문에 답변을 한 동료 프로그래머들에게 '평판' 점수와 함께 배지를 줄 수 있다. 질문과 답변이 유용하고 스택 오버플로의 집단 지성에 기여할수록 더 많은 점수를 받을 수 있다. 오슬로에 사는 소프트웨어 엔지니어인 토마츠 누르키에비츠(Tomaz Nurkiewicz)는 스택 오버플로에서 '전설' 배지를 받은 약 200명 중 한 명으로 "내 프로필에서 평판과 내가 모은 모든 배지를 보거나 나의 답변에 특히 깊은 인상을 받은 사람들로부터 많은 취업 제안을 받았다"고 나에게 말했다. 모질라 배지처럼 스택 오버플로 배지에는 메타 데이터가 있다. 배지를 클릭하면 어떤 종류의 답변으로 다른 회원들의 인정을 받았는지 정확히 확인할 수 있다. 따라서 고용주는 '아무개 도시의 빅 스테이트 대학에서 받은 컴퓨터공학 학사학위'라는 모호한 증서로 여러 정보를 추측해보는 대신 디지털 배지의 메타 데이터를 이용하여 기업이 원하던 인재를 찾을 수 있다.

* * *

대니와 이야기를 나눈 후 나는 어크레더블 웹사이트에 접속하여 나의 7.00x 이수에 대한 정보를 업로드하기 시작했다. 나는 증서를 만들면서 앞면에 MIT 이름, 에릭 랜더의 서명, 나의 증서가 진짜라는 것을 증명하는 MIT 웹사이트의 링크를 포함시켰다. 내가 에릭 랜더의 강의를 들으며 필기한 66페이지에 이르는 도표와 설명 요약 노트도 업로드했다. 그리고 각 과제, 중간고사, 기말고사의 점수가 나온 사진도 넣었다. 강의계획서와 일정표도 올려서 사람들이 이 강좌에서 다룬 주제와 학습 설계 방식에 대해서도 알 수 있도록 했다. 내가 정확하게 어떤 종류의 학습을 했고 내 두뇌의 새로운 신경세포 연결 패턴과 그 연결망이 어떻게 형성되었는지 알 수 있도록 9개의 연습문제 세트도 업로드했다.

어크레더블에 업로드한 증서는 아마 이 책을 제외하면 나의 학습을 기록한 가장 신뢰할 만하고 찾기 쉬운 증거일 것이다.

이렇게 새롭게 떠오르는 증명서 시스템은 '어디서나 닿을 수 있는 대학'의 핵심적인 부분을 차지할 것이다. 이러한 시스템은 기술 사양과 폭넓은 개방성 측면에서 무료로 공개되는 다른 교육 자원과 서로 연계될 수 있다. 사람들은 대학, 직장, 일상생활 등 다양한 환경에서 쌓은 지식과 스킬의 믿을 만한 증거들을 모아 자신에 대한 정보를 새롭고 효과적인 방식으로 통제하고 보여줄 수 있을 것이다. 동료의 평가, 교육의 한 과정으로서의 시험, 폭넓은 경험과 직장에서 거둔 성과의 증거 등도 그 증명서의 일부가 된다. 디지털 학습 환경은 학습의 증거를 분명하고 상세하며 풍부하게 만들 수 있도록 구축되리라 본다. 개인이 받은 교육에 대한 기록의 심도, 검색 가능성, 이동성, 보안도 더욱 강화될 것이다.

이 변화는 거의 모두 전통적인 대학의 영역 밖에서 이루어지고 있다. 에드엑스의 사례에서처럼 부, 명성, 사회적 자본이 너무 풍부하여 파괴의 힘으로부터 안전할 가능성이 높은 대학들도 이제 새로운 종류의 증명서를 발급하고 있다.

그 다음에는 무슨 일이 일어날까?

11

큰 숫자의
위력

규모의 경제가
실현하는 꿈의 교육

에릭 랜더와 그의 동료들이 1990년대 인간 게놈의 지도를 작성하기 시작했을 때 그들은 정보가 어떻게 인류에게 혜택을 줄 수 있을지 정확하게 알지 못했다. 그들이 확신한 것은 이 방향이 옳다는 사실뿐이었다.

유전자에서 원인을 찾을 수 있는 질병은 수없이 많다. DNA의 비밀이 밝혀지기 전까지 그러한 질병과 문제들을 이해하는 일은 대개 추측으로 이루어졌다. 낭포성섬유증과 같은 유전병이 빈번하게 발생하거나 비슷한 증상을 보이는 가족 구성원들을 통해 특정한 패턴을 찾는 것이 주된 방법이었다. 그러나 이것 역시 추정일 뿐이었고 환자의 치료에는 거의 도움이 되지 않았다.

유전학의 혁명은 우리 눈앞에서 많은 것을 바꾸고 있다. 내가 7.00x 강의를 듣는 기간 동안 저명한 의학 학술지『랜셋 *Lancet*』은 수만 명에 대한 획기적인 유전학 연구 결과를 발표했다. 정신분열증, 주의력 결핍 장애, 우울증, 자폐증, 양극성 장애, 활동 항진 등 다양한 정신질환에는 공통적인 생물학적 기원이 있으며 이것은 하나의 유전자가 아니라 여러 유전자의 복합적인 작용으로 발생한다는 연구 결과였다. 이러한 발견을 하기 위해 연구자들은 수만 명의 DNA 배열을 확인하고 비교했다. 2001년 한 명의 유전체 지도를 해독하는 데는 약 1만 달러가 소요되었지만 그 비용은 빠르게 하락했고 지금도 하락하고 있다. 10년 만에 염기서열 분석 비용이 1만분의 1로 감소하면서 과학자들은 유전적 진단, 분석, 학습의 경제성을 획기적으로 바꾸어놓았다.

이것은 앞으로 의사들이 증상이 아니라 정신질환의 원인을 다루리라는 것을 의미한다. 에릭 랜더는 이것을 '이성적 의학(rational medicine)'이라고 불렀다. 기술과 학습에서도 이와 유사한 일이 일어나리라 본다. 디지털 학습 환경의 구축에 참여하는 사람이 많아질수록 '이성적 교육'을 위해 필요한 정보가 생성될 것이다. 컴퓨터는 수백만 명의 고유한 학습 패턴을 규명할 수 있을 것으로 예상된다. 컴퓨터는 각 개인의 신경세포 연결 패턴이 서로 다르지만 그렇다고 해서 그 패턴이 완전히 다르지 않으며 공통적인 요소가 있음을 밝혀낼 것이다. 교육 설계자들은 인간 학습의 증상이 아닌 그 원인 또는 학습을 가로막는 원인에 집중할 수 있을 것이다.

규모의 심오한 변화는 이성적 교육의 시대를 여는 원동력이 되리라 본다. 디지털 학습 환경에 진입하는 사람의 수와 그들이 생성하는 데이터의 양은 짧은 시간 동안 기하급수적으로 늘어날 것이다. '어디서나 닿을 수 있는 대학'은 한 사람 또는 조직의 움직임이 아닌 큰 숫자들의 조합을 통해 구축될 것이다.

기술적 진보와 그 강력한 여파는 여러 수치를 증가시키고 있다. 무어의 법칙과 유사한 데이터 크기의 빠른 증가는 지금까지 전혀 반박의 여지가 없다. 실험실 테이블 앞에 서 있는 똑똑한 사람들은 앞으로도 작은 면적에 더 많은 회로를 넣으며 컴퓨터가 더욱 빠르고 강력해질 수 있는 방법을 찾을 것이다. 그에 따라 우리는 더 적은 비용으로 정보를 전송하고 처리하며 저장할 수 있을 것이다.

교육 분야에서도 큰 숫자들이 등장하고 있다. 기존의 대학들은 엄청난 수의 강좌를 제공하고 있다. 그러나 매우 모호한 영역의 과목, 소수만이 원하는 과목은 찾기 힘들다. 여기서 그동안 숨겨졌던 중요한 사실을 알 수 있다. 대부분의 학생들은 다른 사람이 잘 찾지 않는 과목으로 자신의 시간표를 채우지 않는다는 것이다. 그들은 비교적 흔한 종류의 학위를 받기 위해 다른 학생들이 많이 듣는 과목들을 수강한다.

수십만 명의 미국 대학생들은 약간씩 다르게 구성되지만 기본적으로 거의 같은 과목들을 신청한다. 수백만 명의 학생들은 수학, 과학, 경제학, 심리학, 언어학 입문 과목을 졸업 요건의 일부로 수강하고 있다. 어떤 학생들은 정치학, 회계학, 심리학과 같은 인기 과목들을 중심으로 듣는다. 많은 강의에서 담당 교수와 상관없이 같은 교과서를 사용한다.

무료로 공개할 5,000개의 양질의 강좌를 목표로 하는 기관은 에드엑스, 코세라, 유다시티, 세일러뿐만이 아니다. 이 목표를 위해 공개 교육자원(OER) 운동이 일어나고 있다. 오픈 소스 코딩의 논리와 정신을 이은 OER 커먼스(Oercommons.org)는 강의뿐만 아니라 특정 교육 목표에 집중한 콘텐츠, 문제, 평가로 이루어진 '학습 오브젝트' 수만 건을 수집하고 분류한 후 이를 다양한 학습 환경에 통합하고 있다. OER의 양과 질은 앞으로 계속 개선될 것이 확실하다.

주목해야 할 또 다른 큰 숫자는 이미 클 뿐만 아니라 더욱 커지는 전 세계 학생 인구의 규모다. 미국 고등교육 시장은 미국 외 시장과 비교하면 매우 작은 규모다. 게다가 앞으로 미국 인구가 전 세계에서 차지하는 비중은 점차 줄어들 것이다.

20세기 후반 세계 경제는 급성장을 이루었다. 세계은행 통계에 따르면

1981년 세계 인구의 절반 이상인 52퍼센트가 세계 빈곤선 아래인 하루 1.25달러로 살고 있었다. 1990년 그 비율은 43퍼센트로 하락했고 2010년에는 21퍼센트가 되었다. 전 세계 인구가 35억 명이 증가한 30년 동안 빈곤층의 절대 숫자는 7억 명이 줄어들었다.

빈곤에서 벗어난다는 것은 식생활과 주거와 같은 절대적 필요 요소가 항상 위협을 받지는 않는 삶을 산다는 것을 의미한다. 사람이 그 정도의 안정을 찾으면 열망이 커져간다. 그들은 편안함과 문화를 원한다. 무엇보다도 아이들이 가난의 망령에서 벗어나 더 나은 삶을 살기를 바란다. 세계 전역에서 커져가는 중산층은 더 나은 삶을 위해서는 교육이 필요하다는 것을 알고 있다.

이는 고등교육 수요에 어떠한 영향을 미칠까? OECD의 추정 자료에 따르면 2009년 전 세계 중산층 인구는 18억 명이었다. 중산층은 하루 1인당 10달러에서 100달러를 소비하는 빈곤선을 훨씬 웃도는 가구를 의미한다.

이 통계에 따르면 전 세계 중산층은 2020년까지 33억 명으로 증가할 것이라고 한다. 2030년까지 중산층의 규모는 48억 명이 될 것으로 추정된다. 한 세대 동안 30억 명이 증가하는 것이다. 전 세계적인 재난이나 초등교육 및 중등교육이 제대로 이루어지지 않을 위험과 여러 요인을 고려하더라도 향후 20년간 대학 교육을 원하는 인구의 증가분은 인류 역사 전체를 통틀어 대학에 간 사람의 수를 넘어설 것이다.

그들이 통합형 대학과 유사한 곳에서 학습을 하지는 않으리라 보인다. 지난 몇 십 년 동안 사우디아라비아와 한국 등의 국가들은 미국의 연구 중심 대학을 변형하여 그 나라 고유의 대학 체계를 만들었다. 각 국가에서 연구중심 대학은 경제 발전의 원동력이자 국가 자긍심의 상징이 되었다. 중국은 수백 개의 대학을 설립했고 수백만 명의 학생들이 대학에 다니고 있다.

그러나 '수백만'은 여전히 '수십억'에 비해 작은 숫자다. 통합형 대학 모델은 비쌀 수밖에 없다. 큰 건물들, 교실, 행정 직원 및 지도자, 박사학위를 소지한 교수들이 필요하기 때문이다. 중산층이 빠르게 성장하고 있는 지역에서는 미국 스타일의 고등교육 체계를 구축할 자금이 없다. 세계에서 가장 부유한 국가인 미국조차도 사실상 미국 스타일의 고등교육 체계를 지탱하느라 어려운 시기를 보내고 있다. 미국 대학생 대부분이 다니고 있는 커뮤니티 칼리지와 공립대학들은 학교 시설을 유지하며 간신히 부채를 면하고 있을 정도다. 대중의 인식 속에 깊이 뿌리박힌 통합형 대학의 이상은 소수의 학생들에게만 실현되어왔다.

수십억에 이르는 중산층 중 상당수는 현재 통신 수단에 접근하고 있거나 곧 접근할 수 있을 것이며 빈곤층에 속하는 수백만 명에게도 그러한 기회가 찾아갈 것이다. 컴퓨터의 가격은 하락하는 반면 그 기능은 더욱 강력해지며 통신 네트워크가 더욱 확장될 것이다. 전 세계의 수요는 무크 이용자 수를 놀라울 정도로 증가시키고 있다. 코세라가 운영을 시작한 지 4개월 만에 100만 명이 코세라의 강좌에 등록했다. 그중 거의 3분의 2가 미국을 제외한 195개국 출신의 학생들이다. MIT 7.00x의 학생 명부에는 남미의 의대생, 인도의 주부, 스리랑카의 대학 중퇴자, 우크라이나의 소프트웨어 엔지니어, 필리핀의 간호사, 8학년 여학생 등이 포함되어 있다. 그들의 거주 국가와 면모는 다양성을 추구하는 입학 담당관의 야심 찬 꿈을 넘어설 정도로 다양하다.

이러한 방식으로 교육을 받는 수십억의 사람들은 엄청난 양의 디지털 데이터를 생성시킬 것이다. 이 데이터는 전에는 불가능했던 수준으로 인간 학습의 분석을 가능하게 해줄 것이다. 대학은 지식을 창출하는 곳이다. 그러나 대학에서 발생하는 학습에 대한 정보는 거의 소실된다. 매년 수백만 명의 학생들이 강의를 듣고 여러 산출물을 생성한다. 학생들은 보고서를 쓰고 시험을 보고 과제를 제출하고 교수들에게 도움을 요청하며 동료 학생들과 토론을 한다. 이러한 정보는 시간이 흐르면 거의 모두 사라지거나 폐기되어왔다. 연구자들이 검토할 학생들의 학습이나 수업 중 토론 기록을 보관하고 있는 대학은 거의 없다.

통합형 대학은 그 엄청난 분석 능력을 교육적 목적을 위해 응용하는 일에 태생적으로 관심이 없다. 대학이 19세기부터 교수 의무를 연구자들에게 내준 조직에서 필연적으로 나타날 수밖에 없는 교육적 실패의 명확한 증거를 외면하려 한 것이 이유일 수도 있다. 그러나 무엇보다도 양질의 분석에는 큰 모집단과 실험적 설계와 같은 특정 조건이 충족되는 일이 중요하다.

복잡한 체계로부터 의미를 찾는 방법은 여러 가지가 있다. 그중 하나가 실험이다. 여러 명의 학생들을 무작위로 두 집단으로 나눠서 같은 교육 경험을 제공하면서 한 가지 조건만을 상이하게 적용하는 접근법이다. 그 한 가지 조건이 교과서일 수도 있고 강의 일정이나 연습문제 방식일 수도 있다. 그 후 각 집단의 학생들이 얼마나 배웠는지를 측정한다. A집단이 B집단보다 더 많은 학습을 했다면 다르게 적용한 한 가지 요인이 그 차이를 만들어냈다고 확신할 수 있다.

이러한 방식의 연구는 복잡하다. 실험을 정확하게 설계하지 않으면 잘못된 결론으로 흘러갈 수 있다. 실험을 설계하려면 학생들이 듣는 과목과 교수들이 가르치는 방식을 어느 정도 통제할 필요가 있다. 그러나 선택 과목제에서 학생들은 자신이 듣고 싶은 과목을 자유롭게 택한다. 게다가 교수 방식에도 학문적 자유가 주어지는 문화는 여러 수업의 교육적 환경을 통제할 수 없도록 만든다. 각 교수와 학과는 자유롭게 교육 과정을 만들고 시험을 실시하고 성적 평가 방식과 교과서를 지정한다.

연구를 하려면 학생의 수도 충분히 많아야 한다. 미국 고등교육 기관에서 이루어지는 강의의 규모는 다양하지만 대부분은 30명에서 100명 사이의 중간 규모다. 이 정도 규모에서 이루어지는 과정의 학습 효과는 1,000명 학생이 동시에 듣는 강의의 학습 효과와 크게 다르지 않다. 고등교육을 받는 학생의 수가 많아지면서 더 이상 아리스토텔레스가 알렉산더 왕자 한 명에게 가르칠 때의 학습 효과를 만들어낼 수가 없게 되었다. 동시에 일반적인 수업은 통계적인 측면에서 아무리 실험 설계를 잘한다 할지라도 유의한 결과를 이끌어내기 어려울 정도로 그 규모가 작다.

연구에서는 체계적으로 정보를 수집하고 정리하며 분석할 수 있는 방법이 동원된다. 그런데 기이할 정도로 그 정보가 종이에만 의존하고 있다면 그러한 방법은 쓰기에 어렵고 많은 비용이 소요된다. 특히 학생이 교수 또는 다른 학생과 소통하는 내용은 전혀 기록되어 있지 않다. 교실과 캠퍼스 밖에서, 기숙사와 커피숍에서 교육이 이루어지기도 한다.

새로운 학습 환경은 이러한 한계를 급진적으로 바꾸어놓을 것이다. 학생의 로그인, 키보드 입력, 토론 중 제기한 질문, 시험, 보고서, 연습문제 등 훨씬 더 많은 정보가 수집될 수 있다. 컴퓨터는 학생들이 무엇을 하는지 뿐만 아니라 어떤 순서로 학습을 하는지를 추적할 수 있다. 그리고 50명 대신 500명의 학생을 연구할 때 통계적으로 유의한 결론을 이끌어낼 수 있는 능력은 기하급수적으로 향상된다.

통합형 대학은 솔직히 어떤 기준으로 보아도 학생을 가르치는 기관이 아니다. 학생들의 경험이 교수법을 훈련받지 않은 자율적인 학자들의 반무작위적인 선택에 의해 결정되지만 않아도 학습 환경에 실험적 변화를 가하는 것이 훨씬 용이해진다. 앞으로 진화할 교육 연구에 비하면 오늘날의 교육 연구는 단세포 생명체와도 같다.

엄청난 양의 데이터를 수집할 수 있는 능력이 있다면 교육을 개선할 다른 기회들이 주어진다. 실험의 효과는 더욱 높아지지만 연구자들은 어떤 요인을 변경하고 관찰할지에 대해 다양한 선택을 해야 한다. 그들이 무엇에 주목해야 할지 모를 경우에는 어떻게 할까? 그들이 학습에서 가장 중요한 측면을 간과하고 있다면?

무크 마니아들을 양산한 스탠퍼드의 유명 강좌 CS221을 공동으로 담당했던 피터 노빅은 이 문제에 대한 답을 제시했다. 그와 그의 두 동료 연구자들은 최근 「수학이 자연과학에 미치는 비합리적인 효과성」이라는 논문으로 유명세를 탔다. 이 연구는 "물리학의 많은 부분이 왜 $F=ma$ 또는 $E=mc^2$와 같은 간단한 수학적 공식으로 명쾌하게 설명될 수 있는지를 고찰"했으며 "한편 인간을 기본 입자로서 보지 않는 과학 영역에서는 이처럼 유용한 수학에 대해 강한 저항감을 보임을 확인했다." 그들은 "자연 언어 처리와 그 관련 영역에서 그러한 양상이 더욱 두드러지는 것으로 보이며, 복잡한 이론은 절대 우아한 물리 방정식으로 설명될 수 없다. 그러나 그럴 경우 우리는 우리의 목표가 극도로 우아한 이론을 만드는 것처럼 행동하는 대신 복잡성을 받아들이고 우리가 가진 최고의 우방인 데이터의 비합리적인 효과성을 활용해야 한다"고 기술했다.

학습과 인간의 인지는 분명 '관련 영역'에 속한다. 비고츠키, 피아제, 그리고 그들의 후계자들은 학습에 대한 매우 중요한 업적을 남겼다. 그러나 인지심리학에서 가장 발전한 이론이라 할지라도 인간의 광범위한 활동과 지식에 걸쳐 있는 학문 영역을 학습하는 서로 다른 수십억 명의 복잡성 앞에서는 그 빛을 잃고 만다.

노빅은 모든 학문 영역을 지배할 한 가지 교육 이론을 찾을 것이 아니라 디지털 환경에서 학습하는 사람들이 증가하면서 우리 주변에 계속 쌓이고 있는 엄청난 전자 정보와 곧 생겨날 데이터들을 통해 구체적이면서도 예상치 못한 통찰을 찾는 것이 훨씬 더 효율적이라고 주장한다. 이러한 '기계 학습'을 통해 컴퓨터는 큰 규모의 데이터 세트 내에서 확률과 패턴을 찾으며, 향후 분석의 정교함을 자동적으로 높일 수 있다.

이러한 데이터의 분석에는 돈과 명석한 연구자들이 필요하다. 구글이 검색 엔진에서 수집한 데이터를 분석하여 수십억 달러를 벌어들이고 그 연구의 책임자로 노빅을 영입한 것도 이런 이유에서다. 사실상 돈은 그 수치가 높을수록 고등교육의 성격에 심오한 영향을 주는 또 다른 영역이기도 하다.

정보기술과 고등교육에 대해 사람들과 이야기를 나누면서 나는 대학의 지도자들이 이러한 경제적 규모를 간과하고 있다는 사실에 놀랐다. 사람들이 규모를 잘못 가늠하는 실수를 저지르는 이유는 잘못된 기준점을 잡고 있기 때문인데, 대학도 마찬가지로 그런 잘못을 범하고 있었다.

전형적인 대학 강의를 제공하는 데는 그리 많은 비용이 들지 않는다. 그 비용을 산정하는 방법은 공개 노동 시장에서 겸임교수를 구해 고용하는 비용 또는 한 교수가 한 학기 동안 받는 급여의 4분의 1에 관리 비용을 더하는 방법을 포함하여 다양하다. 어떤 방법을 사용하든 한 강의의 운영 비용은 수천 달러에서 2, 3만 달러 사이이며 그 수준을 넘지 않는다.

노동집약적인 카네기멜론 OLI 프로세스를 이용하여 교육 과정 하나를 개발하는 데는 수십억 달러가 소요된다. 에드엑스와 같은 양질의 과정을 제공하는 무크 제공 기관들도 비슷한 비용이 든다고 언급한다. 이러한 비용은 '큰 숫자'로 분류될 수 있고 이것은 양질의 온라인 과정의 광범위한 보급과 발전에 제약이 된다. 그러나 이것은 전 세계의 많은 학생들에게 유익한 정말 좋은 학습 환경을 구축한다고 생각했을 때 큰돈이 아닐 수도 있다.

그렇기 때문에 우리는 규모의 오류를 범해서는 안 된다. 한 대학에서 한 학기 동안 하나의 생물학 입문 과목을 가르치는 데 드는 비용과 무크에서 제공하는 한 과목을 같은 선상에서 비교할 수는 없다. 무크 과정은 모든 학생들을 가르치는 데 사용될 수 있으며 이는 몇 년에 걸쳐 수천 개의 대학에서 수만 가지 과목을 공부하는 수백만 명으로 확장될 것이다. 이렇게 많은 학생들을 캠퍼스에서 가르친다면 수백만 달러가 필요할 것이다.

교육 과정의 개발 비용과 대학들이 많은 정성을 들이고 있는 새로운 대형 건물이나 학생들이 좋아할 만한 여가 및 운동 시설의 건설, 이익 없이 엄청난 비용만을 발생시키는 프로에 가까운 스포츠 팀의 운영 비용을 비교해보자. 후자에 대한 대학의 지출은 수천 달러가 아니라 한 과목을 운영하는 비용의 수십 배인 수백만 달러다. 물론 이는 한 학교당 지출하는 비용을 말한다.

이는 일부 명문대의 상황만은 아니다. 북애리조나 대학은 대학의 동형화가 어떻게 수백 개의 미국 대학의 모습과 활동 방식을 동일하게 만들었는지 전형적인 예를 보여준다. 1899년 여자 사범대로 시작된 북애리조나의 플래그스태프 캠퍼스는 다른 여러 대학들과 마찬가지로 20세기를 거치며 2년제 사범대에서 일반 칼리지로, 그 다음으로는 4년제 대학으로 전환되었다. 1990년 이 대학은 학계와 산업계에 오래 몸담고 있었던 베테랑 컴퓨터과학자를 전자공학/컴퓨터공학과의 학과장으로 영입했다. 그는 바로 나의 아버지 버나드 캐리였다.

플래그스태프는 샌프란시스코 피크스 아래 거대한 소나무 숲을 이루고 있는 해발고도 2,000미터의 고원지대에 위치한 도시다. 버나드는 바위가 많은 이 시골 지역을 마음에 들어 했고 몇 년 전 멜론연구소에서 있었을 때만큼 우수한 젊은 엔지니어들을 이끌어주는 일을 즐겼다. 그러나 그는 학과 교수들이 교육에 대한 어떤 진지한 고민에도 관심을 갖지 않는 것에 답답함을 느꼈다. 그는 수많은 학생들이 낙제를 면치 못하는 한 개론 과목을 실험적으로 달리 가르쳐보자는 제안을 했지만 교수들은 그것이 학문적 자유를 해친다고 말하며 이를 학장에게 보고했다.

버나드는 애리조나 주가 북애리조나 대학에 대한 운영 지원금을 삭감하는 상황에서도 대학이 새로운 시설에 수백만 달러를 지출하고 학생 등록금을 50퍼센트 이상 인상하는 상황을 주목하지 않을 수 없었다. 2011년 대학은 "북애리조나 대학에 숨 막힐 정도로 멋진 체육학습센터가 신설되었다"고 발표했다. "2층에는 실내 조깅 트랙이, 1층에는 체육관과 실내 암벽등반 시설, 첨단 유산소 운동실, 거울이 달린 체력 단련실, 운동기구가 있으며…… 수업 또는 운동 후 이용자들은 3층 카페에서 천장까지 이어진 전면 유리와 실외 테라스를 통해 아름다운 샌프란시스코 피크스의 경치를 감상하며 샌드위치와 음료를 즐기며 숨을 돌릴 수 있다." 2만 5,000제곱미터의 이 건물을 건설하는 데는 총 1억 달러가 들었으며 이 비용의 상당 부분은 등록금 인상을 통해 충당되었다.

이것은 미국에서 특이한 사례가 아니었다. 북애리조나 대학은 매년 발표되는 「유에스 뉴스 앤드 월드 리포트」 대학 순위에서 2군 중에서도 중간 정도 자리를 차지하고 있는 대학이다. 즉 북애리조나 앞에 위치한, 이보다 더 부유하고 더 입학이 까다로우며 유명한 학교들은 수백 개에 이른다. 1억 달러를 들여 호화로운 체육관을 짓는 일은 오늘날 미국 고등교육에서 전혀 놀라운 일이 아니다. 그러나 정말 좋은 온라인 생물학 강좌를 수백 만 명의 학생들에게 제공하는 데 필요한 1,000만 달러는 납득하기 어렵고 마련하기 힘든 비용으로 간주된다. 만약 이러한 목적으로 익명의 자선가가 일반적인 대학에 1,000만 달러를 기부한다면 대부분의 대학 총장들은 이를 어떻게 사용해야 할지도 모를 것이다.

이것을 다른 종류의 소프트웨어를 개발하는 데 기업들이 투입하는 수백만 달러, 엄청난 인력과 비교해보자. 2013년 록스타 게임스(Rockstar Games)는 지금까지 가장 많은 게임 개발 비용을 들인 것으로 알려진 그랜드 데프트 오토 5를 출시했다. 게임 내 미션, 레벨, 은행 강도, 자동차절도 활동이 포함된 정교한 도시를 개발하는 데 250명의 직원과 5년이 소요되었다. 1억 1,500달러의 총 개발 비용은 주요 경제지의 헤드라인을 장식하기에 충분한 금액이었다. 이것은 북애리조나에 있는 2군의 공립대학이 화려한 체육 시설을 짓기 위해 쓴 금액이기도 하다. 플래그스태프의 학생들과 교수들이 새롭게 들어선 건물에서 멋진 풍광을 즐기는 동안 그랜드 데프트 오토 5는 출시 3일 만에 10억 달러 이상의 매출을 기록했다. 한편 주정부와 연방정부가 최근 예산을 감축하긴 했지만 매년 고등교육 기관에 수천억 달러를 지원하는 그 순간에도 벤처캐피털들의 연간 투자는 교육 기술에 점점 더 많이 몰리고 있다. 이것은 미국에만 국한되는 이야기다. 미국 외의 지역에서 지출되고 있는 금액은 이보다 수천억 달러가 더 많다.

이 모든 숫자를 더하면 다음과 같은 결론에 이를 수 있다. 비교적 적은 수의 과목을 수십억 명에게 가르치기 위해 설계된 디지털 학습 환경과 이에 부합하는 증명 체계를 만들 수 있는 수십억 달러가 시장에 존재한다는 것이다. 이러한 학습 환경이 구축된다면 점차 발전하는 기법들을 이용하여 수조 개의 데이터 포인트를 분석할 수 있게 된다. 이러한 큰 숫자들의 비중은 점차 커지고 결국에는 규제에 의한 대학의 보호, 정부 보조금, 배움의 전당을 보호하는 문화적 관념으로 이루어진 거대한 장벽이 무너질 것이다.

로버트 루가 학습의 핵심 요소로 꼽은 모순과 놀람을 대중이 경험하게 된다면 집단적 관념이 일종의 급격한 변화를 겪으면서 교육의 큰 전환점을 만들어낼지도 모른다. 이러한 일은 이미 때때로 일어나고 있다. 한 학생이 대학에 입학할 당시 엄청난 호황을 누렸던 신문 산업은 그 학생이 졸업장을 받기도 전에 재정적 대종말을 맞이했다.

이러한 변화는 10년 이상의 기간 동안 기존 체계를 조금씩 느리게 갉아먹으며 일어날 수도 있다. 어떤 경우든 이러한 시나리오는 피할 수도 없고, 먼 미래에 일어날 일도 아니다. '어디서나 닿을 수 있는 대학'은 지평선에 모습을 드러냈으며 다음 세대가 아닌 지금의 청소년들이 성년이 되는 기간 동안 지평선 위로 떠오를 것이다.

에드엑스, 코세라, 유다시티, 세일러, OLI과 같은 조직들이나 영국에서 오래전 생긴 오픈유니버시티와 같은 대학들은 인터넷 연결이 되어 있다면 세상 어느 곳에 있는 누구나 무료로 참여할 수 있는 대학 강의 목록의 양과 질을 꾸준히 높여가리라 예상한다. 세월이 흐르면서 그러한 과목들은 우리가 생각하는 대학의 주요 학과에서 운영하는 방식대로 배열되고 학습의 폭도 넓어질 것이다. MIT는 이미 이러한 방향으로 나가고 있다. MIT는 코딩, 컴퓨팅적 사고, 데이터 과학 입문 과정 등 컴퓨터 프로그래밍 기초를 구성하는 7개 과목을 제공하기 시작했고 이제는 소프트웨어 작성, 디지털 회로, 프로그램 아키텍처, 컴퓨터 시스템 구조 과목을 개설하고 있다. 교과 과정의 길이는 전공, 직업 분야, 일의 종류에 따라 다르다. 어떤 분야는 몇 개의 과목으로 끝날 수도 있고, 수십 개의 과목을 이수해야 하는 분야도 있다. 어떤 분야는 학기당 시간 또는 학교를 다닌 기간에 제약을 두지 않고 전적으로 필요한 학습을 기준으로 그 과정의 길이가 결정된다.

이러한 강좌를 수강하는 실제 경험은 어떤 면에서 낯설지 않을 수 있다. 앞으로도 여전히 책을 읽고 보고서를 쓰며 문제를 풀고 다른 사람들과 토의하고 바깥세상에서 실습을 해보는 방식의 교육이 실시될 것이다. 영화

「매트릭스 *The Matrix*」의 장면처럼 케이블을 뇌에 연결해 정보를 전송하는 일은 일어나지 않을 것이다. 우리는 여전히 철학자 아벨라르 시대부터 이어온 강의를 듣고 인물, 아이디어, 감정을 깨달음의 내러티브로 엮어낼 것이다. 무엇을 학습하고 있는지 다른 사람들과 생각을 공유하는 일도 마찬가지다. 동료 학생들은 열정과 고통을 나누기도 하고, 교수들과 전문가들은 여전히 문제를 진단하고 정보를 전달하고 새로운 생각을 일깨우고 영감을 주는 일을 할 것이다.

그러나 학습에 몰입할 수 있는 디지털 환경을 중심으로 설계된 과정은 어떤 측면에서는 기존의 과정과 매우 다르리라 본다. 한 개인이 이 환경을 설계하는 대신 학습 경험의 다양한 측면에 각각 전문성이 있는 사람들이 팀을 이루어 최고의 환경을 만들 것으로 예상한다. 깃허브를 교육 분야에 적용한 것처럼 인간 인지의 운영 체제에 들어갈 코드를 개발하는 수백만 명의 교육자는 협업을 통해 오픈 소스 요소들을 공유하며 디지털 환경을 창조하고 조정하고 결합할 것이다. 네트워크 효과도 디지털 학습 환경을 발전시키는 데 기여할 것이다. 환경이 개선될수록 더 많은 사람들이 그것을 이용하고, 이에 따라 생겨나는 더 많은 데이터와 자금은 그 환경을 더욱 개선하는 데 투자될 것이다.

학생들을 유치하기 위해 경쟁하는 대학, 기업, 비영리 기관을 포함한 여러 조직들은 점차 고도로 발전하는 인공지능을 교육 설계에 반영하리라 본다. 인공지능은 각 학습자의 강점과 약점을 진단하고 그의 교육을 이에 따라 개인화하여 학습자가 좌절하거나 포기하지 않고 더 열심히 잘할 수 있도록 끊임없이 도전하도록 동기를 부여한다. 피터 노빅과 같은 사람들이 개발한 기계학습 기법은 수백만 명의 학생들에게서 나온 방대한 정보를 분석하고 학생들의 경험과 그들의 학습을 계속적으로 최적화하고 개선할 것이다.

한편, 비영리 및 영리 조직들의 번성하는 생태계가 핵심 교육 기관들을 중심으로 발전할 것으로 예상한다. 학생들은 이 생태계 안에서 상담, 개인 지도, 조언, 스터디 그룹, 과정 설명 노트, 학습 도구, 추가 읽을거리 및 동영상 등 그들의 교육적 경험을 지원하고 촉진하며 개선할 수 있는 여러 서비스를 받는다. 이 각 서비스는 고등교육의 특정 영역을 전문으로 하는 기술 기반 조직들에 의해 제공된다.

순조로운 일도 있을 것이며 어려운 일도 있을 것이다. 성공과 실패도 있을지 모른다. 그러나 장기적인 흐름은 피할 수 없으며 분명하다. 전통적으로 희소가치가 있고 비싼 대학들에 국한되었던 교육의 많은 부분이 제약에서 해방되어 누구에게나 개방될 것이다. 즉 미래의 학생들은 지구상 곳곳의 다양한 연령, 배경, 신념을 가진 학생들과 함께 공부하게 될 것이다.

동시에 오픈 배지와 같은 새로운 시스템은 사람들의 학습 증거를 수집하는 수단으로 부상하여 알파벳 형식의 전통적인 학점과 학위를 대체할 것이다. 이러한 정보의 상당 부분은 일상적인 학습 활동에서 추출될 것이다. 학습의 상당 부분이 디지털로 기록되고 새로운 학습 환경은 배지와 증명서를 통해 학생의 동기를 부여하며 초인지를 향상시키는 데 사용된다. 그러므로 교육 과정들로 인해 학생이 무엇을 아는지 평가하는 표준화 시험에 대한 의존도가 낮아질 것이다. 학생들의 시와 에세이를 읽고 작업 포트폴리오를 평가하기 위해 평가자를 고용할 필요가 있듯이 시험의 공정한 운영을 위해 일부 비용이 발생할 것이다. 따라서 수업 자체는 무료지만 평가에는 일부 비용이 부과될 가능성이 있다. 그러나 이러한 비용은 충분히 감당할 수 있는 수준일 것이다. (MIT는 에드엑스에서 제공되는 7개 과목으로 구성된 컴퓨터공학 교육 과정의 학생 평가와 증명서 발급 비용으로 총 425달러를 청구한다.)

그간 대학은 각종 서비스를 한번에 묶어 제공함으로써 가격을 높여왔지만 무료 수강과 저렴한 평가 비용이라는 합리적 가격 구조는 대학의 가격을 한계비용까지 내리는 데 일조할 것이다. 내가 들었던 7.00x 강의에서도 그러하듯 이용 학생이 추가되어도 추가 운영 비용이 전혀 들지 않는 컴퓨터에 의한 서비스는 무료로 제공될 것이다. 반면 진로상담과 같이 인간의 노동력을 필요로 하는 서비스는 어느 정도 비용이 든다. 그러나 이 경우도 생산성을 향상시키는 강력한 기술의 도움을 받을 수 있다. '어디서나 닿을 수 있는 대학'의 많은 학생들이 내게 될 비용은 현재 고등교육의 시장가격의 극히 일부에 지나지 않을 것이다.

새로운 디지털 학습 환경에서 학생들의 학습 증거는 완전히 새로운 인증 시스템을 통해 관리될 것이다. 또한 개인에 대한 교육 정보는 교육 기관이 아닌 학습자가 직접 안전하게 통제하게 된다. 앞으로 이러한 교육에 대한 증명 정보는 학생의 청년기와 특정 캠퍼스에 머물러 있지 않고 경험, 지식, 스킬을 발전시킬 때마다 함께 변화할 것이다. 최고의 인재를 유치하기 위해 경쟁하는 고용주들은 기계 검색이 이뤄지는 방대한 인증 정보를 활용하여 채용 관행을 변화시킬 것이다. 인증 시스템은 개방적이기 때문에 노동 시장에서는 학위가 없는 이들을 철저히 배제하는 대신 최초로 수백만 명의 미국인들과 다른 지역의 훨씬 더 많은 사람들이 공정한 조건에서 취업 경쟁을 하는 시대가 올 것이다.

사람들이 '어디서나 닿을 수 있는 대학'에서 배우는 방식은 서로 크게 다를 것이다. 통합형 대학의 낡은 전통과 습관을 억지로 따르지 않아도 되기 때문이다. 어떤 사람들은 컴퓨터를 통해 스스로 학습할 것이다. 그러나 이러한 학습 환경은 많은 사람들에게 이상적이지 않으며 어떤 사람들은 그 방식으로는 학습을 할 수가 없다. 어떤 사람들은 하루 대부분의 시간을 직장에서 일을 하고 가족을 돌보는 데 사용한다. 어떤 사람들은 지리적인 이유나 건강상의 이유로 외진 곳에서 생활한다. 특정 성별, 종교, 인종, 계급에 교육 기회를 주지 않거나 차별 대우를 하는 사회에 살고 있는 사람들도 있다. 교육을 받을 충분한 돈이 없는 사람도 있다. 그런 사람들은 자신에게 완벽하게 이상적이지는 않을지라도 교육을 통해 훨씬 더 나은 기회를 누릴 수 있다. 시간, 돈, 가족, 상황이 중요하지 않다면 나는 〈생명의 비밀〉 과정을 매사추세츠 케임브리지에 가서 직접 들었을 것이다. 그러나 그 모든 조건들은 나에게 중요한 것이었으며, 나는 그 조건을 변화시키지 않고도 87점의 성적을 받을 수 있었다.

게다가 인터넷에서는 굳이 홀로 있으려 하지 않는다면 아무도 외롭지 않다. 지난 10년간 인터넷의 속도가 빨라지고, 저렴하면서도 더욱 강력해진 컴퓨터와 함께 SNS가 중요한 자리로 떠올랐다. 사람들은 가상 환경에서 깊고 장기적인 소통을 할 수 있게 되었고 진정한 공동체의 일부가 되었다. 기술이 발전하면서 이러한 상호작용의 성격은 실제 면대면 만남과 거의 비슷해졌다. 의자에 앉아 모니터를 바라보는 장면을 떠올리는 것은 인간-컴퓨터 상호작용에 대한 고루하고 편협한 시각이다. 실제 사람 크기의 가상 이미지와 이야기를 나누는 모습은 아직 MIT의 학생 식당에서만 볼 수 있는 광경이다. 그러나 통신 및 영상 기술이 발전하면서 이러한 소통은 보편화되어 특이하다는 인상을 주지 않을 것이다. 안경 또는 더욱 크고 유연하며 저렴한 초고화질 스크린을 통해 사람의 모습을 보며 대화를 나눌 수도 있을 것이다. 어떠한 방식으로 기술이 발전하든 주변이나 먼 곳에 있는 사람의 모습을 보고 함께 이야기를 나누는 것이 점차 친근한 경험이 될 것이다. 정보는 계속 더욱 빠르게 움직이고 한때 소수의 특권층만 누리던 경험은 다수의 일상이 될 것이다.

가상 교육 세계에서 발전하고 있는 국제 학습 커뮤니티는 규모의 경제의 이점을 활용할 수 있을 것이다. 이러한 커뮤니티는 참여하는 데 비싸지 않고 일정 권한 수준까지는 무료로 이용할 수 있다. 한 과정을 동시에 수강하는 수백만 명의 사람들은 정교하게 분석될 수 있는 데이터를 만들어낼 것이다. 교육 설계자들은 각 학습자가 반응하는 방식과 진도에 따라 학습 환경을 개인화하는 동시에 미네르바가 세미나로 운영되는 교육을 제공하듯이 학생들이 서로 소통하는 방식을 개선할 수 있을 것이다. 학습 경험은 단일한 것이 아니라 사람마다 다르다. 고등교육의 미래는 모든 사람들이 잠옷을 입고 피곤한 상태로 눈을 크게 뜨고 기계가 가르치는 수업을 듣는 세상을 말하는 것이 아니다.

사실상 우리가 일반적으로 '대학 진학 연령'이라고 생각하는 많은 사람들은 그들의 교육을 위해 힘쓰는 기관의 도움으로 함께 살고 학습하게 될 것이다. 저렴하고 효과적이며 지속적으로 개선되는 디지털 학습 환경의 풍요로움은 새로운 고등교육 기관들의 경제적 논리를 급진적으로 바꿀 것이다. 대학생들을 가르치는 대학과 다른 교육 기관들은 수백 명의 교수를 고용하고 교수들의 연구실, 도서관, 강의실이 들어갈 수십 개의 비싼 건물들을 짓지 않아도 된다. 정보기술이 실리콘밸리의 IT 창업 기업들의 창업 비용을 낮추는 데 기여한 것처럼 어디서든 신설 대학이 생겨나는 비용이 훨씬 낮아질 것이다.

이것이 의미하는 바는 디지털 학습 환경이 온라인에서 번성할 뿐만 아니라 '어디서나 닿을 수 있는 대학'에 수만 개의 새로운 고등교육 기관이 생길 것이라는 것이다. 이러한 기관은 전통적인 의미로 물리적 기반을 둔 대학이 아니며 전통적인 통합형 대학과는 공통된 속성이 거의 없을 것이다.

우리 모두에게는 거주지가 있으며 대부분의 사람들은 다른 사람들 가까이에 터전을 잡는다. 스승-제자 또는 동료와의 관계는 물리적 근접성을 바탕으로 자연스럽고 강력하게 형성되는 경우가 많다. 대부분의 부모는 장성한 자녀가 독립하기를 바라며 대부분의 자녀는 기꺼이 자신만의 삶을 찾아 떠난다. 따라서 사람들이 함께 생활하고 배울 수 있는 환경을 제공해주는 고등교육 기관은 항상 있기 마련이다. 그러나 그러한 기관들이 우리가 오늘날 알고 있는 대학의 모습과는 같지 않을 것이다.

새로운 디지털 학습 환경의 부상은 미네르바 프로젝트와 같은 새로운 시도에 힘을 실어줄 것이다. 세상의 모든 책과 다양한 디지털 학습 환경을 어디서든 매우 저렴한 비용으로 이용할 수 있을 때 합리적인 비용, 규모, 사람들의 활동 정도에 따라 자유롭게 고등교육 기관이 설립될 것이다. 희소가치가 있고 비싼 대학이 위대한 대학인 시절은 끝날 것이다. 위대한 대학은 어디에나 존재할 것이다.

특정한 교육 철학을 가진 사람들이 운영하는 크지 않은 건물 또는 공간이 학습에 관심이 있는 누구에게나 열려 있다고 상상해보자. 그곳의 교육자들은 학생들에게 조언을 해주고 서로 관계를 맺는 데 집중한다. 그곳에는 사람들이 함께 머리를 맞대고 공부할 수 있는 장소가 있거나 서로 다른 도시, 주, 국가의 동료 학생들과 서로 소통할 수 있는 수단이 있다. 어떤 학생들은 가까운 곳에 살면서 학습에 전념하며 매일 여러 시간을 함께 보낸다. 집에서 가족과 거주하며 통학 또는 접속을 하는 사람도 있다.

이것은 리버럴 아츠 칼리지 또는 커뮤니티 칼리지에서 벌어지는 장면 같지만 이 교육 기관에는 전통적인 교실, 강의실 도서관, 학과 사무실이 없다. 교육자들은 디지털 학습 환경 내에서 또는 디지털 학습 환경과 병행하여 교육을 제공하지만 그들이 그 환경을 독자적으로 구축하지는 않는다.

'학기'와 '학점 시간'과 같은 단어는 아무 의미가 없다. 이 조직은 학생들이 무엇을 배웠는가에 대한 증명 정보를 통제하지 않는다. 진한 글씨로 기관의 이름이 찍힌 학위를 발급하지도 않는다. 박사학위나 석사학위, 심지어 학사학위도 이 기관의 소관이 아니다.

앞으로 학생들은 전 세계 50만 명과 함께한 과목을 수강할 수도 있으며 지역사회에서 3명의 동료 학생 및 멘토가 전부인 과목을 수강할 수도 있을 것이다. 이러한 기관을 여는 데는 많은 돈이 필요하지 않기 때문에 주변에는 이와 비슷한 기관이 수십 개가 생길 것이다. 어떤 기관은 특정 전공을 전문으로 여러 교육 프로그램을 제공하고 있다. 기관마다 가진 사상, 신념, 업종, 교육 철학은 서로 다를 수 있다.

고등교육의 미래는 교육의 단위를 한 인간의 규모로 축소시킨다. 이러한 조직은 진정한 공동체를 형성할 만큼 크지만 개인적 소통이 힘들 정도로 크지는 않다. 한 지역에 위치한 여러 교회들을 생각해보자. 어떤 교회는 크고 부유하고 일부 외국 국적의 교인들도 받고 있는 한편, 교인들끼리 모두 알고 지낼 수 있는 작은 크기의 교회도 있다. 앞으로 생길 '대학'들은 매우 다양한 면모를 지닐 것이다.

민간 기업들, 정부, 자선단체에서도 이런 새로운 학습 기관을 만들 것이다. 100년 전 전 세계 곳곳에 수천 개의 지역 도서관을 기부한 앤드루 카네기에게는 올바른 통찰력이 있었다. 카네기도서관은 당시 최고의 교육 정보기술인 인쇄된 책을 보급했다. 지역사회는 공공 운영 지원금을 통해 토지와 건물에 투자했고 누구나 도서관을 무료로 이용할 수 있도록 했다.

이제 세상은 21세기형 카네기도서관을 필요로 한다. 앞으로는 지식이 살아 숨 쉬고 성장하며 퍼져나가는 아름답고 평화로운 장소들이 만들어질 것으로 보인다. 지역사회가 지원하고 아끼는 이러한 장소는 모두에게 개방되어 기술이 실현하는 모든 교육적 기회를 제공할 것이다.

이런 규모의 훌륭한 학습 경험은 우리가 그동안 경험한 문화와 삶의 관점에서는 불가능해 보일지도 모른다. 그러나 대학의 거대화는 20세기 중반부터 생겨난 비교적 새로운 현상이다. 우리는 그 이전의 인간사에서 배울 것이 매우 많다. 통합형 대학은 모든 것과 모든 사람을 캠퍼스 벽 안에 두겠다는 종합적이며 독립적인 논리를 따르고 있다. 미래의 고등교육이 이루어지는 곳은 전 세계 '어디서나 닿을 수 있는 대학'을 연결하는 만남의 장이자 관문이 될 것이다.

우리의 아이들과
더 나은 고등교육의 탄생

12

"우리 아이를 어떻게 하면 좋을까?" 거의 150년 전 찰스 엘리엇은 오늘날 학부모들에게도 고민거리인 이 질문을 던짐으로써 미국 역사상 가장 영향력 있는 대학 총장이 되었다.

　오랜 세월 이에 대한 답은 분명했다. 아이가 고등학교를 졸업하고 좋은 대학에 입학한 후 등록금을 낼 수 있도록 한다는 것이다. 이것은 우리 세대, 나의 아버지나 할아버지 세대, 그 이전에도 정답이었다. 고등교육은 오랜 세월 중산층을 안심시키는 길이었다. 자녀를 대학에 보냄으로써 그들은 좋은 부모의 의미에 대해 거의 혼란스러워하지 않았다. 경제 구조가 변하고 많은 블루칼라 직업이 사라지자 이러한 사고방식은 더욱 확산되었다. 1982년 자신의 자녀가 대학에 갈 것이라고 생각한 부모는 57퍼센트에 머물렀다. 2010년 그 비율은 92퍼센트였다.

　상승하는 고등교육의 가격이 깊은 근심으로 다가온 것은 그 때문이었다. 사람들은 자녀의 미래와 부모의 성공이 절대적으로 고등교육에 달려 있다고 들어왔다. 그러나 이 의무를 다하기 위해 지불해야 할 대가는 점차 부모의 능력을 벗어났다.

　어떤 면에서 정보기술의 파괴적 효과는 구원의 희망을 보여준다. 디지털 학습 환경이 더욱 고도화되고 개방적 인증 시스템이 전통적 대학 학위를 대체하게 되면서 위를 향하던 대학 등록금의 곡선이 점차 평탄해지며 아래를 향하기 시작할 것이다. '자녀를 대학에 보내는 것'은 더 이상 '정신을 잃을 정도로 큰돈'과 문화적 동의어가 되지 않을 것이다. 사람들은 고등교육을 컨트리 클럽의 회비 대신 일종의 고도화된 정보 서비스로 생각하기 시작할 것이다. 이에 따라 그들이 지불할 의향이 있는 가격에도 변화가 생길 것이다.

그러나 가격의 하락에 따른 대가가 있을 것이다. 기존의 대학 체계는 상당 부분의 업무와 책임을 전통적인 교육 기관, 규제, 포괄적인 문화적 습관에 맡겨왔다. 특히 중산층과 상류층 가정은 대학이 무엇이고, 어느 대학이 가장 좋으며, 언제 대학에 진학해야 하는지, 어떻게 입학하는지에 대해 전혀 의문을 품지 않는다. 대학에 대해 대중문화가 보내는 메시지와 정부 보조금은 모두 아이비리그를 향하고 있으니 말이다. 만약 말도 안 되게 비싼데도 불구하고 널리 받아들이고 있던 체계가 무너질 경우 학생들은 어디를 바라보아야 할까? 부모들은 누구를 믿어야 하는가? 우리 모두는 무엇을 해야 하는가?

그 답은 개인의 상황에 따라 다르겠지만 우리는 '어디서나 닿을 수 있는 대학'에 대한 다음과 같은 4가지 중요한 결정을 내려야 한다.

대학 선택

통합형 대학이 내일 당장 사라지는 것은 아니다. 파괴의 과정은 여러 해에 걸쳐 일어날 것이며 그 여파로 기존의 대학들이 새롭게 변모하고 동시에 현실 공간과 완전한 가상 공간에 수많은 새로운 고등교육 기관이 생겨날 것이다. 이것은 고등학교를 곧 마칠 학생들이 여전히 전통적인 대학에 진학할 것인가, 새로운 모험을 할 것인가를 결정해야 함을 의미한다. 이런 결정을 앞두고 있는 학생과 학부모는 다음과 같은 점을 고려해야 한다.

통합형 대학은 수십 년 동안 학부 교육을 충실히 하지 않으면서 학부모와 학생에게 바가지를 씌워왔다. 학생들은 그들의 학습을 책임지지 않고 교수법을 훈련받은 적도 없는 교수들의 변덕에 휘둘렸다. 대학들은 학생들이 열심히 공부하고 창의적이고 비판적인 사고를 할 수 있도록 충분히 도전하지 않았다. 지금까지의 여러 근거를 보았을 때 학생들은 더 많은 등록금을 내고 부채가 늘어나는 상황에서도 대학에서 많은 것을 배우지 못하고 있다.

이런 일이 당신에게 일어나서는 안 될 것이다. MIT의 일반 이수 요건과 같이 양질의 교육 프로그램을 운영하고 있는 대학들도 일부 있다. 인문학 과목을 필수적으로 수강해야 하는 시카고 대학의 학부 프로그램에서는 로버트 메이너드 허친스가 못다 이룬 꿈을 엿볼 수 있다. 시카고 대학에서는 많은 공부를 해야 하며 특히 이곳은 음주나 스포츠 팀을 중심으로 한 대외적 이미지를 강조하지 않는 편이다(허친스는 1939년 미식 축구팀을 해체했다). 시카고 대학의 학생들은 학교가 "즐거움이 죽으러 오는 곳(Where Fun Comes to Die)"이라는 농담을 새긴 티셔츠를 입기도 한다. 이것은 좋은 징조다. 많은 대학들이 19세 학생들에게 즐길거리를 너무 많이 주는 반면 꾸준하고 깊이 학습할 환경을 조성하고 있지 않기 때문이다.

물론 MIT나 시카고 대학을 다니는 학생 외에도 미국에는 많은 학생들이 있다. 그러나 크든 작든, 공립이든 사립이든, 명문대든 평범한 대학이든 학생들이 무엇을 배워야 하는가에 대해 신중하게 설계된 수백 개의 교육 프로그램과 학과가 여전히 존재한다. 좋은 프로그램이 갖춰야 할 가장 중요한 특성은 목적의 명료성이다. 학생들을 위해 어떤 목적을 달성하려고 하는지 일관성 있는 철학이 있는 대학을 택하라. 그러나 이 조건을 갖춘 대학은 생각보다 매우 드물다.

역사적으로 대학이 수천 개의 과정을 관리하고 학부생들에게 이에 대한 무한의 선택권을 부여하는 가장 큰 이유는 학생들이 형성기 동안 여러 지적 영역을 탐험할 수 있는 기회를 주기 위함이었다. 그러나 이것은 대학의 입장을 합리화하려는 면이 컸다. 가르치는 것보다 연구에 집중하는 자율적인 학자들을 다수 채용할 수 있는 근거가 되기 때문이다. '어디서나 닿을 수 있는 대학'이 등장하고 어디에서건 누구에게나 제대로 설계된 풍부한 대학 교육 과정들을 거의 무료로 제공하게 되면서 자유방임적 선택 교과제는 이제 설 자리를 잃었다. 학생들과 학부모들은 학부생의 학습을 최우선순위로 놓고 이에 맞는 노력을 기울이는 대학에 등록금을 지불해야 한다. 인터넷에서 무료로 이용할 수 있는 서비스를 받으면서 대학에 엄청난 돈을 지불할 필요가 없다.

어떤 대학을 선택해야 하는가를 설명하기 위해 1만 개의 호수가 있는 미네소타 이야기를 하고자 한다. 2006년 미네소타 주는 세계적인 의료센터 메이오 클리닉(Mayo Clinic)이 있는 로체스터에 새로운 공립대학을 설립하기로 결정했다. 미네소타 대학 로체스터는 또 다른 통합형 대학을 세우는 데 수십억 달러를 지출하는 대신 메이오 클리닉에서 두 블록 떨어진 쇼핑몰에 방치돼 있던 푸드 코트를 저렴하게 빌려 이 공간을 사무실과 교실로 개조했다. 학생들의 숙소로는 근처 아파트 몇 층을 임차했고 체육과 여가활동을 위해서는 YMCA와 계약을 맺었다. 캠퍼스의 기존 도서관에는 학생들이 편안한 의자에 앉아 태블릿과 노트북 컴퓨터로 인터넷에 접속할 수 있는 공간도 만들고 서가를 포함한 도서관 건물의 나머지 95퍼센트는 그대로 두었다.

이 대학은 수백 개의 학위 프로그램이 아니라 보건과학 학위와 보건전문인 학위 2가지 프로그램만 제공했다. 학생들은 전화번호부 두께의 책에서 선택 과목을 고르는 대신 첫 2년 동안 정해진 교과 과정을 따른다. 화학, 생물학, 통계학, 철학, 창의적 글쓰기 수업을 담당하는 교수들은 다양한 개념들이 서로 교차하며 보완적 역할을 할 수 있도록 1주일 단위로 다른 수업에 들어간다. 학교 내에 대형 강의실은 없다. 그곳을 방문했을 때 내가 본 교실에는 많아 봐야 30명의 학생들이 있었다. 미네소타 대학 로체스터의 학비는 놀라울 정도로 저렴했다. 이 대학은 미네소타 공립대학의 연간 표준 등록금 1만 3,000달러에 주정부가 전통적인 대학에 지급하는 보조금의 극히 일부라 할 수 있는 금액으로 일류의 교육을 제공하고 있었다.

나는 거의 모두가 미네소타 출신인 이 학교 학생들에게 동아리 건물과 미식축구 경기, 수요일 밤마다 길게 늘어져 있는 술집에서 술을 즐길 수 있는 대학에 가지 않은 것을 후회하지 않는지 물어보았다. 전통적인 대학들은 재미를 추구하고 부유하게 자란 학생들을 유치하기 위해 값비싼 시설이 필요하다고 불평을 늘어놓는다. 그러나 미네소타 대학 로체스터의 학생들은 지금의 환경에 완전히 만족하고 있는 것으로 보였다. 그들은 스케이트와 하키 스틱 대신 부츠와 빗자루를 이용한 '부츠 하키'라는 경기를 포함하여 파티와 취미활동을 즐기고 있다. 그러나 학생들 대부분은 공부하느라 바쁜 시간을 보내고 있다. 내가 그들에게 수업 외에 얼마나 공부를 하냐고 물었을 때 주 30시간에서 35시간이 일반적인 답변이었다. 비영리 기관인 학생 참여 전국조사(National Survey of Student Engagement)에 따르면 가장 규모가 크고 저명한 연구 중심 대학에서 이 정도의 학습량을 기록하는 신입생은 전체의 6퍼센트에 지나지 않는다. 18세 학생들은 주변의 기대와 조직 문화에 매우 민감하다. 그들에게 많은 과제를 주고 그만큼의 격려를 한다면 학생들은 그 과제를 결국 해낸다. 반면 그들에게 과제를 거의 주지 않고 많은 자유 시간이나 음주를 중심으로 한 교우 관계 형성의 기회만 허락한다면 그들은 그 기대에 부응한다.

미네소타 대학 로체스터의 상식적인 교육 설계는 각 학과가 자율적 권한과 학문적 자유를 보장받는 통합형 대학 구조에서는 완전히 실현 불가능하다. 이 대학은 합리적인 비용으로 학습할 수 있는 구조와 관행에 대해 논리적 선택을 함으로써 21세기에 어울리는 교육을 실시한다는 점에서 미네르바 프로젝트와 닮은 점이 많다. 미국의 통합형 대학은 너무 비용이 많이 들기 때문에 새로운 통합형 대학은 더 이상 생기지 않을 것이다. 통합형 대학의 구조는 매우 비합리적이다.

학부생 교육을 위해 빠르게 창의적으로 움직이면서 기술을 중점적으로 활용하지 않는 전통적 대학을 조심해야 한다. 전통적인 대학의 행정가들은 IT를 수업에 도입할지 여부와, 이를 활용하는 방식을 교수 개개인이 직접 결정하도록 하고 있다. 교수들의 오랜 재직 기간을 고려할 때 어떤 수업들은 우리가 현재 알고 있는 첨단 기술의 세계에 비해 몇 세대는 뒤떨어져 있을 것이다. 대학들은 변화에 빠르게 대응하고 있지 못하다. 그렇다고 반드시 기술 지향적인 대학을 선택해야 한다는 것은 아니다. 노스캐롤라이나에 있는 작은 규모의 데이비슨 칼리지는 높은 학문적 기준을 지켜온 오랜 전통을 자랑하며 인문학에 집중하고 있으면서도 리버럴 아츠 칼리지 중 처음으로 에드엑스에 참여했다.

수백 년간 학생들은 대학 학위와 이를 위해 지불한 엄청난 학비가 졸업후 수십 년 동안 그들에게 의미 있는 무언가로 돌아오리라 기대해왔다. 그러나 대학이 변화하는 고등교육의 경제학에 적응하지 못해 사라지게 된다면 그럴 가능성은 낮아진다. 인터넷이, 곧 사라지거나 지금까지 변함없는 조직 모델에 흡수될 또 다른 유행이라고 생각하는 대학들은 먼 훗날에는 더 이상 남아 있지 않을 것이다. 학생과 학부모의 돈과 노력이 그 대학과 함께 사라지는 일은 없어야 한다.

대학 생활

젊은 나이에 4년은 긴 시간일 수 있겠지만 깨우친 사람이나 생산적인 시민이 되기 위해 필요한 것을 배우는 데 있어서는 사실상 짧은 기간이다. 작은 리버럴 아츠 칼리지에 들어가든 큰 주립대에 들어가든 대학에 일단 들어가면 이 소중한 시간을 어떻게 보낼지 결정하는 것은 매우 중요한 일이다. 어떤 사람들은 어렸을 때부터 자신이 원하는 바를 알고 의학 대학원에 진학한다든지 중세 역사학자의 길을 걷겠다는 분명한 진로 계획을 세우기도 한다. 그러나 대부분의 학생들은 대학을 다니면서 자신이 배우고 성장할 방법을 알아가며, 뉴먼의 말을 빌린다면 "지적 능력을 조화 및 결집시킨다."

자신의 길을 아는 가장 좋은 방법은 인문학 및 과학, 즉 기초학문에 집중하는 것이다. 대학생들의 낮은 학습 수준을 보고해 언론의 조명을 받은 애럼과 록사의 『표류하는 학문』은 여러 전공 간의 중요한 차이점을 밝혀내기도 했다. 그들이 수집한 데이터는 학생들이 공부해야 하는 강도가 그들의 학습량과 높은 상관관계가 있음을 보여준다. 이것은 우리가 신경과학과 인지심리학에서 밝혀낸 모든 연구 결과와 같은 선상에 있다. 여러 전공 중 가장 어려우면서도 성취감을 느낄 수 있는 프로그램은 철학, 역사, 문학과 과학, 수학, 공학과 같은 전통적인 기초학문이었다. 반면 과제의 양과 학습 성취도가 가장 낮은 전공은 현재 미국 대학생들이 가장 선호하는 전공인 경영학과 교육학이었다.

신뢰할 수 있고 기계적인 과거의 대학 제도는 중산층과 중산층에서 태어난 많은 사람들이 특별히 열심히 일하지 않고도 풍족함을 향해 잘 닦여진 길을 순조롭게 걸을 수 있도록 해주었다. 고등교육 제도가 더 많은 사람들에게 개방되면서 이러한 상황은 변화를 겪을 것이다. 명문 대학의 입학 심사는 점차 조작이나 부패에서 멀어질 것이다. MIT 캠퍼스에서 수용할 수 있는 학생 수에는 한계가 있다. MIT에 몽골에서 온 천재 학생 한 명이 입학하게 된다면 부모가 학비를 내준 덕분에 좋은 사립 고등학교를 나온, 똑똑하기는 하지만 특출하지는 않은 한 학생의 자리가 없어지는 것이다. 3만 5,000명의 학생들이 지원하기를 기다리며 가득 쌓인 지원 서류를 읽으며 학생을 선발하는 대신 MIT, 프린스턴, 스탠퍼드와 같은 명문대들은 전 세계의 수천 만 명의 명석한 학생을 검색할 것이다. 또한 상당수의 고등학교들은 학생들이 그들의 학습의 증거가 기계에 의해 인식되도록 할 것이며 전 세계 대학의 관심을 사기 위해 온라인에 디지털 배지와 여러 인증을 포트폴리오로 관리하는 사람들이 늘어날 것이다.

입학하기 어렵지 않은 대학에서 경영, 교육학, 정치학, 심리학 등의 일반적인 전공을 택하여 성실하게 자기 길을 가던 수백만 명의 학생들은 앞으로 경쟁력을 잃게 된다. 그들이 받는 학위는 대학원에 입학하거나 특정 직업을 갖기 위한 자격을 영구적으로 부여해왔다. 그러나 이들이 학위를 받으려는 이유는 그것이 어떤 것보다 더 의미 있어서가 아니라 이것이 어디에서나 쉽게 인정을 받고 알아보기 쉽기 때문이었다. 앞으로 이런 류의 학사학위 가치가 점차 낮아지면 학생들의 학습 부족이 그대로 드러나게 될 것이다. 그러한 학생들은 빚만 얻고 시간을 낭비한 것이다.

내가 모든 학생들에게 전하고 싶은 말은 다음과 같다. 그만 빈둥거리고 공부를 시작해라. 호기심과 배움에 대한 열정을 가지고 훌륭한 대학에서 교육을 받고자 열망하는 학생들이 전 세계에서 1,000배까지 증가할 날이 얼마 남지 않았다.

대학 등록금

미래를 전망하면서 구체적인 시기를 가늠하기는 어렵다. 현재 시점에서 정확히 언제 이 큰 숫자들이 통합형 대학의 근간을 흔들어놓을지는 아무도 예측할 수 없다. 통합형 대학을 둘러싼 정치 및 규제 보호막은 운, 개성, 기업의 주기, 다수 연립정부 주변에서 언제나 동요하는 정치의 영향을 받는다. 잠재적으로 세계를 바꿀 만한 교육 기술 기업의 성패는 벤처캐피털 환경, 노동 시장, 인수와 기업공개에서 일어나는 반(半)무작위적 변화들에 달려 있다. 이 모든 변화는 지금이 529대학 학자금 저축 플랜(미국 행정부가 학부모의 학자금 부담을 덜어주기 위해 2002년부터 시행하고 있는 학자금 마련 계획-옮긴이) 계좌를 털어 스포츠카를 살 때는 아니라는 것을 알려준다. 고등교육의 새로운 지평이 열려도 학생들은 여전히 어디선가 월세를 내야 할 것이다. 더 중요한 것은 미래의 고등교육은 우리가 일반적으로 생각하는 것보다 훨씬 더 오랜 기간에 걸쳐 서서히 다가온다는 점이다. 세계의 노동 시장이 더욱 많은 것을 요구하고 전통적인 대학 학위가 개방 증명 시스템으로 대체되면서 사람들은 20대 초중반에 형식 교육을 마칠 수 없을 것이다. 그들은 이제 끊임 없이 교육을 받을 것이고 필요한 경우 교육에 돈을 투자할 것이다.

여기서 전하고 싶은 조언은 다음과 같다. 어렵게 번 돈을 다른 누군가의 야심을 위해서가 아닌 우리 또는 우리 자녀의 교육을 위해 써야 한다는 것이다. 학위증에 대학 이름을 올리는 것만으로도 학비를 낼 가치가 있는 명성 있고 강력한 대학의 수는 매우 적다. 미국에서 그러한 학교는 50개가 넘지 않을 것이다. 이 반열에 오르려는 다른 대학들의 꿈에 돈을 지불해서는 안 된다. 우리의 제한적인 자원을 편안한 청년기를 보장하는 데 쓰는 대신 우리 아이들에게 깨달음을 주고 직업의 세계를 준비시키는 양질의 고등교육에 집중해야 한다.

대학들은 학생과 학부모가 엄청난 금액의 대출을 받아 학비를 내는 데 대해 양심의 가책을 전혀 느끼지 않는다는 사실을 기억하라. 공립대학을 다니고 '어디서나 닿을 수 있는 대학'에서 배우는 것은 20세에 자신을 찾을 수 있는 효과적인 방법이다. 직업 시장에서 충분한 보상을 받아 대출을 상환할 수 있을 만한 교육을 받기 위해서만 돈을 빌려야 한다.

대학 생활의 준비

어린 자녀가 있거나 곧 자녀가 생길 부모로서는 아직 형성기에 있는 '어디서나 닿을 수 있는 대학'이 친숙하게 다가오지는 않는다. 부모들은 대학에 대한 개념을 즉시 다시 정립해야 한다. 이는 아이들이 새로운 디지털 학습 환경에 성공적으로 적응하기 위해 매우 중요한 사항이 될 것이다. 요즘 청소년들이 반짝이는 사각형 화면을 들여다보는 데 얼마나 많은 시간을 들이는지를 보면 전통적인 대학에서 공부하고 성공을 거둔 부모들은 이러한 미래에 대해 두려움을 느낄 수도 있다. 이러한 변화를 견디기 쉽지는 않겠지만 (a) 아이들이 현재 화면 앞에서 보내는 시간을 더욱 생산적으로 사용할 수 있도록 해야 하며(그랜드 데프트 오토 V의 경우처럼), (b) 디지털 학습 환경이라고 해서 학생들이 하루 종일 컴퓨터를 들여다보지는 않아도 된다는 점을 기억해야 한다. 기술이 발달할수록 이는 더 현실성 있는 전망이 될 것이다.

어린 자녀를 둔 부모는 앞으로 그들이 글로벌 중산층이 부상하는 가운데 태어난 다른 국가의 학생들과 경쟁하고 협력을 하는 데서 자긍심과 즐거움을 느낄 것이라는 점을 명심해야 한다. 미국인들이 비교적 쉽게 입학할 수 있는 비싼 대학들을 갈 수 없는 세계 곳곳의 많은 학생들은 이러한 새로운 디지털 학습 환경에 참여할 것이다. '어디서나 닿을 수 있는 대학'은 그들에게 최고의 선택이자 유일한 선택이 될 것이다. '어디서나 닿을 수 있는 대학'은 학생들이 다른 문화의 학생들과 교류하고 앞으로 고등교육 및 직업 세계의 상당 부분을 정의하게 될 글로벌 학습 공동체에 참여할 수 있는 중요한 삶의 기회를 제공할 것이다.

학생들이 발견 가능한 배움의 증거를 축적할 수 있다는 것도 매우 중요한 변화다. 모질라의 오픈 배지나 어크레더블의 인증서, 또는 아직 발명되지 않은 무언가가 되건 앞으로 사람들은 자신의 학습 정보를 수집하고 정리하며 통제하여 자신만의 교육 정체성을 구축해야 한다. 곧 경제적으로 무능해질 조직에 우리의 교육 기록을 맡기는 것은 아무도 감당할 수 없는 위험이다.

더 크게 보았을 때 미래의 교육은 훨씬 많은 학문적 노력을 요구한다. 그러나 기술 진보의 약속이라는 모호한 이상주의적 전망에서는 이런 현실을 간과하기 쉽다. 기술을 통해 교육의 질이 더 나아지겠지만 더 쉬워지는 것은 아니다. 개별화된 학습 환경에서 공부하는 학생들은 무능하고 천편일률적인 교육 설계로 인해 느끼는 좌절감을 경험하는 일이 줄어들 것이다. 동시에 학생들이 평범함과 낮은 기대 수준의 강에서 표류할 가능성도 줄어들 것이다. 기득권 세력이나 사회적으로 높은 계층에서 태어나 특권을 물려받지 않아도 성공할 가능성이 더욱 높아질 것이다. 이성적 교육은 많은 측면에서 엄격할 것이다. 글로벌 학습 공동체에서 비롯되는 학문적 기준은 세계에서 가장 똑똑하고 성실한 학생들의 성취도 수준을 따르게 될 것이다. 동시에 무언가를 숨기거나 학습을 게을리할 틈이 별로 없어질 것이다.

지금도 이미 그렇지만 그 무엇도 실질적인 전문성을 습득하기 위한 경험을 대체할 수 없다. 미래의 고등교육 기관들은 학생들에게 적합한 많은 학습량을 요구할 것이며 이를 성공적으로 수행하는 학생들에게는 믿을 수 있는 인증을 부여할 것이다. 그러나 이들이 학생의 공부를 대신해주지는 않는다. 부모들이 할 수 있는 일은 자녀들이 이러한 어렵고도 보람 있는 학업을 위해 필요로 할 지적 수단을 제공하고 정서적 뒷받침을 해주는 것이다.

❋ ❋ ❋

그렇다면 영광과 결점을 모두 안고 있는 현재의 대학은 어떻게 될 것인가? 장기적으로 전통적 대학은 강점이 무엇인지 파악하고 그 강점을 살릴 수 있는 비용을 부담할 수 있는 경제적 모델을 창출하는 능력에 따라 번영할 수도, 쇠퇴할 수도 있다.

통합형 대학은 그러한 어려운 선택을 피할 수 있도록 구체적으로 설계되고 절묘하게 발전되어왔다. 대학은 그동안 자체적인 모순과 정부의 보조를 유지할 수 있도록 3개의 서로 다른 목적을 추구해왔다. 역사학자 로렌스 베이지가 말하듯 대학은 이상주의의 의식에 취해 무지를 숨겨왔으며 무례하고 가차 없이 다른 집단의 허물을 노출시키는 일을 꺼려왔다.

지배층의 권력을 영속화하는 것을 주요 목적으로 한 기관들은 (더 큰 혁명이 일어나지 않는다고 가정할 때) 여전히 그 자리를 지키려 할 것이다. 정보기술이 발전한다 해도 권력, 부, 배타성을 중심으로 사회적 계급을 나누려는 인간의 본능을 파괴하지 않을 것이다. 오히려 정보기술은 역시 엄청난 재무적 자본과 사회적 자본을 축적하는 데 기여한다. 하버드는 이를 이용해 자신이 아닌 다른 누군가를 겨냥한 인류 파멸의 흉기를 만들고 있다.

연구는 여전히 기존의 역할을 감당할 것이고, 학자들에게 학문의 자유를 주어야 한다는 논리도 남아 있을 것이다. 학자들이 현재와 같은 물리적 공간에서 연구 활동을 할 필요가 있는지, 학자로서의 직업을 지금과 같은 형태로 계속 영위할 수 있는지의 여부는 학문 분야에 따라 크게 달라질 것이다. 만약 화학자가 실험대 앞에 서서 고가의 장비를 다루어야 한다면 그들은 '연구 중심 대학'과 같은 곳에 모일 것이다. 화학자가 되려면 여전히 실험실을 사용하고 석사 수준의 화학 교육을 받아야 할 것이다. 실습이나 직접 체험이 필요한 미술이나 공연 예술도 마찬가지다.

그러나 학문 분야가 더욱 세분화되고 전문화되는 상황에서 시인과 역사학자들이 캠퍼스 내의 학과에서 활동해야 할 이유는 앞의 경우에 비해 분명치 않다. 대학 캠퍼스의 인문대 건물을 들어가보면 많은 연구실이 비어 있거나 잠겨 있다. 그곳의 학자들은 다른 교수나 학생들의 관심사와 는 거의 관련이 없는 특정 분야를 연구하는 중이라 학교에서 혼자 작업을 하거나 다른 곳에서 노트북을 가지고 다른 어디에선가 일을 하고 있기 때문이다. 정보기술은 이미 학자의 양상을 바꾸고 있다. 이제 학자들은 '보이지 않는 대학' 내에서 대학이 아닌 동료들과의 유대를 통해 학문을 발전시키고 있다.

연구 중심 기관들은 반드시 학부 과정을 둘 필요가 없을 것이다. 기초 연구에 학부생을 참여시키는 모습을 중시하는 대학들은 효과적으로 학부생을 가르치기 위해 각 분야 최고의 교수를 영입할 필요가 있다고 주장한다. 이것은 통합형 대학의 구조적 비논리성을 감추기 위해 대학들이 열의를 다해 말하고 또 말하는 95퍼센트 속임수다. 윌리엄 제임스는 박사학위 소지자에 대해 "그의 도덕적, 사회적, 개인적 소양은 학생들을 제대로 가르칠 수 없다는 사실을 분명하게 말해줄지라도 박사학위 심사에서는 그러한 점을 전혀 반영할 수 없다"고 말했다.

물론 예외도 존재한다. MIT는 그 고유의 문화와 사명에 따라 한 장소에 학부생과 세계적인 연구 시설을 모두 훌륭하게 수용하고 있다. 그러나 MIT를 기준으로 본다면 기존의 많은 연구 중심 대학은 이를 충족하지 못할 것이다.

앞으로는 많은 학자들이 자신이 거주하고 싶은 곳에 위치한 조직에서 일하게 될 가능성이 높다. 인구가 800만 명인 뉴욕에는 최고 수준의 연구 중심 대학이 컬럼비아와 뉴욕 대학 두 군데밖에 없다. 인구가 300만 명인 아이오와 주에서도 2개의 우수한 연구 중심 대학이 있다. 뉴욕이 세계 금융과 문화의 수도이며 범죄율이 낮은 도시라는 것을 감안할 때 높은 수준의 학자들을 지원할 연구 중심 대학의 수는 이보다 수십 배가 늘어날 만하다.

뉴욕은 학부생 교육을 우선적인 목표로 하는 새로운 교육 기관들이 자리 잡을 수 있는 훌륭한 잠재 시장이다. 플라톤이 "도시가 인간을 교육시킨다"라고 말했듯이 뉴욕 대학과 조지워싱턴 대학은 그 무엇보다도 지리적 입지를 판매함으로써 새로운 명문으로 부상했다. 일례로 2013년 말 카네기멜론의 마크 캠릿 부총장은 뉴욕 시장 마이클 블룸버그(Michael Bloomberg)를 옆에 두고 브루클린 네이비야드의 1,500제곱미터의 공간을 개조하여 미디어와 디자인을 전문으로 하는 새로운 카네기멜론 기술 프로그램을 개설하겠다고 발표했다. 미국에서 가장 큰 도시 뉴욕에 위치한 인구 250만 명의 브루클린은 지성, 문화, 기업가 정신의 새로운 중심지로 부상하고 있다. 브루클린에 NBA 농구팀도 생긴 지금 새로운 연구 기관, 신규 대학, 고등교육 기관이 생기지 못할 이유가 없다. 이미 새로운 기관들이 브루클린으로 진입하고 있으며 이는 앞으로도 계속될 것이다.

그렇다면 누가 새로운 연구 및 교육 기관에서 일하게 될 것인가? 연방 정부는 여전히 대학 중심의 과학 연구에 투자한다는 버니바 부시의 청사진을 실현하고 있다. 외부 지원금을 받을 수 있는 연구자들은 지금까지 그래왔듯 계속 연구 활동에 전념할 것이다

그러나 그러한 지원금을 받는 학자들이 많은 것은 아니다. 직업 훈련과 연구를 선호하는 경제 구조적 힘에 의해 통합형 대학 내에서 비중이 축소되어온 인문학의 경우는 더욱 그러하다. 워싱턴 D. C.에는 많은 국립연구소가 있지만 칸트의 의무론 연구에 매년 수백만 달러씩을 지원할 국립철학연구소 같은 곳은 없다. 외부 자금 지원 없이 연구에 몰두 중인 수만 명의 학자들은 등록금 수익, 정부 보조금, 비교적 소수 기관의 경우 기업 지원에 의지하고 있다. 통합형 모델이 해체된다면 이러한 돈도 사라질 것이다. 그렇다면 이러한 학자들은 어디로 가서 연구 활동과 생계를 유지할 것인가 하는 것은 아직 쉽게 답할 수 없는 문제다.

비효율적인 통합형 대학 모델이 자유 시장에서 즉각적인 가치를 창출하지 못하고 분명한 외부 지원도 없지만 중요한 의미를 지닌 학문 분야를 보호하고 지지했다는 것은 부인할 수 없는 사실이다. 전통적인 사고에 도전하고 도발을 일으키는 사상은 그 속성상 열정적인 지원을 받기 쉽지 않다. 이 사회는 다음 세대에 물려줄 우리 인류 문명을 보호하고 가르칠 장소로 대학을 선택했다. 이에 대한 비용은 대학 예산에서 보조금이 차지하는 비중이 알려져 있지 않아 정확한 파악이 어렵지만 그것이 치명적인 문제가 되지는 않았다. 대학은 세속적 정치와 시장의 잔혹한 요구로부터 학문을 지켜왔다. 우리가 오늘날 알고 있는 모습의 대학이 이상하게 보일 수도 있지만 대학들은 저비용만을 강조했다면 간과되었을 온갖 기이한 열정을 지

지하고 별난 시도들에도 영감을 주었다. 학계에 진입하는 사람들은 고등교육의 경제학을 오랜 세월 동안 당연시해왔기 때문에 교수들의 시간 절반을 연구에 사용할 수 있도록 하는 안식년과 적은 수업 시간을 보충할 자금의 정확한 출처에 대해 의문을 품지 않는다.

이러한 무관심은 앞으로 위기를 불러올 것이다. 최고의 연구 기관 및 학과를 결정짓는 학문적 위계는 종신 교수직의 숫자가 줄어들면서 더욱 벌어질 것이다. 미국 교육부에 따르면 미국의 종신 교수 수는 1993년 23만 4,000명에서 2011년 26만 2,000명으로 20년간 상승 폭이 좁았다. 전체 교수 중 종신 교수가 차지하는 비중은 크게 하락하고 있다. 고등학교 졸업생이 늘어나면서 더 많은 졸업생들이 대학에 진학했으며 베이비붐 세대의 자녀들이 대학 진학 연령이 되자 대학들은 이에 대응하기 위해 겸임교수를 추가적으로 고용했다. 이러한 파트타임 교수들이 모두 박사학위 소지자는 아니며 강좌당 3,000달러밖에 받지 못한다.

양질의 디지털 학습 환경은 학자들의 생산성을 높일 것이라는 기대를 하게 한다. 기술을 이용해 자신이 더 잘하는 일에 집중하도록 하는 것은 인류 번영을 도모하고 경제적 빈곤을 타파하기 위한 기본 공식이다. 그러나 기술은 수백만 명의 사람들이 아무 잘못도 없이 직장을 잃게 만들기도 했다. 겸임교수를 고용함으로써 대학들은 교수들에게 지급하는 총 급여를 낮추면서도 교수 대 학생 비율을 비교적 일정하게 유지했다. 미래의 학습 조직들은 더 많은 학생들을 가르치는 데 많은 교수가 필요하지 않다. 종신 교수직의 경쟁은 지속될 것이고 교수들은 더욱 힘겹고 혹독한 상황을 맞이할 것이다.

한편 대부분의 대학생은 커뮤니티 칼리지, 리버럴 아츠 칼리지, 박사 과정이 거의 없는 공립대학 등 연구가 아니라 가르치는 것을 핵심 활동으로 삼는 대학에 다닌다. 그러나 이들도 학생들을 잘 가르치도록 설계되어 있지 않은 통합형 모델의 문제점을 겪어왔다. 규정과 관습에 따라 교수법을 전혀 고려하지 않는 박사학위 심사를 통과한 사람들을 고용해야 했기 때문이다.

어떤 면에서는 이 점이 교육 위주의 대학을 양질의 디지털 학습 환경을 중심으로 하는 새로운 조직들과의 경쟁에 더욱 취약하게 만든다. 이들은 의지할 또 다른 수단 또는 수입원이 없다. 명문대와 경쟁하기 위해 등록금을 올리고 고급 시설을 지어보지만 급격히 쇠퇴하고 있다. 이들이 진화하지 않으면 기술을 기반으로 나타나는 경쟁자들이 이들을 낭떠러지로 밀어버리고 말 것이다.

그러나 다른 한 편으로 교수 활동에 전념해온 이들 대학은 여전히 유리한 입지를 점하고 있다. 교육 시장은 성장세를 보이고 있다. 그곳의 교수들은 계약 조건 때문에 할 수 없이 강의를 하는, 연구에만 관심이 있는 사람들이 아니다. 그들은 가르치는 것을 좋아하는 교수들이다. 특히 리버럴 아츠 칼리지는 작은 규모를 유지하며 교육에 집중해왔다. 학생들을 정말 잘 가르치는 학교들도 있다. 미국의 커뮤니티 칼리지에서 근무하는 수만 명의 강사들은 큰 연구 중심 대학의 일반적인 종신 교수들에 비해 가르치는 일에 대해 훨씬 더 많은 것을 알고 있으며 학생들의 학습을 도울 수 있는 기술적 도구를 적극적으로 받아들인다.

교육 기관과 교육자들이 이러한 상황에서 살아남으려면 큰 숫자들을 유리하게 활용하는 것이 핵심이다.

이러한 큰 숫자들은 벤처캐피털과 기업가들의 꿈을 실현시키는 데에도 똑같이 사용되었다. 전 세계에서 중산층으로 진입하는 수십억 명의 사람들 중 상당수는 미국의 대학이 세계에서 가장 좋다고 생각한다. 미국의 대학들은 흔들리는 비즈니스 모델을 향후 5년, 10년까지 겨우 끌고 가는 대신 낮은 학비를 엄청나게 많은 학생 수와 곱하기 시작해야 한다. '브랜드'의 배타성이 흐려질까 고민하는 대학들은 과연 대학의 목표가 지배층을 위해 존재하는 소수의 대학 중 하나가 되는 것인지, 진정 원하는 방향이 무엇인지 생각해보아야 한다.

그러나 이 중 기존의 대학과 새로운 고등교육 기관이 유리하게 활용할 수 있는 가장 중요한 큰 숫자는 시간이다. 특히 사람들은 언제나 배우고 싶어 하므로 평생의 시간을 생각해야 한다.

인문교육은 19세기 말 교육의 재편을 겪으며 불리한 위치로 내려가고 20세기에 들어서는 직업훈련과 연구의 부차적인 영역으로 남게 되었다. 이러한 결과의 가장 주된 원인은 간단하게 시간 부족이라 할 수 있다. 웹 개발자로 일을 시작하기 위해 교육을 받아야 하는 시간은 9주다. 법조인을 훈련시키는 데는 2년이 필요하다. 심오한 연구 분야에서 정식 박사학위를 받으려면 10년에 가까운 시간이 필요하다. 그러나 인문교육은 어떠한가? 인문학의 의미를 진지하게 생각해보자. 인문교육은 평생의 시간이 걸린다.

이 의미를 잘 알고 가장 오래된 유럽 대학보다도 훨씬 이전부터 운영된 학습 조직이 있다. 바로 종교 조직들이다. 거대한 종교 조직들, 그리고 신도들의 열정과 자긍심을 볼 때 우리는 학생들을 잠시 가르친 후 4년 후에 모든 공부가 끝났다고 생각하고 그들을 떠나보내면 안 된다. 종교 조직에서는 평생에 걸쳐 매주 사람들을 학습자들의 공동체로 다시 불러 교육을 시킨다. 지식의 커다란 개요, 지식의 기초 원리, 지식의 구성 요소들의 규모, 지식의 명암, 강점과 약점을 이해하는 것은 달성해야 할 목표가 아니다. 우리가 항상 추구해야 할 상태인 것이다.

현재의 고등교육 비즈니스 모델은 학생들과 부모들에게 엄청난 돈을 받고 단 몇 년 만에 교육을 끝내버린다. 그리고 나서 젊은 시절의 향수, 충성심, 학교의 스포츠 팀, 때때로 기부 요청을 위해 오랫동안 관계를 유지하려 든다. 세상이 더욱 복잡해질수록, 더 많은 지능형 기계가 기존에 사람이 해오던 역할을 빼앗을수록 평생 학습을 해야 하는 사람들은 더 많아진다. 더 많은 사람들이 빈곤에서 벗어날수록 그들이 평생 배우고자 하는 욕구는 커져간다.

대학은 더욱더 '종교 조직'처럼 되어야만 융성할 수 있다. 대학은 학습자들이 평생에 걸쳐 지속적으로 찾아오는 아름다운 현실 및 가상의 공간을 만들어야 한다. 학습자들은 영원히 끝나지 않는 학습을 기반으로 인간적인 공동체를 만들고 다른 사람들과 관계를 맺을 수 있어야 한다. 많은 사람들이 저렴한 비용으로 의미 있는 교육을 받을 수 있는 방법도 강구해야 한다. 앞으로 대학에 '입학 지원'을 하고 '졸업'을 하는 것은 그다지 의미가 없을 것이다. 사람들은 필요한 시간에 언제나 대학이나 학습 기관에 참여할 것이기 때문이다.

학습자가 많아지면 이 모든 것이 가능해진다. 무크 교육 과정을 가르치는 교수들과 이야기를 나누었을 때 돈을 더 벌기 위해 또는 경력을 쌓기 위해 강의를 한다고 말한 사람은 아무도 없었다. 그들은 배우고 싶어 하는 전 세계 수만 명의 사람들에게 다가가고 싶어 한다. 또한 그들은 자신의 가르침이 서로 다른 문화적 맥락에서 어떠한 울림이 있는지 기술이 등장하기 전에는 절대 불가능했던 방식으로 실험을 한다는 생각에 크게 들떠 있었다. 담쟁이덩굴로 가득 덮인 통합형 대학의 흔들리는 경계를 넘어 멀리 볼 줄 아는 대학들은 사람들의 학습을 진정 도울 준비가 되어 있는 이들에게 수많은 기회를 제공할 것이다.

인간의 역사가 기록된 이래로 거의 모든 기간 동안 고등교육의 위대한 혜택은 대다수의 사람들에게 열려 있지 않았다. 지금도 마찬가지다. 지식은 권력이 되어왔다. 무지를 강요하며 사람들을 통제하는 사회에서 배움을 위한 열린 기관은 들어설 자리가 없었다. 그러나 사용할 수 있는 기술적 수단이 부족해 고등교육의 구조가 제한적일 수밖에 없었던 이유가 가장 컸다. 글은 한 사람의 복잡한 신경세포 연결 패턴을 다른 사람들이 흡수할 수 있도록 공유하는 수단이 되었다. 인쇄술은 그 패턴을 저렴한 비용으로 복제하고 배포할 수 있도록 했다. 그러나 이 모든 기술의 발전은 대학이 희귀한 장소라는 논리를 더욱 강화시켰다. 대학은 스승과 제자와 책이 공존할 수 있는 유일한 장소로 여겨졌고, 이곳은 언제나 지식을 보호하기 위한 높은 장벽에 둘러싸여 있었다.

이제 우리는 그 논리를 산산조각 낼 새로운 기술을 두고 고민을 하고 있다. 이 변화는 인간의 권리이기도 한 개인의 고유한 특성을 실현시킬 수 있는 길을 최초로 열어주고 있다. 대학에서 생활하고 배운 적이 있는 사람이라면 대학과 그곳에서의 기억을 소중히 여긴다. 그러나 우리가 알고 있는 대학이 대학의 유일한 모습은 아니다. 우리는 살아가면서 더 나은 고등교육의 탄생을 목격하게 될 것이다.